山海经
神话的故乡

李丰楙——编撰

九州出版社
JIUZHOUPRESS

图书在版编目（CIP）数据

山海经：神话的故乡 / 李丰楙著. -- 北京：九州出版社，2018.12

ISBN 978-7-5108-7802-2

Ⅰ. ①山… Ⅱ. ①李… Ⅲ. ①历史地理－中国－古代 Ⅳ. ①K928.631

中国版本图书馆CIP数据核字(2019)第004022号

山海经：神话的故乡

作　　者	李丰楙
责任编辑	李黎明
出版发行	九州出版社
地　　址	北京市西城区阜外大街甲 35 号（100037）
发行电话	(010)68992190/3/5/6
网　　址	www.jiuzhoupress.com
电子信箱	jiuzhou@jiuzhoupress.com
印　　刷	三河市兴博印务有限公司
开　　本	787 毫米 ×1092 毫米　32 开
印　　张	11
字　　数	210 千字
版　　次	2021 年 6 月第 1 版
印　　次	2021 年 6 月第 1 次印刷
书　　号	ISBN 978-7-5108-7802-2
定　　价	58.00 元

用经典滋养灵魂

龚鹏程

每个民族都有它自己的经典。经，指其所载之内容足以做为后世的纲维；典，谓其可为典范。因此它常被视为一切知识、价值观、世界观的依据或来源。早期只典守在神巫和大僚手上，后来则成为该民族累世传习、讽诵不辍的基本典籍。或称核心典籍，甚至是"圣书"。

佛经、圣经、古兰经等都是如此，中国也不例外。文化总体上的经典是六经:《诗》《书》《礼》《乐》《易》《春秋》。依此而发展出来的各个学门或学派，另有其专业上的经典，如墨家有其《墨经》。老子后学也将其书视为经，战国时便开始有人替它作传、作解。兵家则有其《武经七书》。算家亦有《周髀算经》等所谓《算经十书》。流衍所及，竟至喝酒有《酒经》，饮茶有《茶经》，下棋有《弈经》，相鹤相马相牛亦皆有经。此类支流稗末，固然不能与六经相比肩，但它各自代表了在它那一个领域中的核心知识地位，却是很显然的。

我国历代教育和社会文化，就是以六经为基础来发展的。直到清末废科举、立学堂以后才产生剧变。但当时新设的学堂虽仿洋制，却仍保留了读经课程，以示根本未隳。辛亥革命后，蔡元培担任教育总长才开始废除读经。接着，他主持北京大学时出现的"新文化运动"更进一步发起对传统文化的攻击。趋势竟由废弃文言，提倡白话文学，一直走到深入的反传统中去。论调越来越激烈，行动越来越鲁莽。

台湾的教育、政治发展和社会文化意识，其实也一直以延续五四精神自居，以自由、民主、科学为号召。故其反传统气氛，及其体现于教育结构中者，与当时大陆不过程度略异而已，仅是社会中还遗存着若干传统社会的礼俗及观念罢了。后来，台湾朝野才惕然憬醒，开始提倡"文化复兴运动"，在学校课程中增加了经典的内容。但不叫读经，乃是摘选《四书》为《中国文化基本教材》，以为补充。另成立文化复兴委员会，开始做经典的白话注释，向社会推广。

文化复兴运动之功过，诚乎难言，此处也不必细说，总之是虽调整了西化的方向及反传统的势能，但对社会普遍民众的文化意识，还没能起到警醒的作用；了解传统、阅读经典，也还没成为风气或行动。

二十世纪七十年代后期，高信疆、柯元馨夫妇接掌了当时台湾第一大报中国时报的副刊与出版社编务，针对这个现象，遂策划了《中国历代经典宝库》这一大套书。精选影响国人最为深远的典籍，包括了六经及诸子、文艺各领域的经典，遍邀名家为之疏解，并附录原文以供参照，一时朝野震动，风气丕变。

其所以震动社会，原因一是典籍选得精切。不蔓不枝，能体现传统文化的基本匡廓。二是体例确实。经典篇幅广狭不一、深浅悬隔，如《资治通鉴》那么庞大，《尚书》那么深奥，它们跟小说戏曲是截然不同的。如何在一套书里，用类似的体例来处理，很可以看出编辑人的功力。三是作者群涵盖了几乎全台湾的学术菁英，群策群力，全面动员。这也是过去所没有的。四，编审严格。大部丛书，作者庞杂，集稿统稿就十分重要，否则便会出现良莠不齐之现象。这套书虽广征名家撰作，但在审定正讹、统一文字风格方面，确乎花了极大气力。再加上撰稿人都把这套书当成是写给自己子弟看的传家宝，写得特别矜慎，成绩当然非其他的书所能比。五，当时高信疆夫妇利用报社传播之便，将出版与报纸媒体做了最好、最彻底的结合，使得这套书成了家喻户晓、众所翘盼的文化甘霖，人人都想一沾法雨。六，当时出版采用豪华的小牛皮烫金装帧，精美大方，辅以雕花木柜。虽所费不赀，却是经济刚刚腾飞时一个中产家庭最好的文化陈设，书香家庭的想象，由此开始落实。许多家庭乃因买进这套书，而仿佛种下了诗礼传家的根。

高先生综理编务，辅佐实际的是周安托兄。两君都是诗人，且侠情肝胆照人。中华文化复起、国魂再振、民气方舒，则是他们的理想，因此编这套书，似乎就是一场织梦之旅，号称传承经典，实则意拟宏开未来。

我很幸运，也曾参与到这一场歌唱青春的行列中，去贡献微末。先是与林明峪共同参与黄庆萱老师改写《西游记》的工作，继而再协助安托统稿，推敲是非、斟酌文辞。对整套书说不上有什么助益，自己倒是收获良多。

书成之后，好评如潮，数十年来一再改版翻印，直到现在。经典常读常新，当时对经典的现代解读目前也仍未过时，依旧在散光发热，滋养民族新一代的灵魂。只不过光阴毕竟可畏，安托与信疆俱已逝去，来不及看到他们播下的种子继续发芽生长了。

当年参与这套书的人很多，我仅是其中一员小将。聊述战场，回思天宝，所见不过如此，其实说不清楚它的实况。但这个小侧写，或许有助于今日阅读这套书的大陆青年理解该书的价值与出版经纬，是为序。

如何进入山海世界？

李丰楙

在中国古代典籍中，如果要学界列举一张既迷人也迷惑人的书单，被列于榜首的恐怕就会是《山海经》。即便难以完全读懂，却充满了激发想象力的活水源头，这部古典并非只是学者专家感到兴趣，而是提供善读人阅读、创作的刺激源：在六朝时期已有一位聪慧的解人，就是诗人陶渊明。他并非正经八百地读，而是一边佐以浊酒，一边"泛览周王传，流观山海图"，泛览与流观的读法都是一种无所关心的审美心情。然则现代的作家又是如何读？剧作家如王荣裕，在金枝剧团就曾重新搬演现代版的《山海经》，神话人物、故事得以重现于淡水古炮台内；现代版画家同样可仿拟山海世界，其中奇幻人物的造型及事迹被重组后，就可以讽喻现代人外在与内在的纠缠。所以古今作家都会反复地泛览奇书，而古今第一奇书同样都会提供善读人不同的想象，分别使用文字、动作及图像等符号，再现山海奇观，这些读法是否为我们提供一个进入古代典籍的妙方？

如何阅读古典作品虽然是学者导读的看家本领，但是作为一般读者其实不要读得那样辛苦！古典难懂确是一件事实，但是选对一种适合自己的读法才是创造性的阅读：读出文本中蕴涵的精神、趣味，才能与现代生活衔接一脉，从而激励现代人省思其中的经验、智慧，这样就可以"古为今用"。就以时间相距不远的《墨攻》为例，这一取诸《墨子》的非战、非攻哲理，若是表现为政治理论就是繁琐的非战思想：善战可以止兵！日本漫画家将其蕴含于生动的漫画中，而电影作家就便于导演为拟真实的电影。从《墨经》经由作家到读者、观众，每个人都可以自由地读、看而各自体悟：非战、止战的方法就是智慧，如何智取？如何不战而即能屈人之兵？真正要战就要有制胜之道，最怕的是乱由内起。这样的现代诠释学所讲究的，就是开启今人重读《山海》故事的新观念，从而形成新读法。

缘于《山海》古经的迷人与令古今人迷惑，自古以来硕学鸿儒无不亟想解谜，现今更有大陆学界组成学会想要集众人之力来解谜（迷惑、着迷），甚而国外的专家也经由比较方法亟欲解开谜团。纵观这些新出的研究成果，确实大有助于重新认识这部奇书，不过再如何运用上穷碧落（天文知识）下黄泉（考古文物）的真功夫，仍然要体认三大"不可能"：

一、古地理、古地图的不可能：这部古经的原始材料虽可能源于周朝王官之学，但周官大司徒、土训、夏官职方以至于山师、川师等都各有职掌，只是古代舆图的测量定界有其限制，不可能像现代人拥有精密的测量工具。故古地图学家想依据当今的卫星定位之所得，亟欲重绘山海古地图并确认古地理，这是第一种不可能。

二、古民族志复原的不可能：从人类学对于原始民族、原始宗教的比较，想使用民族志的调查方法复原古中国的诸民族，从黄河、长江流域扩大到边疆民族，当今考古资料逐渐增多，重建古代的民族分布已大有进展。但是这部古经从海内到海外，分区广阔而未能准确地定向、定位，若要据以复原汉族及五十余部族的分布、关联，这是第二个不可能。

三、古生物学中非常物重现的不可能：山海世界之奇并非在日常所见的，这些简笔叙述的都有古生物图鉴可以参考；问题在那些叙述较详的反而不见于图鉴！奇形怪状的动物、植物或人物等，在当时既已被认为特殊，古今遥隔而想重现，则是第三种不可能。

现代知识下定位这部奇书，当前可被学界接受的，就是巫术秘籍。经由综合各方面的研究后可以进一步确定，这是一部"巫祝之书"，其性质犹如禹鼎所载的用于辨别神奸。这样性质的图籍可以有两种理解的方式，一是从巫祝、方士到道士所秘传的秘籍：古代的仪式专家拥此自重，如邹衍以至通方之士，都曾因拥有大九州的淹博知识而被人君所器重，从这部书图文并茂，近乎考古挖掘所得的《楚缯书》，应该是搜录神秘知识的珍贵图笈，流传于特定的一群人的手中；二是从日用秘密类书到专业性登涉术：现今考古出土的秦睡虎地简、云梦大泽简之类渐多，后来汉代图纬中的《白泽图》到道术所用的《禹鼎记》，既是民间所习用的日用需知，也被方士、道士视为登涉必备。这些被儒家、史家视为荒诞不经的术数知识，其实不同阶层者都会备用，并非完全不入于官家士族之手，只是嗜好搜奇志怪之士特别精通于此，故理解这一类神秘图籍就有三种可能：

一、常与非常的文化思维：在笔法上既有简要与详细之别，就可知古人，特别是巫祝之士的观物方式，乃是根据固定的思维模式。凡是日常所见的为"常"，表明是经验性、寻常性，故仅需简笔叙述，动植飞潜中经常可见的只要表达其存在，如云牛、羊等不同种类，都是可豢养实用之物，也就是不必繁琐地叙述；反之则是非经验性的，就需使用图像、文字彰显其"非常"性质，目的正是为了方便辨别。非常即是常的反面，就显现两种截然不同的属性，如果是非常之好就是超常性，如凤凰、麒麟之类的稀见诸物，连不语怪力乱神的孔子，在著《春秋》时都被说是绝笔于获麟，即因其为祥瑞之物，故为世人、圣人所稀见。如果是非常的不良、不好现象，就被认为异常、反常，乃是违反经验、常识的特殊之物，作为异象而形诸异物、异类，就是预示一种凶兆、恶兆即将来临。所以为了方便辨识就夸饰其外在形状，使用增多、减少或移位、扭曲、拼凑等，目的就是区别于寻常可见之物，预示不同于日常的正常状态，如天象预示天候的急速变化而有天灾地变，如水灾、旱灾或火灾等气候之变，也有自然或人为之变，如瘟疫、战争等反常变化。古代的智慧强调圣人、智者常上观天文，下察地理而中观人事，这就是知机、知几，如何从预兆而测知变化？这就是山海知识具有内在逻辑，在荒唐言中别有一种识见，故常与非常可作为奇书的知识体系。

二、生产与变化的类别：山海知识并非完全无稽、荒诞的，它虽然不符合现代知识的理性、科学，但是在认识论上却仍然保存古代对于万事万物的识别原则，并非混淆了生命繁殖的常态。在整部经典的叙述笔法中，就清楚地区别生产与变化的两种型态，凡是生命的正常繁殖为人所认识的，都不必特别叙说其事，故动植飞潜都只记载某山有无草木，或有木如何、有草如何，或其上多某草木，表明这是自然界生命的生生不息。而对于帝王的谱系就叙明某生某的关系，如颛顼生老童，老童生祝融，祝融生太子长琴，即是世代生殖，证诸《世本》或《大戴礼·帝系篇》则用产老童，这是"生产"的正常性繁殖。但是使用"化""为"等表示变化现象，不管其叙述的繁简如何，都叙明其人为非正常的死亡（强死、凶死），如蚩尤为被械杀者，"是为枫木"，郭璞注就明确地说"化而为树"。可知在类别万物的认识论，正常的类别为生产，而变化为非常态，就是神话思维中的生命型态，两者之间使用的笔法不同，并未混淆。

三、服佩与服食的属性传达巫术：作为巫祝之书所强调的就是如何使用巫术，依据交感巫术的感应原则：同类相生、同类相克，这种表象世界下的神秘性，认为物类之间的不同范畴可以相互作用，故被西方学者称为原始思维下的"渗透律"。在各经中明显的叙述重点就是动物、植物及矿物等的使用法，一般的正常性自然物都可食用，即是利用厚生就不繁叙述；但是巫术性用法就叙述较详，目的就是为了叙明为何可用：医疗、辟邪或是诸多神秘的用途。在使用的笔法上均表现于文本中，虽常用"服"字却有外服与内服之别：一是佩带于身上的服佩法，一则是可食用的服食法。有些不明白使用服字，却同样是依据接触律、象征律以传达属性，相信可发生不可思议的作用，这样的信念就是巫术与医疗的混合，从巫俗到民俗传承不绝。

山海世界为何如此迷惑诗人、画家，主要原因就是其中蕴含的宇宙观、世界观，既建立有秩序的宇宙模型，又在多元的宇宙中充满了丰富的想象，成为保存古中国的古史、神话的重要宝库。依据活动于北半球的仰观俯察经验，地球与太阳、月亮以至于诸星球的关系，如此有序的日月出入于山海、四时节候的变化有节，都被古人利用神话思维建立有序的世界：中央与四方模型，而后订出九州与四海，就是谈天衍的邹衍，在交通不便而安土重迁的农业社会，共同型塑一个宜于人居的世界。但是面对不宜所居的山林川泽，特别是荒服之外，正因不易到达就激发了无穷的想象。这些因时间遥远与空间区隔所造成的因素，就被扭曲、拼凑而重组为诸般神话，山海世界就此形成非常态的时空，以之对照人所宜居的常态世界：安定、安全却也单调、了无变化。这就是神话思维之所以存在的原因，身在常世而想象非常世界，就是在此界而对于彼界的可能存在，集体创造一个民族共同的想象世界。

在历史文献上永远无法准确地知道：谁创造了山海世界？又是谁忠诚地传递下来？这个永远无解之谜虽然迷惑了历代专家，但是大家都有一个共识：就是巫祝之流视之为认识天地的秘宝。屈原曾在《天问》中依序提问的诸多"大哉问"，而《山海经》则是一种解答的解说性质之书，而解答者则是多识草木鱼虫与古史神话的智慧者群体。有的说是巴蜀之人？有的认定为南楚之巫，我们相信是一群巫祝集团，所以《五藏山经》的每一山系之末，都一定叙明如何因时地之宜而祭拜山岳诸神，五方都各自有相称的祭仪、祭品及相关的禁忌习俗。如是丰富的祭祀仪式与法术技艺同时并存，正是表明既有巫师集团也有祝官团体，两者同出一源却又分化所司，在《国语·楚语》中左史倚相就叙明巫、祝的源流，在古史神话与仪式法术上彼此配合，才能完整地传承这套神秘的知识体系。

在西方文化传入中国的百年前，当时传译宗教神话的学者都感慨：古中国为何缺少神话？又在传播人类学、民俗学的体系之学时感叹：东方民族为何在原始宗教、巫术上如此零散？这样的质疑让学者重新认识到《山海经》的新价值，其间经历多少学者的整理挖掘，总算可以在山海世界中发现新出土的宝藏。其实这样的考掘并未就此打住，巫祝传统的传承者就是由方士而道士，古巫术被吸纳转化为道术，登山涉水的探险行动换成另一批冒险家，像葛洪、郭璞等一些方士性格的文士、道士，就是这个神秘知识体系的继承者与发扬者：郭氏首先认真地注释这部奇书，使后人得以方便理解；而葛洪则在《抱朴子·内篇》中表明他广搜了《白泽图》《禹鼎记》等法术图笈，因而正式标明一篇题名为《登涉篇》，这样的时代成就了中国民族宗教的形成：道教。因而从后视古就可说山海世界就是"登涉"需知的古代探险之秘宝，也是面对不可知世界的居家必备之图书，这样就可联系了中国神话学、神秘学的知识系谱。

目　录

第一章

前言——认识《山海经》

第一节 《山海经》的编成

　　《山海经》是一部三万余字性质复杂的古籍，由《五藏山经》（《山经》部分）与《海外四经》《海内四经》《大荒四经》及较短的《海内经》（《海经》部分）合组而成。它不算是简册繁重的长篇巨构，但是这五部分的来源、编成以及流传情形，却错综复杂之极，到了现在还处于众说纷纭的状况。同时，《山海经》的价值，曾被司马迁当作荒诞不经的书，也曾被杂厕于书目中的小说类，而近代研究古代地理的专家学者，尊称其为最有价值的古地理书，神话学家也像发现宝藏一样，深入发掘，这真是一部奇特的古书。

　　《山海经》为中国最早的人文地理志，也是收集古代地方神话传说最丰富的奇书。但它原始的调查记录者是谁呢？相传其为夏禹、伯益等所作，刘秀《上山海经表》文时就主张："《山海经》者，出于唐虞之际。昔洪水洋溢，漫衍中国……禹承四载，随山刊木，定高山大川。益与伯翳主驱禽兽，命山川、类草木、别水土。……禹别九州，任土作贡，而益等类物善恶，著《山海经》。"

后来王充、赵晔等随从这种说法①，但近代学者都觉得难以置信。其实称为是禹、益所记，只是古人推尊祖师之意，就像《本草经》题为神农所作。因为禹、益等治水工程，涉历山川，总要作些记录；尤其统一舆图，需要分划经界。诸如此类伟大工作势必引起人类对山川地理的兴趣，而益与伯翳所担任的职官就是负责这种工作，因此后来同一官职，基于推崇创始者的美意，才题为禹、益所作。

近代研究《山海经》的学者已否定禹、益所作说，纷纷提出新说：卫挺生说是邹衍为"巨燕"时期的燕昭王所策划的调查探勘的纪录②，蒙文通说是巴、蜀地域所流传的代表巴、蜀文化的古籍③，而史景成则认为是楚国史巫之官在国势日衰、臣主共忧患的局势下，应运起而编纂之书④，这些新说多能启发进一步了解《山海经》的原始形态与编撰过程。《山海经》的原始，应该是周朝官府所收藏的地理档案，郝懿行为《山海经》郭璞注作了详细的笺疏以后，认为"周官大司徒以天下土地之图，周知九州之地域、广轮之数；土训掌道地图、道地慝（tè）；夏官职方亦掌天下地图；山师、川师掌山林川泽，致其珍异；邍（yuán）师辨其丘陵坟衍邍隰之名物；秋官复有冥氏、庶氏、冗氏、翟（chì）氏、柞氏、薙氏之属，掌攻犬鸟猛兽虫豸草木之怪蟹。"⑤

周朝官府中有各种各样的职官，专门职掌天下舆图的档案资料，包括了中国境内的山川地理、动植物产及地下矿产、名山祭典、远方边裔的情状等，这样广博而深入的地理资料，不是邹衍为燕国训练的探勘队所能完成，也不是南方楚国的史巫能深入各国、远及方外所能搜集到的。天下土地的地图、九州海外的地域，只有王官世袭的周朝官府能保存这份珍贵的档案资料。《山海经》，至少《山经》部分是周朝珍藏的舆图资料：首先《中山经》部分以河、洛京畿为首，因为那是唐虞夏都城的所在，也是周朝政治的中心，自然为天下之中，因而记录时《北山经》《西山经》自京洛附近开始向北、向西调查记录；其次祭祀诸山区图腾神的祭仪，都与《周礼》中的祭名、仪式相一致，自然也是由中央职司祭祀的司巫率领巫师集团担任。其次是远方边裔，当周王室统有天下时，确实需要"任土作贡"，周朝职司贡职的官员整理各方所贡舆图，才能周知海内外舆服情形。因为是各地域分由不同职官记录整理的档案资料，才会有不同文笔、不同方言的歧异现象。

当周朝王室衰微时，各国渐有自己的行政体系，基于政治需要，也需要分任专人职掌记录地理的首要工作，经中出现巨燕、大楚以至于竟然有西周等名称，都是职官各尊视其国的常见现象。因此，原始《山海经》的资料应该是周王室以及诸侯所记录的国家档案。其中范围广衍，莫非王土，而独详于河洛地区，就是京畿为中心的观念。至于神话资料，东、西两大系俱备，炎、黄两族原发祥于西北，再向东发展，因此保留了早期西北资料。但东方滨海夷族，帝俊系统的神话资料也是大宗，因为殷商文化并非在周朝统一之后就完全沦没，还保有部分资料。另外再加上南方之楚，成为重要一系，也拥有丰富的神话资料。这种纷然并陈的神话系统，实与兼收并蓄的档案及调查资料有密切关系。

今本《山海经》的篇目，是历经多次调整。汉成帝时尹咸校定的为十三篇：《山经》五篇、《海外》《内经》八篇。哀帝时刘秀应是根据三十二篇本重校、删汰，改为十八篇：《山经》十篇[⑥]、《海外经》四篇、《海内经》四篇（经过删汰），另有《大荒经》《海内经》"皆进（或逸）在外"[⑦]。晋郭璞注解时，一并注释，成为二十三卷本；后出的郭注十八卷本，《旧唐书·经籍志》著录时已是另经编排以合十八篇之数。王梦鸥先生怀疑，原先《山海经》只有《五藏山经》与《海外四经》两部分，《海内四经》《大荒四经》原是前者的另一版本，因为重复的地方很多，刘歆等将较为残缺部分只作为附录——"皆逸在外"。因此这种两部组成的结构，可说是先说《五藏山经》而后推广及于《海外经》；或则先说《海内经》而后推广及于《大荒经》，最末为短篇的《海内经》，类似这种由内而外的编排方法，与邹衍学说的结构方式有密切关系[⑧]。

自谓行万里路的司马迁，足迹却未逾于《禹贡》的九州之外，所以读到《禹本纪》《山海经》时，对于昆仑山的有无，发出了疑问：

太史公曰："《禹本纪》言河出昆仑，昆仑其高二千五百余里，日月所相避隐为光明也，其上有醴泉、瑶池。今自张骞使大夏之后也，穷河源，恶睹本纪所谓昆仑者乎？故言九州山川，《尚书》近之矣；至《禹本纪》《山海经》所有怪物，余不敢言之也。"
（《史记》卷一二三）

对于详细内容既不言，因此，《禹本纪》《山海经》就不得其详——这是中国古籍最早提到《山海经》的。

至于邹衍的学说，他批评为"闳大不经"，却两度扼要"言"及大九州的观念：

先列中国名山大川通谷禽兽，水土所殖，物类所珍，因而推之及海外，人之所不能睹。

另外又说到九州之外"有裨海环之，人民禽兽莫能相通者"，邹衍的奇特学说表现于空间的，就是这种大九州说，确实能惊骇当世帝王。因此苏雪林怀疑邹衍是从西亚沿东方海岸来中国的"域外学者"⑨，说他是外国学者，当然是大胆而待考的说法；卫挺生则说是邹衍组织调查的使者分赴各地记录。依当时国际情势及交通状况，恐怕也不易完成这样艰巨的工作，但邹衍与《山海经》有密切关系，陈槃从《周礼疏》中找到一条证据说："古《山海经》邹书"⑩。邹书就是邹衍书，因此王梦鸥先生怀疑《山海经》与《逸周书·王会》篇所载怪物，后人常用以相互发明，两者都是承受邹衍遗说影响的著作。但是《山海经》的原始资料从何而来？邹衍如何有大九州的观念？《山海经》的书中只有海内推及海外的观念，但没有小九州、大九州的观念；而且关于五行的观念，诸如五色、五方帝也不算有浓厚的色彩。所以，卫挺生说邹衍曾有适梁搜集东周文献的推测，也许王官失守，地理档案随之流出；或邹衍曾有机会观书于周室秘藏，乃产生大九州之说。总之，原始《山海经》应该是周朝王府的档案，或一部分为诸侯国的秘藏图卷，因为任何一国一地的人均不可能完成这样庞大、艰巨的调查工作，除了王室或诸侯。

邹衍及其后的后学，依据他们的学说珍视《山海经》，其中秘藏的这些资料，甚至还流传地观览，最主要的应该是方士，因为他们是古巫的流亚。《山海经》与史巫的关系极为密切，甚至被认为巫者之书。巫祝在古代社会中为通晓神话、祭祀、占卜、舞雩、地理、博物、医药等多种学问与知识的特殊人物，巫师集团以交通神、人的灵媒身份，曾经是政权、教权中的重要角色。后来政治、宗教权分离之后，仍然在宗教势力中，以较有组织的方式为社会中的重要阶级。周朝以礼乐文化立国，巫的职掌分散，由巫分化出史，专掌记史。又分化出祝，专掌典礼；古籍中常有巫医、巫史、巫祝等名称，可见其密切关系。

《山海经》中详述的各方山川名号、祯祥怪异、鬼神之事、金玉之产，属于地理、神话等博物知识；又历述各山主司之神，以及祭祀所用糈米、牲璧等物，正是巫祝掌歌舞降神、祭祀祈祷的宗教活动。《山经》中详载特殊动、植、矿物的形状，与医疗效果、预示征兆。至于远古的神话的传播，荒远的异俗的流传，也是巫师传递的知识的一部分。巫师与战国时期的方士有渊源，吕不韦的食客集团曾搜集《山海经》资料，编入《吕氏春秋》；楚国屈原等曾精熟《山海经》资料，同属于楚国系统的刘安所养方士集团更大量采用《山海经》资料，编入《淮南子》等集大成之书。

今本《山海经》的编成与楚国有密切关系，其中改编、补添之处也有许多痕迹：像依据南、西、北、东的方位编次，与中原地区的东、南、西、北之序不同；《中山经》除河洛京畿之区外，又将楚国大部分地理划归中山山区，其中被尊称为冢山、神山的也最多（洞庭山等只是小山，也用太牢之礼祭祀），山川记载也最详（像《中次九经》对岷江中上游偏僻地区，竟详载八水十六山）；至于在天文历算的使用习惯（诸如太岁、九部等名称），也近于楚国[11]。所以《山海经》成为今本的形态，应经过楚人整理编次，最少曾流传于楚地史巫、方士之手，作为秘笈观览。

根据近代考古文物，诸如楚缯书，或马王堆汉墓出土的帛画、地图等，古代常有图形与文字记录并行。《山经》部分的叙述形式，常说间隔几里的里数，应该有地图作为记识标准，《史记》所说"案古图书，名河所出山曰昆仑"，这种古图书应与《禹贡图》同一性质；《后汉书》也载"赐景《山海经》《河渠书》《禹贡图》"（《后汉书·王景传》），《山经》地图应与《管子·地图》篇所说地图、《孙子兵法》附图九卷、《齐孙子》附图四卷（《汉志》）及燕、督亢地图（《史记·刺客列传》）同属图绘山川道里的秘藏，

《山海经》可能还多画些神人异物，以辅助神话传说的记忆。所以《汉书·艺文志》列数术略、形法家，显示图形的特色[12]。当然，《山海图》原图与郭璞常提到的"图"[13]，甚至与陶潜"流观山海图"的图，有因袭也有改变。至于梁朝僧繇的《山海经图》，或更晚的宋朝舒雅的重绘本，多少有改变的地方。但知道《山海经》原有图，则它的记账式笔法，可能就是地理、神怪等的说明；至于叙述正进行中的动作，就是依据图形的一种描述[14]。

大抵说来，《山海经》是一部古老的地理志，在文字记录前，已口头传播了长远的时期，正式调查记录的，应该是周朝王官，或诸侯职官，其中史巫身份者为重要人物。其后历经邹衍及其后学，与史巫、方士之流秘观、改编，并且应该与楚国有关。大概编成于《吕氏春秋》与《淮南子》二书成书之间，约当战国晚期形成今本《山海经》的雏形，经过汉人整理，成为重要地理图籍。后来虽被改列于小说家类，但它作为早期人文地理志的价值终于为现代学者重加肯定，经科学化研究后，确立了《山海经》在地理、神话、民俗学上的伟大贡献。

第二节 《山海经》的内容

　　《五藏山经》为一份中国古老的藏宝图卷，分别记录了中国境内及边区的山川宝藏，每一卷各记一方，卷中因为资料多寡不同，按照需要分篇，其中主要的依据，是调查探勘者依据简单的山脉的概念，各山与各山之间自相连属，有首有尾，组成一群山汇、或一组山脉。其中叙述向某方几里，部分是以河洛京畿为主的《中山经》作为调查、记录方向的标准，譬如《西山经》是自东而西、《北山经》是自南而北等。因此，《山经》所记的不是一座座孤立的山，而是隐有关联的素朴的山脉系统。其中每座山的叙述，先标明山名、水源，属于地理形势的记载，为近代研究古代地理的中外学者极力推崇，认为保存了很古的地理情况，是最有价值的古地理书。其次叙述山川宝藏：包括草木等林产、金属矿产以及动物生产，其中特别精彩的为奇特动、植物的记录。

　　中国版图地大物博，南、西、北、东以及中原地区，兼蓄各色各样的物产，记录下来可作为政府秘藏的档案。林产方面着重记录了一些较有实用价值的良材，和具有医药功能的草药。前者为研究中国古代林业状况的宝贵资料，后者为本草医学的前驱。动物（包括禽鸟、兽类、鱼类及昆虫等）也是这样，较为人熟知的都只是简单记下其名称而已；至于较为奇特的，也就是具有医疗的科学性与神秘的巫术性的，不仅详细描绘其形状特征，还特别注明功效，其中也含有所谓的迷信成分，《山海经》被认为是史巫之书，这是最明显的证据。不管是植物或是矿物、动物，依据巫术性思考方法，均能产生巫术性的医疗、养生作用。据弗雷泽（Frazer）《金枝》（*The Golden Bough*）所说的交感原则，交感巫术（sympathetic magic）有两种基本形式，就是模拟巫术（imitative magic）和接触巫术（contagious magic）。《山经》所述的奇形怪状的动物，或者颜色鲜艳的矿石，以及香气浓郁的植物，本身就在实际医药成分外，具有浓厚的巫术色彩。而服用的方法，是经由模拟或接触等律则发生神秘的关系：其一为作为服佩、服饰，属于外服，像佩带一雌多雄的鹿蜀的皮毛，可多产、宜子；悬佩狰狯的怪羊的皮、角，可以恶治恶，吓阻邪恶。其次为服食，属于内服，可防御火、兵、雷等灾乱，又可治疗各种内、外疑难杂症，尤其是精神官能症。另一为巫术性的预示征兆的功用：吉凶、祲祥等均可得到象征性预告。凡水灾、旱灾、风灾、火灾、蝗灾，以及瘟疫、兵灾等自然或人为之灾均有征兆，所以被认为是察祲祥的指南。

《山经》中每篇篇末，详载各山区的诸神及祭法，实是各个群落单位的图腾神物，和各祭仪单位的祭祀方法——与《周礼》

多能相通。大概南方多为鸟、龙综合的图腾神物，西方多为人兽合形，北方多为人蛇等合形，东方也多兽形神，而《中山经》显示一个鸟、兽、蛇龙诸图腾神物混淆的地区，均能与各方地理环境、动物分布相符，可称为中国最早的人文地理志。

《海经》《荒经》部分就是《山海经》被正统知识分子认为荒诞不经之书的主因，但却是保存了中国古代历史、神话，以及记录了原始边裔的地理志。依据神话系统，应该先叙述自然神话，再叙述文化神话，至少屈原《天问》的次序就是这样安排。但《海经》的编次，乃以地理方位的次序为主，依照各方调查、搜集所得而记录，因此没有自然神话先于文化神话的系统。有些学者认为我国着重于人的文化，与西洋着重物的文化形态不同，这种看法有部分道理。中国古代神话的特色之一，就是历史化的倾向，依据人类进化的历史，又巧妙结合了五行运转的历史哲学，成就了古史传说的系统。因此，许多自然现象就被统御于古史传说之中，像日、月的神话，就目前的神话资料，是被当作帝俊的妻子所生产的。又如水、旱灾，也出现于黄帝一统天下的大战中。类似的情形，使得先安排比较有秩序的古帝王世系神话成为首要工作，当然，《山海经》的世系只是多种古史世系中的一种。帝王世系先粗略建立起来，再叙述边裔民族，因为许多奇特的部族与古帝王有密切关系；最后才进入神话世界，了解中国人古老的梦境。

《海经》《荒经》叙述的帝王世系神话，为长久时间保存在各民族共同记忆之中，后来才记录于简册，成为各部族的"圣史"（Sacred history），其中包括了种族的来源——始祖神的诞生、创业，以及英雄俊杰的丰功伟业等。当然，长久口传的神话传说，难免附上不同时期的社会文化环境的遗迹，但仍然保留了许多口传文学的原型。帝王世系的神话就是所谓的三皇五帝，都具有些共同的性质：始祖神的奇特造型，常以人兽合形的形象出现在历史的舞台上，其实这是图腾神物，人类社会在长期生活中，取一种与自己群落有神秘关系的动物作为象征物，始祖神的感生神话，及其形象就是这样：伏羲的诞生，为华胥女子"履"雷泽中的脚印而感生，履是在高禖求嗣，随着神尸行履的舞蹈，然后与神尸坐息感生的仪式，雷泽神为龙身人头，所以伏羲也是蛇身人面。炎帝、黄帝以及东方的帝俊等，都有属于自己的图腾，或以兽、以云、以鸟，形成不同的群落。后来经过长久的融合、互相通婚、势力消长，"龙凤呈祥"象征着中华民族的成长[15]；而黄帝、蚩尤的大战，也表现出一种痛苦的血泪凝成的历史。至于传承的英雄系谱中，排难解纷的除害工作，像后羿射日除凶；创造发明的物质进步，像神农耕种生产；还有制作乐器、发明文字，都将蒙昧中的人类走向人类文明的黎明期，成为启蒙英雄。

远方异国之篇，叙述边裔的民族，《淮南子·地形训》有三十六国的记载，就是根据《海外四经》的叙述，再补充《大荒经》的资料以后，早期在中国边区活动的部族形象就可勾勒出来。《山海经》对他们不称氏，而称为国或民，是表示其不同于中原或境

29

内诸族。而对于四方诸国，几乎全以人兽合形的形象作为代表，大概是由于图腾神物的叙述，或者不同的服饰习惯，及体质特征的夸张、误传的现象。其中有些是居于中国人的民族优越感，对于非我族类有些歧视心理或敌对意识，像对穷奇、饕餮诸西北草原地带的凶悍民族，加以凶兽化，表现了对他们又惧怕、又轻视的复杂情绪。但也有些国度成为战乱中中国百姓"适彼乐土"的一种理想与愿望，像羽民、载（zhí）民诸边区民族被乐园化；肥沃的土地、饮食自有，还加上和平自由的人兽关系，也表达了一种向往、企慕的心理。

总之，中国人对于边裔所怀抱的，虽有以文化为评价标准的倾向，但大多能保持客观、宽容的胸怀；有时还保持了相当关注的态度，因此能出之以趣味盎然的笔调。另外边裔与中原部族的关系是密切相连的，四方部族中，有不少是帝王的后裔"降"居于较偏远地区，繁衍了新的一代。例如南方有三身国、季釐国，属于帝俊一系；季禺、伯服属于颛顼系。其中有些系谱分明，显然不是自附于圣王、名族的造假。这种率土之滨，莫非王土、王民的记叙方式，显示早期民族迁徙的历史，复杂而有密切关系。因此，阅读边裔民族志，启发后世子孙不该盲目地仇视夷狄，而过度标榜华夏，都是曾生活在这片土地上的，我族与他族的狭隘观念不应存在。所以，除了卧游之乐，博知远方异闻，还可体会到老祖先要万族共和、一齐自由自在地生活、和平安乐相处的伟大胸怀。

《山海经》公认为蕴藏丰富神话的宝库，近代研究中国古代神话的学者大多从其中寻找材料。神话既是历代传承，经由叙述一件事情的始末，表达自然或人类文明的历史，时间长久，自然显得零星片段、不相统属。《山海经》中的神话传说尤其散见于各篇中，因此将它整理成一个体系确是必要。但在整理、分析时，常会发现一个神话有所改变的情形，或增添或减少，但只要"母题"（motif）相类似，都可循线寻找出神话与神话之间的关系。

初民既然是以一种庄严的态度来叙述，视为真实，因此，他们叙述神话所具有的特质就值得注意。神话具有解说性：企图解释或说明宇宙间的万事、万物的起因或性质，例如天有十日、十二月，与天文历算中的旬日计历法、十二月令有关。为了解释其中的关系，就以帝俊的妻子羲和、常仪作为产生者。其次为人格化：即依据对人的想法，联想万物也同具生命、性格，万物有灵，自然被人格化，像相信四方之风各有一神掌管，风神有属于自己方位的性格，这些素朴的泛灵信仰（animism）⑯，后来在《尧典》中就被儒家合理化，解释为百姓适应季节的不同动作。其次为野蛮要素或原始要素，其中以变化说最能代表，现代人相信物类各有一己的范畴，古人的观物方式却认为生命是流动的、可变化的，万物一样平等，同禀于大自然中的生气。因此，动物可变为植物，人可变成动、植物，而生命仍然赓续不绝，这是原始而朴素的观物方式。

人类学大师克拉克洪（Clyde Kluckhohn）主张神话与仪式需

要合观，两者都利用象征方式表达人类心理或社会需要：仪式为行动象征，借戏剧化行动表达；而神话为语言象征，借语言符号以支持、肯定或合理化仪式所表达的同一需要，神话与仪式互为表里，如能合而观之，一定更能了解古人的意愿。像浴日、浴月，郭璞说是"作日月之象而掌之，沐浴运转之于甘水中，以效其出入旸谷虞渊"，就是一种模拟法术。至于祈雨时作应龙的形状、驱魃时先开水道，然后念咒语，都明显为一种仪式性动作，配合神话的流传，相信超自然力的灵威作用。

神话为集体潜意识的反映[⑰]，在原始共同体的社会，个人的存在与性格是安顿在团体的生命中的，群族的生存关系着个体。因此，共同的理想与愿望常借着神话表达出来——正如同个人的梦一样，都是一种象征符号。《山海经》的神话，依据较有系统的分类和它本身所具有的材料，可分为自然现象神话、大地神话、山岳信仰与乐园神话、动植物变化神话，以及神尸变化神话和文化英雄神话。这些神话都曾经是古老的梦境，表达了民族隐蔽在深处的理想与愿望，同时，也在某种程度上满足了这一理想与愿望。生命终将趋于完结，迫促于死亡的危机，那么经由变化，成为植物或动物，这就是经由神话的幻想与象征，获得部分的满足。现实生活的艰困，天灾交迫、国事困厄，那么，一个昆仑乐园或远方乐土，满足了个人的长寿永生与社会和谐安乐的意愿；个人处境受逼于环境；时间的匆迫、空间的狭隘，那么，神话人物的叛逆、不屈与永不妥协的神性，将使年轻的心灵、创痛的灵魂走向成长；给予挣扎的生命以振奋的力量。因此，神话中的人物将是"道德观念的保护和加强者"，不但护卫了当时的人类，也将是后世本枝百世的后嗣据以生存下去、奋斗下去的守护者、引导者，经历无数的试炼，终于走向成长与成熟。因此，重温旧梦，现代中国人需要，也将要创造一个属于自己的现代神话。

【注释】

① 王充《论衡·别通》篇："禹、益并治洪水，禹主治水，益主记异物。海外山表，无远不至，以所闻见，作《山海经》。"乃根据刘秀立说。

又赵烨《吴越春秋》："禹……巡行四渎，与益、夔共谋。行到名山大泽，召其神而问之山川脉理、金玉所有、鸟兽昆虫之类，及八方之民俗、殊国异域、土地里数，使益疏而记之，名曰《山海经》。"更涉及神怪。

② 卫挺生《山经地理图考》中有《燕昭王之（大帝国）巨燕考》（1974 年 8 月，华冈）及《驺衍子今考》（编者按：邹衍，又作驺衍）（1974 年 3 月，华冈）。

③ 蒙文通《略论〈山海经〉的写作时代及其产生地域》（《中华文史论丛》第一辑，1962 年）。

④ 史景成《〈山海经〉新证》（《书目季刊》三卷一、二合期，1968 年 12 月）。

⑤ 郝懿行《〈山海经〉笺疏叙》。

⑥ 张金吾《爱日精庐藏书续志》卷三所录宋本《山海经》，尤袤跋曰："继得道藏本:《南山经》《东山经》各自为一卷;《西山》《北山》各分为上下两卷,《中山》为上中下三卷,别以《中山东北》为一卷。"可知道藏本山经分为十卷,是否即出自刘秀校本。

⑦ 小川琢治《山海经考》据"逸"字为说（江侠庵《先秦经籍考》）。

⑧ 王梦鸥先生《骝衍遗说考》之七《大九州说的原理》（台湾商务,1966 年 3 月）。

⑨ 苏雪林《屈原与九歌·自序》（广东,1973 年）。

⑩ 陈槃《论早期谶纬与邹衍书的关系》（《中研院史语所集刊》二十、上,1948 年）。

⑪ 史景成,前引文就是为了证成这种观点,以别于蒙文通的著成于巴蜀说。

⑫ 毕沅："据《艺文志》,《山海经》在形法家,本刘向《七略》,以有图故在形法家。"（《山海经新校正》篇目序）

⑬ 郭注中常提到"图亦作牛形""亦在畏兽图中""画似仙人""画似猕猴"等都是。

⑭ 朱熹说:"《山海经》记诸异物飞走之类,多云东向或云东首,疑本依图画而述之。"（王应麟《王会补传》引）

又胡应麟:"经载叔均方耕、讙兜方捕鱼、长臂人两手各操一鱼、竖亥右手把算、羿执弓矢、凿齿执盾,此类皆与记事之词大

异……意为先有斯图，撰者因而记之，故其文义应尔。"(《四部正伪》）

⑮《礼记》说昏礼是结二姓之好，龙、凤为图腾神物，二族姓互通婚姻，文化交流，故"龙凤呈祥"象征二姓交好，族姓团结。

⑯ 泛灵信仰（animism），泰勒（Tylor）以为人类最初信仰的对象是"精灵"（spirits），精灵便是生气或灵魂，万物都有灵魂，自然界的各种奇异现象都是精灵所作成的。

⑰ 集体潜意识（collective unconsciousness），荣格（Jung）认为吾人意识的一部分固由个人环境形成，另一部分则由精神遗传所形成。这种精神遗传是自太古以来人类获得的累积，在潜意识状态下发生作用。

第二章　山川宝藏之篇
——《五藏山经》综述

《山海经》的《山经》部分，所记载的山川形势、物产分布等，为近于真实的成分，为了解古中国人的地理观的珍贵资料。《五藏山经》按照南、西、北、东、中的次序，分别为《南山经》《西山经》《北山经》《东山经》，以及《中山经》。所记的幅员广阔，南到南越、缅甸、印度，西到新疆以西，北抵内蒙古及东三省，东达日本及琉球群岛。这种广博的地理知识，由王官典藏的国家档案，成为一些通方之士的渊博见识。因此，当时能通晓《山经》的，总是些专门掌管山川地理知识的职官，或是与史巫有渊源的方士之流。

根据《五藏山经》后面的"记"，假托古代地理之学的开山祖师大禹说：天下名山，禹所经历的凡有五千三百七十座之多，至于所经行的土地则达六万四千五十六里之广。其实，这些强调又多又广的数目字，只是在说明《五藏山经》所记录的山河大地，就是当时中国人所较能知悉的世界地理。在远古交通闭塞的时代，这已经是相当渊博的"行万里路"以上的博学者了。

所谓"五藏"，就是"山海天地之藏"——山海的富藏，天地的宝藏，因此，《山经》是一卷古老的宝藏图或宝藏档案。篇末的"记"，毕沅、郝懿行都认为是周、秦间人的相传旧说，很能表现对于山川宝藏的一种朴素见解：

> 天地之间，从东到西横跨二万八千里，从南到北纵长二万六千里：有河流发源的山有八千里，容纳河流的河海也有八千里；出产铜矿的山有四百六十七座，山产铁矿的也有三千六百九十座。这就是天地之间，分划土地，种植五谷；或制作戈矛、或铸造刀币。善加利用的，会觉得这些蕴藏，绰绰有余；不善加利用的，就会感到有所不足。历代以来，或者封于太山，或者禅于梁父，封禅之王共有七十二家，得失的天运气数，全在这个契机，这就是国家开发资源的大事。

这种爱物利物的观念，正是《山经》记录的一种理想。将天下宝藏搜集整理，聚于王府，才能清楚了解天下的富藏；但重要的，是要善加利用，而且要用得其所，《礼运·大同》篇说"货，恶其弃于地也，不必藏于己"，编纂《山经》的职官就是深深体会"藏"字的妙用。

以下就依据这一份古老的宝藏图卷，分类叙述。《山经》的叙述形式大概是这样的：每卷各记一方，各有若干篇，题为次二、次三……每篇中各山自相连属，有首有尾，组成一组山脉。例如《南山经》包括三篇，即南方有三条山脉。经中常说某山经之首如何、某山之首如何，就是某一山脉起首的山。然后作为起算标准，朝某一方向几里，为另一座山。因此《山经》所记的不是一座座孤立的山，而是各山之间隐有关联，具备了关于山脉的简单概念。其中某座山，先述有无水源，其次叙述林相、矿产、植物或者动物——特别注意奇特动、植物，描述它的形象、功能——医药的、巫术的。每个山脉叙述完后，述主司的神——形状、祀法等。因此，下面就分别叙述：《五藏山经》所叙述的范围、每一《山经》的林产及林木的医疗效果、矿产分布及不同种类、动物的类型及描述方法、动物的医疗性及预示征兆的功能、各山山神的图腾性格与特殊形象。由这一份多彩多姿的宝藏图卷，可以想见古中国人的地理观，更可以了解能运用宝藏知识的史巫之官，是一种与民生休戚相关、成为众多百姓精神指导者的形象。

第一节　吾疆吾土，广布五山

　　《南山经》所调查记录的范围，大约包括了中国南方的省份及邻近的边区。全经由三部分组成：分别称为南山首经、南次二经、南次三经。据卫挺生先生的研究，南山首经的踏勘记录，起自中越分界的雎（què）山山脉，到浙闽分界的箕尾山脉，共有十大山脉，包括云南、广西、广东、江西、福建五省。南次二经起自柜山（今仙霞岭），到漆吴之山（玉环市本岛），约当浙江省及其沿岸。南次三经起自东印度、巴基斯坦与缅甸分界的天虞之山（缅甸、青山山脉），直到云南与越南、老挝边境的南禺之山，历经缅甸、泰国、老挝、越南、柬埔寨等国。全经所调查，除了中国南方各省的大部分，还远及中南半岛。①

　　《西山经》共有四篇，记录了中国西疆。西山首经从西岳华山开始，向西调查到西海（今青海）。西次二经从钤山开始——也就是与《西山经》之首的钱来之山隔汾河遥对的稷山，直到莱山。西次三经，从崇吾之山（祁曼大山）起到翼望之山——在木兰东南。卫挺生先生整理为四组：一、自积石之山到翼望之山，为自大积石山穿越柴达木盆地而绕出西北；二、自崇吾之山到不周之山，为自柴达木盆地西南，沿沙漠的南山而下；三、自崋（mì）山到轩辕之丘；四、自泰器之山至昆仑之丘及四大水系。其中包括了神话地理中的数座大山，像昆仑山汇、不周之山等。西次四经，从阴山（将军山）到崦嵫之山（大通山）。《西山经》所记的范围，约当陕西、青海、内蒙古中部与南部、甘肃东部，及新疆，并远至中亚。

《北山经》共有三篇，大抵以东北疆域及北方诸省为范围。北山首经从单孤之山（库斯浑山）到隄山（屯金山）；北次二经从管涔之山到北海（鄂霍次克海）边的敦题之山；北次三经从太行山脉的归山起，到地滨瀚海的无逢之山（银矿山）。卫挺生先生也重加编次，分为山西中部诸山，中条山脉诸山，太行山脉西南段、南段、中段，滹沱水系诸山，京西、京北诸山，以及更达西北诸山。《北山经》所包括的范围就是中国北方辽阔的地区，远达蒙古、西伯利亚，以及河北、内蒙古及山西等。对于这片北方疆域，当时已能深入的不毛之地进行搜集、调查，确实不是一件简单的工作，虽然编次不尽合乎现代科学地理的标准，也无足诧异。

《东山经》共有四篇，卫挺生先生认为探勘调查的计划，是由邹衍训练调查团在巨燕——燕昭王的协助下完成的，因此置于《五藏山经》之首。其实依东方为首的传统观念也应置于首编，但因编成时与楚国有关，所以次序有所更动。《东山经》记录山东半岛、东北滨海区域，也可能达到朝鲜、日本及琉球群岛，为以海疆为主的地理档案。东山首经从齐都临淄近郊的𣱵𧕦之山（石门山）开始，至于竹山（凤凰山）；东次二经起首登、莱三州的空桑之山，到宝城湾附近的硰山（月出山）；东次三经开始的尸胡之山，为今之济州岛，历经日本群岛，直到大琉球岛，称为无皋之山，记载较疏略，因此至今学界还未成定论；东次四经偏于东北疆，从北海边的北号之山（札格第岭）直到太山（悉和太岭）。

　　《中山经》凡有十二经，占《山经》的一半有余，为《五藏山经》叙述的中心，像《西山经》的叙述方向，自东至西，《北山经》则自南至北，隐然以《中山经》所载地区为天下之中。按照古代京畿为天下政治中心的观念，显示出《中山经》的命名大有意义，《荀子·大略》篇说："欲近四旁，莫如中央，故王者必居天下之中，礼也。"职官记录、整理天下地理档案，自需以京畿为王者所居的天下的中央，才合于礼义。不过，《中山经》的范围，历来都是以伊、洛京畿为中心说，近年有些学者认为应该是巴蜀、或者是荆楚[②]，因为它详记岷江中、上游的地理形势，又以"天下之中"指四川西部地区，这就是古巴蜀文化。或者说荆楚国势强大时，曾包容过岷江一带，故为荆楚学者自尊国土的观念。

　　《中山经》从山西、河南的近畿开始记录，正是王者居于中央的具体表现。中山首经就从薄山起，也就是薄山山系，为中条山脉西段，中经霍山诸山，为太岳山脉南段，就是到鼓镫之山，两段山脉所及的区域，适为唐、虞、夏都城之所在。中次二经迄于中次七经，都是周都洛阳邑左方各山系中的山脉，故次于首经。二经载伊水流域诸山；三经为賁（fù）山山脉（五凤山），在谷水之北，黄河之南；四经为厘山山脉（熊耳山），在洛水之南，伊水之北；五经较零乱，也属于薄山山系；六经为缟羝山系，乃谷水南、洛水北的东西山脉，又包括西段的杨华、阳虚诸山；七经为苦山山系，乃沿洛水、伊水，自西而东返回洛邑所经的中岳山脉。卫挺生先生《山海经地理图考》将前七经列为一组。

《中山经》从中次八经以下五经，为中原地区，及长江流域的山川地形，包括了河南、安徽、江西、两湖、四川、甘肃，近于长江流域的区域。八经为荆山山系，载南条荆山以东诸山；九经为岷山山系，载川西到鄂西诸山；十经从首阳山到丙山，约在渭水源流与长江源流区之间，为黄帝、颛顼神话中常提及的名山：像采铜的首山，涿山为颛顼母的蜀山。十一经属于北条荆山，从伏牛山而东南，直到大别山东北。山名虽多，但实在是同属一山麓而分支的小山，可总括在熊耳、外方、伏牛、桐柏、大别五大山系，及注入长江的汉水、淮水二水系。至于十二经，所记才是洞庭湖附近到鄱阳湖附近的诸山，与楚国中心都城最为接近的区域。

以上南、西、北、东、中五山经，建立一种古老的宇宙中心图，为具有神秘性的舆图说：以伊、洛及黄河流域的京畿所在为全国的中心区域，四周环绕着广大的陆地——上面分布着山川宝藏，而赤县神州之外，则更有瀛海。这种地理观隐然有邹衍的九州说的素朴观念，也就是先列中国名山大川通谷禽兽，水土所殖、物类所珍，因而推之及于海外，人之所不能睹。《山经》正是中国的名山、大川、通谷的地形图，在古中国人的视野里，已经是一个广大无垠的空间了。

第二节　草木丰繁，服用医疗

壮丽的山川常以蓊郁的林木，造成胜景。古人相信润泽的地气会影响山林，林木的茂盛与否正是一种表征。《山经》之中常以多木多草与无草木等对比的叙述方式，表现某一座山是否有适量的水泉，或宜于成长的土质。像《南山经》中：区吴之山（括仓山及北雁荡山），"无草木，多砂石"，为砂质的山，草木成长的状态就较差；而虏勺之山（松阴溪以北诸山），"其上多梓、枏，其下多荆、杞"，就是有较佳的林相。因为木材为山林的重要资源，与日用民生有密切关系，自然列为宝藏。《山经》中，因南、西、北、东、中的不同区域，所产林木也随着气候、土质而有些不同。

《山经》叙述林木（包含草在内）有三种叙述方法：第一种泛称木、草，只是表示林相如何而已；第二种叙述该树木的名称，多为较普遍性的，其日用为大家所熟知，因此，多不详述其用途为何；第三种就不同，仔细叙述其形状、样态，特别强调它的用法与功效，大概多是医药，为古代民间医疗的原始资料，尤其是巫医所使用本草的珍贵记录。这是古中国人素朴的医药学，依据巫术性思考原则，形成一种经验科学。据说炎帝神农氏尝百草，发现了各种各样的药草；更神奇的传说是他用一根赭鞭来鞭打百草，而知悉各类药草的药性。他将草药知识传授下来，成为医药之神。古代医药的发现与人类生命的延续有密切关系，《山经》自然要特别记录的。

一般实用性的材质，《山经》所记录的，大概都是较上等的良材。《南山经》载有桂（招摇之山）、椒木（堂庭之山）、梓、柟、荆、杞（虐勺之山），种类不多。桂（Cinnamomum）为樟科植物，叶子像枇杷，冬夏常青，就是南方草木状所谓的牡桂，常丛生在山顶。椒木，别名叫连，果实像李子而色红，可以食用，树胶可以和香为苏合香，这两种为南方植物。其他梓为紫葳科的落叶乔木；柟，俗名楠树，为樟科的常绿大乔木，都是建筑的良材。荆就是荆楚，为马鞭草科的落叶灌木；杞即是杞柳，为杨柳科的落叶灌木，都是我国从古栽培的树类，是可供观赏及实用的良材。

《西山经》所载的种类就繁多些，除了荆、杞、柟外，较多的树种，有杻木、橿木、檀、楮、柞、穀等。杻，又称土橿，为田麻科的乔木，橿也是坚致的木材，古代用作弓材、弩干，就是取它的韧性。檀树为榆科的落叶乔木，材质坚硬，为建筑良材，尤适于作车轴。楮、穀，其实都是所谓的构树，为桑科的落叶乔木，树皮纤维，为从古著名的制纸原料，古代的楮纸，现在用的宣纸、细桑皮纸等，都用它来制作。柞、栎，属于山毛榉科的乔木；另有械，也是同科的落叶乔木，至于松、柏更是常见的良材。关于竹类，则有竹箭、箭䉋（mèi），以及桃枝竹、钩端等，这是见于《西山经》的树木，大多是自古以来即为中国人所栽植培育的上等木材。

《北山经》所调查记录的，因为气候较冷，多产松、柏、樱、櫃等，又有些漆、桐、椐、樗、柘，及榛、楛等。漆树，《西山经》所述，以陕西、湖北所产，品质最佳；而北山首经的虢山、三经的景山也多生产。桐为梧桐。椐为作杖用的樻木，材质坚实。发鸠山产柘木，为桑科的灌木，也是从古栽植的树木。樗，属楛木科落叶乔木。楛，就是荆楚，其原产地就在华北及内蒙古。榛为桦木科灌木，是北方常见的树，果实可作干果。另外还有像榆树的机木（单孤）、有棘的枳棘、檀柘类的刚木（北岳），以及枸木（绣山）。北方的葱、韭等菜为常用食物，边春之山、北单之山、丹薰之山等都有记载，可见是北地风光了。

《东山经》所记录树种较少，与多海岛、海湾有关，有漆树、穀树、梓、桐、桑、柘，及作行道树的樗，较特殊的是姑儿山的桑树，以及从无皋之山东望的扶桑神木。有一种菌蒲，产于孟子之山，卫挺生先生说是日本、纪伊半岛的蒲苇与芝草，如果确是产自日本，倒是蓬莱仙山产灵芝的传说来源。

《中山经》所记录的，因它的地理位置适为中国的中部地区，因此植物种类也呈现多样性，前述南、西、北、东诸山经的良木佳材，中部诸山多有生产：诸如杻、橿、桑、穀、漆、樗、桐、柞、楀、柚、松、柏、柘、梓、枸、椐、檀、荆、杞等；竹类的竹箭、桃枝竹、钩端、竹箭等也有。另外有些较有特色的是香草类，如芍药、蘪芜、芎䓖等，北次三经的绣山也出产，而洞庭湖附近所产似更为著名，故《楚辞》中常有这些香草意象。另外长江流域还有一些较特殊的竹子，洞庭湖附近诸山出产有毒的桂竹（云山、丙山）、作杖的扶竹（龟山）。此外还出产橘、櫾之类的果树（荆山、纶山、葛山），《北山经》就只载有桃、李（边春），这也是长江流域附近的林木。荆山山系又载了一种寓木，其实就是桑寄生科的小灌木，俗称寄生，或茑等。

医药性的植物，具有医疗功能。有些学者认为《山海经》是旅行者的指南，就因为其中有药方。也有的说草药秘方可以帮助克服不利行军的因素，及振兴人马精力以助军气。不过，草药最常用的恐怕还是在除疾疫。但药草的辨识、使用的方法以及疗效最难把握，因此植物类中这一类叙述最详细；叶状、茎柯颜色以及果实形状等，详加描摹，为后来本草学的范本③。草药种类，草约有二十八种，木约有二十一种。医疗的方法约有四种：

食之：食之已心痛、食之不惑。

佩之：佩之可以已厉、佩之不迷。

服之：服之不字、服者不怒。

可以：可以已聋、可以御凶。

《南山经》使用佩、食、可以;《西山经》也使用佩、食、可以,及一种"浴之"之法;《北山经》使用食,药草较少,疗法也较少;《东山经》使用食、服,药草也较少;《中山经》则药草最繁,凡使用食、服、可以,而不用佩。"食之"自然是用内服法,"佩之"则用为佩带、服佩,"服之"却最为复杂,可能是内在的服食,也可能是外在的服佩,《中山经》使用服、食二种方法。按理说,服应单指服佩,为外服法。但事实却有两种意义:姑媱之山女尸化为䔄草,"服之媚于人",佩服、佩着传达䔄草妩媚的属性,为服佩;但堵山的天楄,"服者不哽(yè)",郭璞就注:"食之不噎也",为服食,《中山经》不用"佩"字,服字大多作服佩、外服之用,作服食的只是少数。至于通用的"可以",未注明内、外服,为一般性用法。

服食、服佩的观念,为近于巫术性思考原则的民间疗法。据弗雷泽《金枝》所说交感巫术的交感原则,因为接触而传达物的属性,服食、服佩都是近于"接触巫术",或据象征律所形成的"模拟巫术"④。《南山经》说招摇之山有一种树,其果实像谷子而有黑色纹理,花朵光色四照,名叫"迷谷",服佩在身反而令人不迷,这是因为接触之后,所生出来的相反效果。而一般草药所含药性,经由服食产生效用,是依据科学性的经验,后来逐渐发展成为一种中国式医学。

《山经》所载草药的疗效,以医治生理疾病为主,如䔄荔"食之已心痛"、彫棠"食之已聋"、荣草"食之已风",属治内脏方面；条草"食之已疥"、杜衡"食之已瘿"，属治外科方面；器酸"食之已厉"、苦辛"食之已疟"，为治传染病；条草"食之不惑"、鬼草"服之不忧"，为治精神疾病；嘉果"食之不劳"、櫰木"食之多力"，为增加体力。另外《西山经》的崇吾山产一种木，药性像棠苃，"食之宜子孙"，属妊娠药；黄棘则"服之不字"、蓇蓉也"食之使人无子"，都属于不妊的药。而一些疗法特殊的，薰草"佩之可以已厉"，因为古人相信香气可以驱邪；又黄荏"浴之已疥，又可以已肘"，煮汤洗沐之用。此外像一些"可以毒鼠"的药如无条，"可以毒鱼"如芨、茟苄，"可以血玉"如白莘，近于染色原料。总之，古人依据长远流传的经验，或据于巫术，或源于药性，发展出一些朴素的草药知识，为日常医治之用，或旅行救急之便。当时除了使用文字描述，应该是配合了图形，《山经》就成为巫医的医典，也成为民间必备的药方，日积月累，发展成为本草之学，更奠定《山海经》在中国医学史中的地位。

第三节　山川矿产，富庶宝藏

《山经》的记所说的"戈矛之所发、刀锻之所起"，就要依靠矿产资源。至于它所说"出铜之山四百六十七，出铁之山三千六百九十"，是一种概略性的统计，包括大山、小山，实际与《山经》的叙述比较之下，数目要少得多，大概《山经》只记载较著名的。矿产为极富实用价值的山川宝藏，依考古文物的发现，中国在新石器时代之后，就逐渐发现铜的使用，而进入青铜器时代。现在商朝，尤其周朝的铜器，制作精良，成为传世的国宝，可知中国人发现矿产之早，而且冶炼技术也很早就发展到相当的水平。铁器的使用较晚，依地下的发掘，应该到春秋时期已能铸铁。《山经》中记录了不少金属矿产，据当时的科学知识，无法作精细的分析，只能依据经验判断所含成色，而赋予不同的矿名，因此一种矿名而含有多种矿物；或一种矿物而具有多种矿名，为很难避免的问题。如果只据《山经》所叙述的矿名分类，约有金、银、铜、铁、锡等。

金属矿类外，还有数量更多的玉石矿类。人类从原始时代就已知道使用石器，由旧石器时代到新石器时代，初民寻找可以使用的各种玉石，由粗糙而精细，由实用而艺术，象征人类心智成长的过程。他们从一块浑沌的石块中，看出不同形式的造型，这种从无形到有形的赋形，结合了实用性、宗教性、艺术性于一体。《山经》的时代，人类依然持续着一种爱石、拜石的情绪，热衷地去寻找不同的石材，从肌理细腻的美玉到质地清脆的磬石，只要是能表现智慧的都可取诸自然，然后透过大匠之手雕刻出不同的形象，这就是大用。《山经》中所搜集的玉石矿，种类纷繁，显示中国人对于玉石早就有先进的辨识能力。

《山经》叙述矿产的方式，一种是某山多某矿，如"招摇之山，多金玉"之例；其次是某山的阴、阳，先叙说其阳如何，再叙说其阴如何，先阳后阴，为中国人习惯的思维方式。北半球的中国习惯以"山南、水北为阳""山北、水南为阴"，从得阳光的面获得的思维习惯。奇妙的是金、玉、铜多产在阳面；而铁、碧、青䳌多产在阴面，这种倾向是象征阳、阴二性的质地、特性，抑或只是记录者叙述上的巧合而已，也是一种奥妙的事⑤。其三是某山的上、下，先叙说其上，再其下，也是中国人上、下思想意识的具体表现；但在矿产的判断上，其上多金、玉、铜，其下多铁、碧、青䳌，为矿物学中合乎学理的叙述。也就是两种相关的矿产往往同蕴藏一处，依据上、下位置的分布，可以互相推测，这在现代矿物学中是让学者感到趣味的一个问题。至于第四种为产于河流中的，多先叙说某水，然后说其中如何，如《西山经》

竹山，"丹水出焉，东南流注于洛水，其中多水玉"。

古代矿产的分布，除了文字记录外，是否附图，如依古代地图学的文献叙述，应有地图的资料作为官府的档案。依据后世流传于道士手中的真形图来判断，山势的回旋曲折、矿产的大略位置应有个指引的。

金属矿，以金为最贵重，《说文》说金为"五色金也，黄为之长，久薶不生衣，百炼不轻，从革不违"。所以金为通称，《山经》中有一百四十四处，细分则有黄金、赤金、白金三种。黄金为质地较纯的金矿，至于赤金、白金等，则矿物学上有所谓矿物共生的现象，即自然金存于矿脉之中，而与硫化铜等相共生，也就是金矿中含银、含铜，铜矿中也常含金。因此，金矿中有含银的成分，就呈白色，称为白金；含铜就呈赤色，称为赤金。《汉书·食货志》《说文解字》《尔雅·释器》等古书常以赤金为铜、白金为银，是就金含有铜、银成色而说解的，另外后人行文修辞也常有这种混称的现象。《山经》中于金之外，另列有银、铜等矿，似有分别。只是当时的分析技术较简单，恐怕只能依据经验判断矿物共生的现象，而赋予不同名称了。

银矿出现于《山经》的凡十二处，其中一处称为赤银，郭璞说是"银之精"，郝懿行说《穆天子传》有烛银，即是赤银，银也是重金属。铜矿出现了二十六处——十处称赤铜、一处称美铜，这些记载与四百六十七座出铜之山相较极远。事实上，矿物学上所说含铜矿的可多到百余种。因为铜矿石表现于颜色的多彩之至，古人所谓玉，或青碧，其实多为含铜的矿石。卫挺生先生说虢山"其阳多玉"，是拜城北岭产铜的矿石。铜矿中有蓝铜矿，世称砒石、紫玉、蓝玉；有绿铜矿，世称孔雀石、绿玉、碧玉，所以《山经》中的青碧、砒石，其实也是产铜的地方。[6] 铁矿在山经中出现三十四处，其中有碧铁。事实上我国铁矿分析，达五类二十余式之多，可见当时才开始知道用铁，还不能普遍发掘使用。又有锡矿五处，其中包括赤锡、白锡。赤锡的名称，现代矿物学没有这种分类名称；白锡，郭璞说是白镴。古代这种分类模糊的现象，在科学萌芽时代自难避免。

石矿类，以称玉、称美玉为最多见。玉为古人珍贵的宝石，因它所具的美质，古书认为玉有五德，以道德性意义比于玉德。玉所呈现出来的鲜艳色彩，被赋予一种巫术性，因此以玉制作的饰物佩带于身，除有装饰的美观，更具有神秘的灵力。玉的搜寻就在这种神秘而美的情绪下展开，《山经》所谓"瑾瑜之玉为良，坚粟精密，浊泽而有光，五色发作，以和柔刚，天地鬼神，是食是飨，君子服之，以御不祥。"可以祭拜鬼神，可以服佩防御，就是因为玉所放射出来的神秘之光。除了服佩，又可以服食，《周礼》都有食玉的记载，据传服食玉膏，可致长生，实在是传达了玉的不朽属性的一种巫术性思考方式。

《山经》称玉、美玉的约一百一十处。又有白玉十二处、水玉七处、瑌玗之玉十六处、苍玉九处、青碧十一处，婴垣之玉（或谓婴短之玉）二次、糜玉、珝玉二次，其余瑶碧、碧、水碧、璇玉、玄玉、藻玉都曾出现过一次，其中有些属于铜矿石。真正的玉需依比重、折射率、硬度加以区别分类。李约瑟以现在矿物学知识来分别玉有软、硬：软玉由小粒潜晶质组成，硬玉由细微的纤维潜晶质组成[⑦]。古人不能精密分类，凡美丽结晶体的矿石，均与玉联称，但由此反映出中国人嗜玉的风气极为普遍。

石矿中品类繁多，古人所称"石之次玉者"，多指有美丽结晶的矿石，其比重、硬度较玉为低，色彩也不如美玉的多变。这些林林总总的石类，《山经》记录者多以颜色、纹理命名：如文石六次、文玉石一次、青石一次、美石一次、玄石一次（又称玄磻）、彩石一次、礜石一次（又名燕石，石上有符彩婴带）、𣐌石；又有依功用命名的像砥砺三次、砥石二次、砺石二次，可以磨物；箴石二次，可以箴砭治病；磬石五次，可作乐器；鸣石、脆石都因其石质清脆；磁石一次，可辨别方向；博石一次，可作博棋；洗石二次，可以爽体去垢。又有石涅，即是矾石，即明矾。白石即矾石，世称毒砂，成硫化铁砷，毁烧成灰，可以毒鼠。此外还有各种因地不同的石类：如礨石、痠石、庱石、硌石、泠石、礝石、砆石、城石等，大概多指较一般石质为佳的石类。

腾矿，《说文》说是善丹，也就是朱砂。《山经》记其产地有三十余处，其中青腾最多，约二十一次，又有丹腾、丹粟；青、丹是就彩色而分的，为古代颜料的主要来源。雄黄矿凡十四处，或称雄黄，或称青雄黄，后者有人认为是雌雄黄，成分为二硫化二砷，与雄黄的成分三硫化二砷稍有不同。中药中作为退热驱毒的药剂，而炼丹之士，将朱砂、雄黄作为炼丹的部分原料。

垩矿为土中较佳的，可制瓷器，可以炼铝。原以白垩为主，《山经》载其产地三处，又有黄垩五处、青垩一处、黑垩一处，也有单称垩的：有九处，美垩一处。与垩相近的是赭矿，《山经》载有十处：单称垩，或美垩，《说文》说这是一种赤色土，颇多产于水中，像从石脆山发源的灌水，北流注入禺水，水中多流赭，用它"涂牛马，无病"，利用红色以辟邪。

中国矿产的分布，本遍于境内各地。但以《山经》的记载，则《中山经》所发现的产地最多，而且种类也最繁富，这是因为位于京畿附近，发现得早，开采较易。另外《西山经》的新疆地区、《东山经》的山东半岛也有些分量较多的矿产，前者以玉为最多，几乎遍于几座名山，像槐江之山、峚山等，为古来传说中产玉的名区。新疆为羌族发源地，又是封禅祭天的圣地，尤其玉与黄帝神话更具有密切关系。山东半岛附近，也是夷族活动地区，因此也有些矿产。这些记录虽然显得简单而不完整，而其藏量的多寡、含量的精纯等，也缺乏较科学的分析，但就当时的科学水平，这已经是一份极为珍贵的藏宝图卷了⑧。

第四节　飞潜走兽，品类庶繁

《山经》所叙述的动物，无论是在天空中飞翔的禽鸟、在陆地上行动的走兽，或在河海里潜游的游鱼，都具有一致的叙述笔法，也就是代表了当时的调查记录者的一种观点，即凡是常见、熟知的动物大多未见于记载，像家禽、家畜之类，因为那是正常之物，平常经验中习见惯闻。其次是稍微珍奇些，但只是因为非本地所产，或产量较少的缘故，就简单叙述，表示某山产某物，如：

南山，兽多猛豹，鸟多尸鸠。（《西山经》）

牡山，其兽多牲牛、羬羊。鸟多赤鷩。（《中山经》）

虎、豹、熊、罴，虽是猛兽，但是并无怪异；牲牛、羬羊只是较一般品种的牛、羊高大一些，也不足怪异；至于尸鸠、赤鷩，寻常鸟类，吱吱喳喳，并不十分引人讶异，所以虽有记录，只是聊备参考而已。而大宗的叙述，就自然集中在更不经见，尤其是奇形怪状之物上——细腻描绘它的形状特征，以及它一出现的征兆。因此，《山经》成为专门述及有关灾异吉凶之象征，及克服灾祸之秘方。

我们将这些奇特的现象分类抄出、整理归纳以后，会发现一个有趣的比例。那就是卷帙占有《山经》一半以上篇幅的《中山经》，结果比例最低。以鸟类为例——前述第三类括号表示。

《南山经》：七条（七条）

《西山经》：三十条（二十三条）

《北山经》：二十一条（十四条）

《东山经》：四条（四条）

《中山经》：十八条（九条）

《中山经》十八条中除掉一般鸟类，能显示征兆的只有一条，可以实用，如治病、御火的有八条，这是相当少的比例。又以鱼类为例：

《南山经》：六条（四条）

《西山经》：十二条（七条）

《北山经》：十八条（十一条）

《东山经》：十九条（七条）

《中山经》：二十一条（六条）

《东山经》的分量在《山经》中不多，但鱼类记录的比例偏高，自是因为所记以滨海及海岛为主。而《中山经》比例仍不高，特殊记载的凡六条，全部有关服食治病之用，所以，只是医疗实用的秘方而已。

《山经》动物中以兽类所占分量最多，试列其比例如下：

《南山经》：二十六种（十三种）

《西山经》：六十种（十八种）

《北山经》：四十一种（二十七种）

《东山经》：十九种（十三种）

《中山经》：一百零二种（十九种）

这份对照起来，比例悬殊的情形，显示《中山经》范围内的兽类，叙述最详，但较怪异、特殊的异兽并不算多，甚至可说很少。据何观洲的说法，《山经》叙述物类是依照"已知的东西作基础，去想那些不知的东西"，这种类推的方式，是人类描述自己所不熟悉的事物的原则。但何观洲很气愤地指出"他的见闻虽然很有限，可是他巧用了这种方法，可以幻出无穷的东西来。他在无形中劫夺了造物的权衡，他竟自作了万物的主宰。"⑨其中指责的"他"是谁？可代表普遍的中原人士，讲得清楚些，是代表政府的职官，也就是以京畿所在的河洛人士为主的观点。因为当地人士并不会将一些土产的兽类大惊小异地描述，且常有离谱的现象。

还是以《南山经》为例：

> 招摇之山，有兽焉，其状如禺，而白耳，伏行人走，其名曰
> 狌狌，食之善走。
>
> 杻阳之山，有兽焉，其状如马，而白首，其文如虎，而赤尾，
> 其音如谣，其名曰鹿蜀，佩之宜子孙。

禺是大狝猴，从它去推想，一种生有白耳朵，可伏着行走，
也可直立像人般走动的动物，名字就叫"狌狌"，其实就是"猩
猩"，比喻一圈，才能想象，因为非当地人不易真切地了解猩猩
的模样。又如鹿蜀，其实就是麝香鹿、牙獐一类，自然为鹿属之
一，因中原人士没见过，只好想尽办法去描摹。至于对其实用价
值，是一种巫术性思考原则：猩猩体大善走，服食它的肉，因接
触而传达善走的属性；鹿蜀常一雄而百数雌鹿、小鹿相随，为多
子多孙的象征，用它的毛作服佩，如能传达这种神秘灵力，自可
宜子宜孙。类似的叙述为一种民间的素朴巫术信仰。何观洲评为
荒唐，却归纳了六种描述方法：类推的变化、增数的变化、减数
的变化、混合的变化、易位的变化、神异的变化。郑德坤说可依
据这六法"直接看到古人简单的描写法，间接看到古人的心理作
用"[⑩]。因此，这些掺杂组合的叙述方法，不仅是中原人士对远
方异物的接纳方式，也是古代之人对于一些远方事物的传达方法，
经由时间、空间的间隔，而幻化、变形。陶渊明翻阅《山海图》，

以及更多嗜奇之士喜读《山海经》，其实也源于这种观物方式。

《山经》叙述远方异物的方式，其重心大概有三：一为形状描摹，使用增数、减数、混合或易位等原则类推：

有鸟焉，其状如鸡，而三首、六足、六目、三翼，其名曰鹝鸺。(《南山经》)

有兽焉，其状如狐而九尾，其音如婴儿，食之不蛊。(《南次三经》)

其中多何罗之鱼，一首而十身，其音如吠犬，食之已痈。(《北山经》)

以上三例为增数：增加普通动物的器官数目之法。（见上图）

有鸟焉，其状如枭，人面而一足，曰橐𩇯，冬见夏蛰，服之不畏雷。（《西山经》）

有兽焉，其状如羊，而无口，不可杀也，其名曰𤙳。（《南次二经》）

大𡐦之山，其阳狂水出焉……其中多三足龟，食者无大疾，可以已肿。（《中次七经》）

状如羊
出沟山
巍而无口
有兽无口
其名曰巍
害气不入
厥体无间
至理之盫
出乎自然

三足鼋
出狂水食
之可消睡
造物维均
庞偏庞烦
少不为短
长不为久
贡能三足
何异鼋鼍

以上三例为减数：减少普通动物的器官数目之法。（见上图）

崦嵫之山……有鸟焉，其状如鸮，而人面、蜼身、犬尾，其名目号也，见则其邑大旱。（《西次四经》）

厘山……有兽焉，名曰獭，其状如獳犬，而有鳞，其毛如彘鬣。（《中次四经》）

其中多玄龟，其状如龟而鸟首虺尾，其名曰旋龟，其音如判

木，佩之不聋，可以为底。(《南山经》)

人面鸮
其状如鸮
人面堆牙
犬尾见则
大旱出
海滋山

䑏状如猫犬而有鳞其毛
如彘鬣见出灊泠之水

旋龟
状如龟
而鸟首
虺尾出
英水

鸟首虺尾
其名旋龟

以上三例为混合：由两个以上的实际动物混合而成之法。（见上图）

有兽焉，其状如羊身，人面，其目在腋下，虎齿人爪，其音如婴儿，名曰狍鸮。（《北山经》）

有兽焉，其状如羊，一角，一目，目在耳后，其名曰辣辣。（《北山经》）

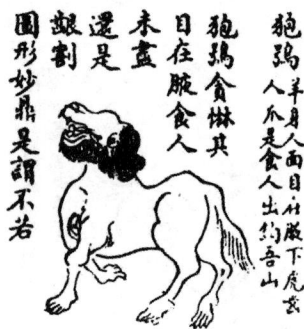

狍鸮羊身人面目在腋下虎齿人爪是食人出钩吾山

狍鸮贪婪其目在腋食人未盉还是戮割圈形妙鼎是谓不若

辣辣状如羊一角一目目在耳后出泰戏山

辣辣似羊目在耳后

以上二例为易位，乃由普通动物变换器官的位置而构成之法。（见上图）

以上四种叙述方法，是依据类推原则，将动物的形状予以重新组合，变化为不常见的"怪物"。

至于类推的变化，则是以一平常所见的动物外形，略为改变形状而成：

亶爰之山，有兽焉，其状如狸，而有髦，其名曰类。自为牝牡，食者不妒。（《南山经》）

枸状之山，有鸟焉，其状如鸡，而鼠尾，其名曰蚩鼠，见则其邑大旱。（《东山经》）

　　第二为强调动物的特殊声音，如有些奇特的鸣叫声，与平常类似的动物不同，再加上它或凶猛、或诡谲的兽性，就易于幻化成为怪物。而这些用来描摹的声音自是为人类所熟悉的，像婴儿的嘤嘤声，成年人的叱呼声、歌唱声、音乐声，以及砍木劈材的爆裂声等，无一不可用来取譬。

　　有兽焉……名曰窫窳，其音如婴儿，是食人。（《北山经》少咸之山）

　　有兽焉……其音如婴儿，是食人。（《东次二经》凫丽之山）

"其音如婴儿"的兽类，多为食人的凶兽。大概以天真、撒娇的婴儿声，诱骗人类，后将其吞食。

　　有鸟焉……其音若呵，名曰灌灌，佩之不惑。（郭注：如人

相呵呼之声。)(《南山经》青丘之山）

　　有兽焉……名曰诸犍，善吒。(《北山经》单张之山）

类似的人声，诸如呼、叫、吒、责、号、哭以及呻吟等，属于情绪激动的声音。

　　有兽焉……其音如谣。（郭注：如人歌声。)(《南山经》杻阳之山）

　　薄鱼……其音如欧。(《东次四经》女烝之山）

歌谣、讴吟的怪声，与下列乐器声为音乐声音的联想。

　　鸣虵……其音如磬。(《中次二经》鲜山）

　　有兽焉……音如鼓音，其名曰駮。(《西次四经》中曲之山）

至于判木声，就是木材爆裂的声音：

　　旋龟，其音如判木。(《南山经》杻阳之山）

　　猾褢，其音如斲木。(《南次二经》尧光之山）

另外有动物的声音互相比拟的，如以狗声类推之例：

有兽焉……其名曰狓，其音如吠犬。(《西次二经》玉山)

有兽焉……其音如獐狗，其名曰犾犾。(《东次二经》碅山)

又有用家畜的声音比拟的，如以猪声类推之例：

鱄鱼……其音如豚。(《南次二经》鸡山)

鳙鳙之鱼，其状如犁牛，其音如彘鸣。(《东山经》樕螽之山)

又有用禽鸟的声音比拟的：如鸳鸯、鸾鸡、鸥、晨鹄以及鸿雁之类：

蠃鱼，鱼身而鸟翼，音如鸳鸯。(《西次四经》邦山)

文鳐鱼……其音如鸾鸡。(《西次三经》泰器之山)

由声音的类似引起联想，也是描述的方法。

第三为怪异禽兽的命名方法。奇特动物自然不能使用平常动物的名字，依据人类语言的创作习惯，采用模拟法，赋予万物不同的名号。像鸭即甲甲之声、江即水流之声。对于常见的事物，随物赋名，总不离声音的原则，因此对于稀见的动物，即依其声音而命名：

柜山……有鸟焉……其名曰鴸，其名自号也。(《南次二经》)

鹿台之山……有鸟焉……名曰凫徯，其名自叫也。（《西次二经》）

鹢鸟之声朱朱而鸣；凫徯之声也是凫徯凫徯地叫。

石者之山……有兽焉……名曰孟极，是善伏，其鸣自呼。（《北山经》）

归山……有兽焉，其名曰䍶善还，其鸣自訆。（《北次三经》）

另外鱼类也有这样命名的：

跂踵之山……有鱼焉……名曰鯑鲐之鱼，其鸣自叫。

类似的命名法，遍于南、西、北、东、中诸山经，不过因方言的不同，而有自詨、自訆、自叫、自呼、自号等不同写法。大概《南山经》只用自号，《西山经》用自叫、自号，《北山经》多用自詨，也用自呼，《东山经》则用自詨、自訆、自叫三种，《中山经》用自呼、自叫。其实詨、訆、叫与呼、号，并没有极大的差别。郭璞就说："今吴人谓呼为詨"（《北次三经》太行山条），因各地方音不同，或记录者不同，即兼容并蓄，忠实地记录下来。

刘秀序《山海经》强调伯益随同大禹治水时，随时"类物善恶"，《山经》中描述动物，尤其是恶物，是具有指南的作用。这种说法与《左传》记载的禹王"铸鼎象物",同样的指导人民"入川泽山林,不逢不若,魑魅魍魉,莫能逢之",是基于巫术原则的一种辟恶秘方。要登山涉水,须预先知道山林怪物的形状、声音,及名字,就可远远避开,或者呼叫它的名字,破坏其魔力,这就是后来道教法术思想中的"登涉术"。

第五节　类别善恶，民知神奸

　　《山经》中的动物比植物更具有神秘色彩，植物的功能只在它具有医疗性，属于素朴的经验科学，顶多只能说是尚在"拟科学"（pseudo-science）阶段。而动物部分，则尚停留在"巫术"（magic）状态，不管是服食、服佩的除病消厄，或者是预卜吉凶的察知禨祥，多属于巫术性大于科学性。有些将《山海经》当作一部"巫者之书"，或是"旅行者的指南"，都是因为其中奇形怪异的动物，让后世的人有"荒诞不经"的印象，因此汉代一些以儒家正统自居的"缙绅之士"，已不怎么视它为真实，唐代以后将它列为小说。这些巫术性特质，至于今日，研究《山海经》的学者多多少少总有一种感觉，巫术的强调意味着它纵使不出于史巫之手，至少也是流传在史巫集团中的一种秘籍。

　　奇特动物的叙述代表着一种怪诞性、非正常性、超自然性。既是人类日常生活经验中所未曾有，那么，依据巫术性思考原则，超自然之物就会产生超自然力量，它可能表现为对于人体的超自然影响，其中以流行性传染病、特殊的生理、心理的病症等最为困惑早期的祖先。据人类学家马林诺夫斯基（B.Malinowski）功能观点的解说，原始人并不像他的老师弗雷泽爵士所讲的，不能分清超自然的巫术与实证的技术。他们已知道巫术、科学（技术）的差别，只有在实证技术不能有效利用的不安全、不确定的状况下才用巫术，而在可以控制的状况下就不借助于巫术之力了。[11]

《山经》产生的社会，人类已能控制自己的许多处境，换句话说：当时中国的科学与文明，到商、周时期已发展到一个相当进步的阶段，许多状况可以实证技术有效地控制、利用。像中国早期的科学，近代科学史家都承认已有不错的成绩；尤其周朝理性主义的思想抬头，知识分子以合理的态度去体察自己周遭的环境，提出了制天、利用自然的观念，而逐渐脱离了宗教、巫术。但这过渡时期，巫术性思考原理还普遍地存在，它支配了大多数民众的生活与思想模式。以疾疫为例，有些生理疾病经由经验科学的医疗，当时显然已渐能控制，但是一些较严重的症状，尤其精神官能症就需要依赖巫术，借以发挥其心理治疗的功能。

超自然之力的另一种表现，就是一些灾厄，举凡水灾、旱灾、风灾、火灾、蝗灾、瘟疫，乃至于人类最愚蠢的行为表现之一的兵灾，都形成一种超自然的破坏力，对于原始人类产生一种生存的危机，威胁生命——个体的，以及群体的，这种焦虑为"集体潜意识"（collective consciousness）的具体表现，预卜性的能力成为大家所渴求的——巫术就在这情况下产生。有些超自然力的最大破坏，能事先预知，早为防患，有些只是对于"非正常事物"

的恐惧感，但有些也是基于经验，为生物本能的表现。像看见一些动物的敏感、非寻常的行为，而推知必有天灾的发生，平常的蚂蚁、鸟雀已具有这种能力，何况一些奇特形状的动物一旦出现，就会显示特殊的象征作用。这也是超自然之物所产生的超自然影响，属于一种朕兆、征验性的现象，当然，这是巫术性思考方式。

《山经》所叙述的奇特动物，其主要功能，其一是作为服食、服佩等用途，可以解除疾疫及灾厄；另外大宗的用途，则为征兆性质的。后者的分量较多，但其中有些是一物而兼有两种用途。服食、服佩的巫术性作用，与植物的服用是基于同一原理，经由接触、传染的交感，传达超自然的属性，这就是韦伯司特（Webster）"巫术"（magic）所说的属性传达原理。人类居家生活或在外登涉，常有劳倦、怠乱、饥渴、冻暍等困扰的情形，如果能够服食，或服佩一些具有巫术性之物，就可传达一种奇妙的力量，而达到释劳、不倦，甚至不饥、不睡的效果，这是第一种功能：

马成之山……有鸟焉，其状如乌，首白而身青足黄，是名曰鶌鶋……食之不饥。

北嚻之山……有鸟焉，其状如乌，人面，名曰𪄀鸰，宵飞而昼伏，食之已暍。

鶌鶋、𪄀鸰，与前面提过的鹎鶋，服食之后都能有不饥、已暍、无卧的神效。鱼类则有鯩鱼、儵鱼等，也有类似的巫术性：

> 半石之山……来需之水出于其阳，而西流注入伊水。其中多
> 鯩鱼、黑水，其状如鲋，食者不睡。
>
> 带山……彭水出焉，而西流注于芘湖之水。其中多儵鱼，其
> 状如鸡而赤毛三尾，六足四首……食之可以已忧。

不睡、已忧，属于精神状态的安好。禽鸟、游鱼的肉，有这样的
妙用，只有这种特殊灵物才能产生的。

第二种"服"的功能，表现在治疗疾疫：不论是内疾外伤，
或是肉体精神，均有一些适用的特殊疗法，当然，这种药材是不
经见的。从内科病症医起：

> 梁渠之山……有鸟焉，其状如夸父，四翼一目犬尾，名曰嚣，
> 其音如鹊，食之已腹痛。
>
> 单张之山……有鸟焉，其状如雉而文首，白翼黄足，名曰白
> 鵺，食之已嗌痛，可以已瘹。

腹痛、咽痛，可以医好。而外科疾病最多见，如痔、肿等病：

> 柢山……有鱼焉，其状如牛，陵居，蛇尾有翼，其羽在下鮌，
> 其音如留牛，其名曰鲮……食之无肿疾。

祷过之山……浪水出焉，而南流注于海，其中有虎蛟，其状鱼身而蛇尾，其音如鸳鸯，食者不肿，可以已痔。

天帝之山……有鸟焉，其状如鹑，黑文而赤翁，名曰栎，食之已痔。

薄山之首……有兽焉，其状如蚳鼠而文题，其名曰难，食之已瘿。

又可治好类似的痈肿病：

谯明之山，谯水出焉……其中多何罗之鱼，一首而十身，其音吠犬，食之已痈。

半石之山……合水出于其阴，而北流注于洛，多腾鱼，状如鳜，居逵，苍文赤尾，食者不痈。

带山……有鸟焉，其状如乌，五采而赤文，名曰鹎鵌，是自为牝牡，食之不疽。

白癣为皮肤病，古人认为较清洁的鱼肉可作治疗的药：

渠猪之山……渠猪之水出焉，而南流注于河，其中多豪鱼，状如鲔，赤喙尾，赤羽，可以已白癣。

橐山……橐水出焉，而北流注于河，其中多修辟之鱼，状如黾而白喙，其音如鸱，食之已白癣。

至于精神官能方面的痴呆症或狂病等，则有人鱼、脂鱼、及领胡兽的肉可医治：

龙侯之山……决决之水出焉……其中多人鱼，其状如鲋鱼四足，其音如婴儿，食之无痴疾。

北岳之山……诸怀之水出焉，而西流注于嚣水，其中多鮨鱼，鱼身而犬首，其音如婴儿，食之已狂。

阳山……有兽焉，其状如牛而赤尾，其颈䯄，其状如句瞿，其名曰领胡……食之已狂。

对于流行性疾病，古人称为疠、疫，也可用这种方法治好：

英山……有鸟焉，其状如鹑，黄身而赤喙，其名曰肥遗，食之已疠。

枸状之山……沢水出焉，而北流注于湖水，其中多箴鱼，其状如儵，其喙如箴，食之无疫疾。

堇理之山……有鸟焉，其状如鹊，青身白喙白目白尾，名曰青耕，可以御疫。

疾病的医治多用服食的方法，也就是以内服为主，甚至连瘿肿、肿疣（滑鱼、鳣鱼治疣）、白癣等也不像后世的《本草》有使用外敷的。其中只有少数是用服佩的方法：

> 杻阳之山……怪水出焉……其中多玄龟，其状如龟而鸟首虺尾，其名曰旋龟……其音如判木，佩之不聋。

> 雠山首曰招摇之山……丽麂之水出焉，而西流注于海，其中多育沛，佩之无瘕疾。

服佩之法完全基于传达原理：旋龟之音如破裂木头的声音，反其道，就可传达灵龟之力以治耳聋；至于育沛生长于流水中，佩带之后也可流出身上的寄生虫病。较奇特的接触法，是用"席"——席卧：

> 天帝之山……有兽焉，其状如狗，名曰谿边，席其皮者不蛊。

蛊为古老传说中下蛊，或因虫病而起。另一种九尾狐也可治蛊，难症用难得之药医，这就是巫术。

第二种为防御性：凡火灾、民灾、兵灾、雷电等都可以灵禽异兽防御，大多用"可以"二字，其方法也是无奇不有，先说如何御火：

> 小华之山……鸟多赤鷩，可以御火。
> 符禺之山……其鸟多鹠，其状如翠而赤喙，可以御火。
> 翠山……其鸟多鸓，其状如鹊，赤黑而两首四足，可以御火。
> 崌山……有鸟焉，状如鸮而赤身白首，其名曰窃脂，可以

御火。

　　丑阳之山……有鸟焉，其状如乌而赤足，名曰䳜鯀，可以
御火。

如何用鸟御火，依郭璞之说，多是蓄养在家，也可以利用羽毛。
其防御的原理，是依据颜色的交感巫术，产生灵威之力，请注意
神鸟的共同特质：赤鷩有赤羽，其他赤喙、赤毛、赤身、赤足，
"以赤御火"，为"同类相治"（like cures like）。不妨再看另外御
火的木或兽：

　　崦嵫之山，其上多丹木，其叶如谷，其实大如瓜，赤符而黑
理，食之已瘅，可以御火。

　　即公之山……有兽焉，其状如龟而白身赤首，名曰蛫，是可
以御火。

丹木赤符也就是红色的树。蛫而赤首就是红色的头。只有两种与
赤、火没有直接的关联：

　　带山……有兽焉，其状如马，一角有错，其名曰臞疏，可以
辟火。

　　涿光之山，嚣水出焉，而西流注于河，其中多鰼鰼之鱼，其
状如鹊而十翼，鳞皆在羽端……可以御火。

火灾为无情之物，能辟之御之，为古人的一大愿望。

御凶的凶，泛指凶险、凶厄，异兽最可防御：

> 阴山……有兽焉，其状如狸，而白首，名曰天狗，其音如榴
> 榴，可以御凶。
> 翼望之山……有兽焉，其状如狸，一目而三尾，名曰讙，其
> 音如夺百声，是可以御凶。
> 谯明之山……有兽焉，其状如貆而赤豪，其音如榴榴，名曰
> 孟槐，可以御凶。

声音如榴榴，或如夺百声，以爆声御防凶恶，也是以恶治恶的方
法。其他还有服之、食之的方法：

> 有鸟焉，其状如乌，三首六尾而善笑……服之使人不厌，又
> 可以御凶。
> 英鞮之山……涴水出焉……是多冉遗之鱼，鱼身蛇首六足，
> 其目如马耳，食之使人不眯，可以御凶。

关于"御兵"——可指兵灾，也可指刀械之厄。大苦之山有
一种"牛伤"之草，可以御兵，为以伤制伤之法。至于鸟或鱼，
则有寓鸟、飞鱼、鲐鱼等物：

虢山……其鸟多寓，状如鼠而鸟翼，其音如羊，可以御兵。

騩山……正回之水出焉，而北流注于河。其中多飞鱼，其状如豚而赤文，服之不畏雷，可以御兵。

少室之山……休水出焉，而北流注于洛。其中多鱼，状如鳖蜼而长距，足白而对，食者无蛊疾，可以御兵。

天上的雷电也是古人认为神奇而可惊怖的天象，只有使用巫术才能加以克制：

基山……有兽焉，其状如羊，九尾四耳，其目在背，名曰猼訑，佩之不畏。

浮山……有鸟焉，其状如枭，人面而一足，曰橐䎉，冬见夏蛰，服之不畏雷。

猼訑，《玉篇》《广韵》写作"䍺䍽"，也是羊属[12]。《本草经》曾说"杀羊肉，主辟恶鬼、虎狼，止惊悸"。羊角可以辟邪。羊皮也可以辟恶，《说文解字》的注说："城郭的市里，高悬羊皮，以惊牛马。"用怪羊来吓止恶鬼，就是"以恶治恶"的同类相治原理——依据交感巫术中的"象征律"（symbolism）。森安太郎更以神话解说，羊是羌族的岳神，分别是非曲直的神羊，是制鬼的冥府之神，因此可克制阴界之鬼。其实，阳界之鬼也可克制的，《杂五行书》说："悬羊头门上，除盗贼。"[13]

第三种为征兆性：凡吉凶之兆，以及自然天象都可能有些征象，可以借以预先测知吉凶。《山经》所保留的这些资料，仍然较素朴，后来汉朝盛行灾异、瑞应等传说，变本加厉，简直是一种不可理喻的迷信。其实，原始心灵观察万物，以合于正常为经，以反于正气为变，凡变化均为天气地气不合常规的表现，因此，一定会发生事故。事故的发生，是天地之气的表"见"，而为人类所看"见"，《山经》叙述方式中，全用"见则"如何。这个"见"字就有表现、看见的双重涵意。史巫的职责就是要观察这种微妙的征象，然后以天意告知统治者，让他们有所警惕，所以这种方法也是"神道设教"的意义。

天下国家为统治者所治理，古人相信这是由一个更崇高、庄严的天托他管辖而已。治理得好，就现出休征以资鼓励，如不上轨道，就有咎征，警告他，要他改过。《山经》中有吉兆，也有凶兆：

渤海有鸟焉，其状如鸡，五采而文，名曰凤皇……是鸟也，饮食自然，自歌自舞，见则天下安宁。

女林之山……有鸟焉，其状如翟而五采文，名曰鸾鸟，见则天下安宁。

南方……有凤鸟……见则天下和。

凤凰为瑞征，是一种吉祥的神鸟。它一出现，意味着天下安宁。

因为凤凰生长在极乐世界中，它肯翩翩降临，自是因为人间乐土，所以古来皇帝常以凤凰为帝王的象征。

> 泰器之山……是多文鳐鱼，状如鲤鱼，鱼身而鸟翼……其味酸甘，食之已狂，见则天下大穰。
>
> 钦山……有兽焉，其状如豚而有牙，其名曰当康，其鸣自叫，见则天下大穰。
>
> 玉山……有兽焉……其名曰狡，其音如吠犬，见则其国大穰。

天下大穰，就是大丰收，农业社会有好的收成，一定也是一个丰衣足食的年头。相反的凶征，就有大恐慌：

> 丰山……有兽焉，其状如猿，赤目赤喙黄身，名曰雍和，见则国有大恐。
>
> 景山……有鸟焉，其状如蛇而四翼六目三足，名曰酸与，其鸣自詨，见则其邑有恐。
>
> 耿山……有兽焉，其状如狐而鱼翼，其名曰朱獳，其鸣自訆，见则其国有恐。

兵荒马乱，对百姓其实是一种酷刑，长期不能耕殖，家中的人离散于四方，这是比肉体之刑更难忍受的刑罚，由人为之。因此，天有种种垂示，除了天象之外，《山经》有许多不同的示兆的法子：

历石之山……有兽焉，其状如狸而白首虎爪，名曰梁渠，见则其国有大兵。

倚帝之山，其上多玉……有兽焉，其状如鼣鼠，白耳白喙，名曰狙如，见则其国有大兵。

蛇山……有兽焉，其状如狐而白尾长耳……见则国内有兵。

小次之山……有兽焉，其状如猿而白首赤足，名曰朱厌，见则大兵。

有墼山者……有赤犬，名曰天犬，其所下者有兵。

兽类之外，鸟与鱼也可以预示：

钟山……钦𬸚化为大鹗，其状如雕而黑文白首，赤喙而虎爪……见则有大兵。

鹿台之山……有鸟焉，其状如雄鸡而人面……见则有兵。

鸟鼠同穴之山……渭水出焉……其中多鳋鱼，其状如鳣鱼，动则其邑有大兵。

兵灾为人为，至于自然界所造成的天灾，属于自然灾害。古中国人要忍受的灾祸确是不少。首先是水灾：

犲山……有兽焉，其状如夸父而彘毛，其音如呼，见则天下大水。

空桑之山……有兽焉，其状如牛而虎文……其鸣自叫，见则天下大水。

剡山……有兽焉，其状如彘而人面，黄身而赤尾，其名曰合窳，其音如婴儿。是兽也，食人亦食虫蛇，见则天下大水。

长古之山……有兽焉，其状如禺而四耳，其名长右，其音如吟，见则郡县大水。

如呼、如吟、如婴儿的声音，在深沉的夜晚凄厉地传来，湿漉漉的空气中充满着"大水"将至的恐怖。地上的兽这样，连天上的飞鸟、水中的鱼蛇也是大水的象征：

崇吾之山……有鸟焉，其状如凫而一翼一目，相得乃飞……见则天下大水。

玉山……有鸟焉，其状如翟而赤，名曰胜遇，是食鱼，其音如录，见则其国大水。

邽山……濠水出焉，南流注于洋水，其中多黄贝，蠃鱼，鱼身而鸟翼，音如鸳鸯，见则其邑大水。

阳山，阳水出焉，而北流注于伊水，其中多化蛇，其状如人面而豺身，鸟翼而蛇行……见则其邑大水。

其次与水灾相对比的是旱灾。长期的干旱，千里赤地，是农业社会最担忧的灾情。旱灾的征兆遍于各地，尤其是中原地区的高原、平原。旱灾的象征是蛇，依实际经验，大蛇、怪蛇多深居幽窐之中，一旦天久不雨，它就出于深谷，自然是大旱的征兆。另外蛇与龙俱为与水有关的神话动物，以深潜、幽藏为它的习性，一反深藏的常态，就是旱象之征；而蛇龙能用云雨，自然也掌握云水之权，因此微妙地成为主旱之物：

太华之山……鸟兽莫居，有蛇焉，名曰肥蟥，六足四翼，见则天下大旱。

浑夕之山……嚣水出焉，而西北流注于海，有蛇一首两身，名曰肥遗，见则其国大旱。（以上见下页图上、中）

幽都之山，浴水出焉，是有大蛇，赤首白身……见则其邑大旱。

鲜山……鲜水出焉，而北流，注于伊水，其中多鸣蛇，其状如蛇而四翼，其音如磬，见则其邑大旱。（见下页图下）

鸡山……黑水出焉，而南流注于海，其中有鱄鱼，其状如鲋而彘毛……是则天下大旱。

肥𧎮蛇形六足四翼見
則大旱出太華山

肥𧎮為物
與災合契
鼓翼陽山
以表旱屬
桑林既禱
俊忽潛逝

肥遺一首兩身見則
大旱出渾夕山

肥遺為
物與災合
契鼓翼陽山
以表旱屬桑
林既禱俟忽
潛逝

鳴蛇如蛇而四翼其音如
磬見則大旱出鮮山

肥遗、肥螷，也写成蜲蛇、委蛇、逶蛇、延维，或只作螔，其实都从"逶迤"得意，就是长的意思，原指深藏河泽中的长蛇。神化以后成为延维，就是泽神（《海内经》），又成为神蛇，称为螔，就是"涸川之精"（《管子·水地》），属于两头一身的形象。肥遗虽不是两头，但也是奇特形状。

蛇、鱼之外，鸟类中也有带来大旱的怪物：

令丘之山……有鸟焉，其状如枭，人面四目而有尾，其名曰颙，其鸣自号也，见则天下大旱。

庵嵫之山……有鸟焉，其状如鸮而人面，蜼身犬尾，其鸣自号也，见则其邑大旱。

水、旱灾较常有，中国处于内陆，风灾较少，《山经》中只有少数几种风灾之征：

狱法之山……有兽焉，其状如犬而人面善投，见人则笑，其名山𪊨，其行如风，见则天下大风。

几山……有兽焉，其状如彘，黄身白头白尾……见则天下大风。

火灾征兆的预示动物也与御火之物有微妙相通之处，就是与赤红有关，乃基于人类的联想心理，产生一种预示性的征兆，像神话中的毕方鸟：

> 章莪之山……有鸟焉，其状如鹤，一足赤文，毒质而白喙，
> 名曰毕方……见则其邑有讹火。（见下图）

> 鲜山……有兽焉，其状如膜犬，赤喙赤目白尾，见则其邑
> 有火。

天然灾害中还有一种虫灾，就是蝗虫引起的。中国北方的农村最怕在小麦、杂粮长得绿油油时，忽然一片漫天黄云弥天漫地沙沙地飞来，它们选择正等待丰收的田地一降落，绿叶子、绿秆子以及结穗待熟的麦子、小米，正听见沙沙的声音，所有的等待、所有的辛劳都被蝗虫啃光、吃光，这就是蝗灾。《山经》中载有一种犰狳，形状像兔子而鸟嘴壳，鸱眼睛、蛇尾巴。只要它一出现，蝗灾就可解除。

古老的中国还有一种灾害，就是瘟疫。原始宗教中驱疫祓厄

为重要仪式，而神话中也出现不少瘟疫小鬼和驱鬼的大神。征兆中也有些显示瘟疫之物，这当然是些让人不愉快的怪鸟怪兽：

> 硇山……有鸟焉，其状如凫而鼠尾，善登木，其名曰絜钩，见则其国多疫。

> 复州之山……有鸟焉，其状如鸮而一足彘尾，其名曰跂踵，见则其国大疫。

> 乐马之山，有兽焉，其状如汇，赤如丹火，其名曰狼，见则其国大疫。

> 太山……有兽焉，其状如牛而白首，一目而蛇尾，其名曰蜚，行水则竭，行草则死，见则天下大疫。

遥远的时代，人类要生活下去，必得有一套生存之道。有智慧的人仰观俯察，察知機祥，然后把这些知识传递下来，史巫之官就是掌握这类奇妙之学的集团，他们广事搜罗，整理成卷，让广大的群众知所趋避。所以《山经》是一部巫书，至少是记录一些古老相传的巫术性知识的秘笈。这一卷资料固然有些神异色彩，但在人类逐步进化到文明社会的过程中，却是一部宝藏，集合很多先人的智慧，让历代子孙在特殊状况下"察知善恶"，预知吉凶；或者在登山涉水时，"不逢不若"，尽知神奸。古老的年代里，也许曾有一个古老的梦魇，天灾将降，人祸将临，使大地子民颤栗、惊怖、不安，这是古老的预示性征兆。但现代的子孙百代，却也活在一个现代的梦魇里，更形颤栗、惊怖、不安，天空飞翔着奇形怪状的怪鸟，陆地奔腾着喷烟吐雾的怪兽，水里也潜游着上下巡回的怪鱼，这也是一种现代的预示性凶兆。天地被污染了，天灾将更快速降下；心灵被污染了，人祸也将急遽来临，或许现代人也需要，或说更需要一部智慧的指南：《新山海经》。

第六节　江山神灵，祈祭求福

　　《山海经》记录了古代各地方民族神话的原型，是中国最早的人文地理志，其中收录的广博材料，未加以太多文饰，虽然缙绅先生觉得文不雅驯，但却因此保留了古文化的精神面貌。《山海经》中关于神的造型及其祭仪，就是记录了中华文化与图腾的密切关系。历史的迷雾会逐渐散开来的，卫惠林先生曾用图腾制度的观点解说《山海经》的神话，使原本荒诞不经的诸神神话，得到了新的诠释。它不再是先民的迷信，而是中华文化发展过程中一页活生生的历史记录，从那些诸神的祭典中，多少部落建立了自己的社会制度，发展了雏形的历史文化，许许多多的部落聚合分散，而活动的范围也变迁、扩张，经过长远的时间，才有了辉煌的中华文化的黎明。⑭

　　中华民族在古老的时代里，跟其他民族一样，曾经历了一段悠长的狩猎与采集为主的经济时代。当时人群与他们住区的某种自然物，因长时期的亲密接触，建立了神秘的关系，在神话中把它塑造成与我群有特殊关联的图腾神物，乃至祖神，这就是以某种自然物为图腾神物的形成过程。[15] 在群落社会时代，群与群之间有区域性的接触，为了区别我群与他群之间的关系，就产生了图腾制度，每个群落单位各有自己的图腾神物，以自别于他族。《山海经》诸神以半人半兽的造型出现，正是代表了群落社会的图腾神物——因为动物或植物最容易象征化，该图腾族人也自认为他们与图腾之间有密不可分的神秘关系，这种关系形诸语言象征就是神话，形诸动作象征就是仪式，该一图腾神物遂被神圣化。而群落住区中的某一地方就成为神圣的处所，通常是山岳，或池泽，或者一片特殊的树林，《山经》中的圣山就是这种祭祀场所。

《山海经》叙述图腾神物，显然已全不是最原始的群落与图腾神物的关系，因为大多的图腾神物是由两种，或两种以上的动物所组成，这种情形，神话学家称它为"联合图腾"或"综合图腾"。当然，在古代中国的广大区域内，存在众多的群落单位及其亚群，其间互通婚媾，或互为敌友，产生较为复杂的关系，这就是地域氏族图腾制。《山海经》所记录的时代，可能晚到周朝，其中保留的口头传播下来的图腾神物资料，多少可了解这些人类文明发展过程中的特殊现象。

《山海经》叙述图腾神物的第一种形式，就是区域性的群山之神。叙述的结构特色是每一区域中的一群山区地域单位，都相信同类同形的图腾神物，也就是每一山经或者为一单位，或分成几个单位，而且依山岳的地位分成不同等级。这每一山区，即每一地域单位，自成一个大祭仪单位，而分别举行适合其等级的祭仪。现在就依山经的排列叙述，并加以解说。首先是《南山经》：

　　凡䧿山之首，自招摇之山，以至箕尾之山。凡十山，二千九百五十里。其神状皆鸟身而龙首，其祠之礼毛，用一璋玉，瘗。糈用稌米。一璧，稻米，白菅为席。

　　凡南次二经之首，自柜山至于漆吴之山。凡十七山，七千二百里。其神状皆龙身而鸟首，其祠毛，用一璧，瘗，糈用稌。

　　凡南次三经之首，自天虞之山，以至南禺之山。凡一十四山，六千五百三十里。其神皆龙身而人面，其祠皆一白狗祈，糈用稌。

　　《南山经》记录了三群山区地域单位，鸟身龙首、龙身鸟首及龙身人面的图腾神物，代表着鸟与龙图腾组成的群落单位，与龙图腾的群落单位。第一祭仪单位的祭礼：礼毛指选用毛色纯正的牺牲。瘗就是埋，《尔雅·释天》："祭地曰瘗埋。"[16]李巡解说："祭地以玉，埋地中曰埋。"埋玉为山岳仪礼，《周礼·大宗伯》说："以貍沉，祭山林川泽"。糈即精米，为祭神时使用的稌稻米，是一种有黏性的米。这种祭仪描述选用一定毛色的牺牲供奉，将一块璋玉瘗埋土中，祭神米选用稌稻，使用白菅茅的神席，上置一块璧玉，及稻米。第二祭仪同，第三祭仪特别用一只白狗祈祭，郭璞说是呼叫而请事，也就是请祷。但《周礼》中祈、珥、刉珥连用[17]，祈就是刉，刉割白狗请祷。

　　《西山经》共有四群山区地域单位，其叙述情形：

凡西山经之首，自钱来之山，至于𫘝山。凡十九山，二千九百五十七里。华山冢也，其祠之礼，太牢。羭山神也，祠之用烛。斋百日，以百牺，瘗，用百瑜。汤其酒百樽，婴以百珪、百璧。

　　凡西次二经之首，自钤山至莱山。凡十七山，四千一百四十里。其十神者，皆人面而马身，其七神皆人面牛身，四足而一臂，操杖以行，是为飞兽之神。其祠之毛用少牢，白菅为席。其十辈神者，其祠之毛，一雄鸡，钤而不糈，毛采。

　　凡西次三经之首，崇丘之山，至于翼望之山。凡二十三山，六千七百四十四里。其神状皆羊身人面，其祠之礼，用一吉玉，瘗。糈用稷米。

　　凡西次四经，自阴山以下，至于崦嵫之山。凡十九山，三千六百八十里。其神祠礼，皆用一白鸡，祈。糈以稻米，白菅为席。

华山为冢山，属第二等，郭璞说："冢为鬼神所舍"，也就是尊神所驻留之处，特别用太牢之礼——牛、羊、猪三牲齐备，至少用牛。羭山，为神山，属第三级，供牺者要斋戒百日，为洁净作用。供献百头牺牲，瘗埋用百块瑜玉，温酒百樽；婴是奠供，将百块珪、百块璧奠供、陈列。讲求整数，且数达一百，为隆重的祭仪。其余十七座山只要选用一只全羊（牷）就可祭拜。第二祭仪单位所拜为马、牛图腾神，称为"飞兽之神"，"四足而一臂"一定是组成时的象征。祭仪选用少牢，置于白菅之席上。至于用雄鸡，特别注明用杂色的。"钤"字，有说是祭器，也有说是祈的。第三祭仪所祭为羊图腾神。埋一吉玉，祭神米用稷米，为西方产物。第四祭仪，祈祭是选用白鸡，精米用普通稻米。这一区域较近于游牧区，图腾神物与兽有关，如羊、马、牛之类。

《北山经》有三群山区地域单位，与蛇图腾神物有密切关系：人面蛇身、蛇身人面，第三祭仪区，虽有马、彘，但部分也是彘身蛇尾，如果以神话中操蛇之神都在北方，更可得到辅证。这是北方沼泽区多蛇的缘故。首经、三经又强调此区或北方，为生食而不用火熟食，确是一片比较原始的荒野地区。祭仪方面，前二者选用雄鸡和彘，要瘗埋地下。珪玉或者瘗埋，或者又是投而不埋。但都不用精米，或者北方不产之故。三经较复杂，所祭神物不同，所供献藻玉，或聚藻和香草要埋——北方多沼泽，可能就地使用聚藻。但也有不埋的。但倒使用了糈米，且是稌稻。大抵北方本就离中原地区较远，尤其再北一些，几乎达于西伯利亚，难怪是生食不火的蛮荒了。其叙述如下：

凡北山经之首，自单狐之山，至于隄山。凡二十五山，五千四百九十里。其神皆人面蛇身，其祠之毛，用一雄鸡，彘，瘗。吉玉用一珪瘗。而不糈。其山北，人皆生食不火之物。

凡北次二经之首，自管涔之山，至于敦题之山。凡十七山，五千六百九十里，其神皆蛇身人面，其祠毛，用一雄鸡、彘、瘗，用一璧、一珪，投而不糈。

凡北次三经之首，自太行之山，以至于无逢之山，凡四十六山。万二千三百五十里。其神状皆马身而人面者，廿神。其祠之，皆用一藻、茝，瘗之。其十四神，状皆彘身而载玉。其祠之，皆玉，不瘗。其十神，状皆彘身而八足，蛇尾。其祠之，皆用一璧，瘗之。大凡四十四神，皆用稌，糈米祠之，此皆不火食。

《东山经》虽有四群山区，但第四群的记录付之阙如。从其余三群作考察，所祭祀的图腾神物：人身龙首、兽身人面载觡、人身而羊角，以兽图腾为主，其叙述如下：

凡东山经之首，自樕蠡之山，以至于竹山。凡十二山，三千六百里。其神状皆人身龙首，祠毛，用一犬，祈神用鱼。

凡东次二经之首，自空桑之山，至于碅山。凡十七山，六千六百四十里。其神状皆兽身人面载觡，其祠毛，用一鸡，祈婴用一璧，瘗。

凡东次三经之首。自尸胡之山，至于无皋之山。凡九山，六千九百里，其神状皆人身而羊角，其祠用一牡羊，米用黍，是神也，见则风雨水为败。

凡东次四经之首，自北号之山，至于太山。凡八山，一千七百二十三里。

东山区域确有海滨色彩：如"祈聃用鱼"，使用鱼类为祭品。

98

聊祭，郭璞说是"以血涂祭"，郝懿行说就是衅，《周礼》中祈珥对举，衅为本字，为衅礼一类，以涂血祭，使用鱼割血涂祭以请祷。另外三经强调祭祀的羊图腾神，只要出现，就能解除风雨水，也是海域民族的特色。使用黍——小米为祭神米，为当地土产，《海外东经》都记载一些边区民族为食黍部落。

《中山经》比较其他四经，为最复杂的一个区域，凡有十二群山区地域单位。作为当时采集记录者的标准之一，或者就是这种相信同类同形图腾神物所构成的祭仪单位。中山诸山为地处南、西、北、东聚会的中间地带，来往频繁，文化交流较快，部族的迁徙、迫迁的情形也最常见，表现在图腾神物的信仰上，就形成不同图腾交会参杂的情形，凡有龙、鸟及各种兽类，象征着图腾文化互相交流融合的现象。首先以山西、河南近畿的前七经为主试加分析：

凡薄山之首，自甘枣之山，至于鼓镫之山，凡十五山，六千六百七十里。历儿冢也，其祠礼毛，太牢之具，县以吉玉。其余十三山者，毛用一羊，县婴用桑封，瘗而不糈。桑封者桑主也，方其下，而锐其上，而中穿之加金。

凡济山经之首，自辉诸之山，至于蔓渠之山，凡九山，一千六百七十里。其神皆人面而鸟身，祠用毛，用一吉玉，投而不糈。

凡萯山之首，自敖岸之山，至于和山，凡五山，四百四十里。其祠泰逢、熏池、武罗，皆一牡羊副，婴用吉玉，其二神用一雄鸡，瘗之，糈用稌。

凡厘山之首，自尘踶之山，至于玄扈之山，凡九山，一千六百七十里。其神状皆人面兽身，其祠之毛，用一白鸡，祈而不糈，以彩衣之。

凡薄山之首，自苟林之山，至于阳虚之山，凡十六山，二千九百八十二里。升山冢也，其祠礼太牢，婴用吉玉。首山魑也，其祠用稌，黑牺，太牢之具，蘗酿，干儛，置鼓，婴用一璧。尸水合天地也，肥牲祠之，用一黑犬于上，用一雌鸡于下，刉一牝羊，献血，婴用吉玉，彩之，飨之。

凡缟羝山之首，自平逢之山，至于阳华之山，凡十四山，七百九十里。岳在其中，以六月祭之，如诸岳之祠法，则天下安宁。

凡苦山之首，自休与之山，至于大騩之山，凡十有九山，一千一百八十四里。其十六神者，皆豕身而人面，其祠毛，牷用一羊羞，婴用一藻玉，瘗。苦山、少室、太室，皆冢也，其祠之太牢之具，婴以吉玉，其神状皆人面而三首，其余属豕身人面也。

七个山区祭祀单位表现出来的特色，所祭的图腾神物：人面鸟身、人面兽身、豕身而人面。其中有五座较特殊的冢山：历儿之山，《水经注》："河东郡南有历山，舜所耕处也"，故祭礼要用太牢之具，吉玉用悬供，就是悬玉于树。升山也是冢山，用太牢之礼，奠供吉玉。苦山在现在伊川县西北的"上十二岭"，少室之山就是中岳嵩山的西高峰，而泰室之山则为嵩山的主峰，在河南登封市北。所谓"嵩惟岳宗"（郭璞赞），故为冢山，使用太牢之具、奠供吉玉，连图腾神也是特殊的"人面而三首"，与他处的豕身人面不同。这种三首之神，饶宗颐先生说是祝融的演变，祝融神话的地域为夏朝的旧疆，楚缯书有三首神像可供参考⑱。（见下图）

楚缯书五月
三首牛蹄神像图描绘

又有首山，属于神山。首山就是雷首山，郝懿行疏："《史记·封禅书》：申公曰：天下名山八，而三在蛮夷，五在中国。五山，黄帝之所常游，首山其一。以首山与华山、太室并称。盖山起蒲州蒲阪，与嵩华连接而为首，故山因取名。"也是富于纪念性的名山，祭典也特别隆重些：选用秫稻为祭神米，选用黑牺为礼毛，又齐备太牢之具，还有用牙米（蘖）酿制的甘美的糖酒。仪式中，要举行用干戚为道具的万舞，再伴奏着庄严的鸣鼓。奠供一块璧玉，尸水为天神英灵所凭依的圣水。牺牲要用肥美的，山上选用一只黑犬，山下选用一只雌鸡，还要刽割一只雌羊血祭——《周礼·大宗伯》说："以血祭，祭五岳"，采用祭五岳之法祭神山级的首山。奠供的吉玉要特别用缯彩装饰，而且祭祀时要一再劝神飨宴，确是庄严而隆重。

古时祭五岳，特别要用血祭，至少《周礼》是这样，则《中山六经》中所说的"岳在其中"，郝懿行说是华山——阳华之山就在华山之阳，祭典在六月举行，据说祭仪齐备，就"天下安宁"，祭祀的愿望就在这里，当然是由王室派专人主祭的。其余诸山也有些祭法较需说明的，像首经的"桑封"——桑封就是桑主，桑为圣木，用它刻作神主，形状是下面正方而上面尖锐，中央贯穿，达于四方，再使用金银作装饰，而不刻花纹。也有作桑玉的，《淮南子·齐俗训》说："殷人之礼，其社用石。"桑为圣木可作神主，而玉石也可作土神、山神之主，属于拜"祖"的社礼，大概都是殷商民族的礼仪。郝懿行解说桑封的文字，可能是周、秦时人的释语。另外三经泰逢、熏池、武罗属一山一神之例（留下说明），祭仪中用一只雄羊"副"，郭璞说是"破羊骨磔之以祭"，也就是披磔动物牺牲举行副祭，《周礼·大宗伯》说："以疈辜，祭四方百物。"副祭的副，写作"疈"，为披磔之形，而副从刀，也是以刀披磔。其他用雄鸡，有些要瘗埋；而四经的白鸡，需用彩装饰，就像以文绣被牛之礼。另外七经有奠供"藻玉"的记载，《北山经》的藻，应该也是同一祭物。

前七经以黄河流域为主，后五经以长江流域为主，也近于河南等京畿地区，这五群山区地域单位也有些特殊的山神及其祭仪：

凡荆山之首，自景山至琴鼓之山，凡二十三山，二千八百九十里。其神状皆鸟身而人面，其祠用一雄鸡，祈。瘗，用一藻圭，糈用稌。骄山冢也，其祠用牢羞酒，少牢，祈，瘗。婴毛，一璧。

凡岷山之首，自女几山，至于贾超之山，凡十六山，三千五百里。其神状皆马身而龙首，其祠毛，用一雄鸡，瘗。糈用稌。文山、勾檷、风雨、騩之山、是皆冢也，其祠之羞酒，少牢具，婴毛，一吉玉，熊山席也，其祠羞酒，太牢具，婴毛，一璧，干儛，用兵以禳。祈璆冕舞。

凡首阳山首，自首山，至于丙山，凡九山，二百六十七里。其神状皆龙身而人面，其祠之毛，用一雄鸡，瘗。糈用五种之糈。堵山冢也，其祠之少牢具，羞酒，祠婴毛，一璧，瘗。騩山帝也，其祠羞酒太牢，其合巫祝二人舞。婴一璧。

凡荆山之首，自翼望之山，至于几山，凡四十八山，三千七百三十二里。其神状皆彘身人首，其祠毛，用一雄鸡，祈。瘗，用一珪，糈用五种之精。禾山帝也，其祠太牢之具，羞，瘗，倒毛，用一璧，牛无常。堵山、玉山、冢也，皆倒祠，羞毛，少牢，婴毛吉玉。

凡洞庭山之首，自篇遇之山，至于荣余之山，凡十五山，二千八百里。其神状皆鸟身而龙首，其祠毛，用一雄鸡、一牝豚，刉，糈用稌。凡夫夫之山，即公之山、尧山、阳帝之山，皆冢也，其祠皆肆，瘗。祈用酒，毛用少牢，婴毛、一吉玉。洞庭、荣余山，神也，其祠皆肆，瘗。祈酒，太牢祠，婴用圭、璧十五，五彩惠之。

在五群山区所祭的图腾神物为鸟身人面、马身龙首、龙首人面、彘身人面及鸟身龙首，为鸟、龙和马、彘等图腾团的组合。其中所主祀的山较为特殊的：骄山为帝山，属第一级，在湖北秭归县的将军山，为天帝神灵所凭依之所，也就是在此祭祀天帝：先进酒酹神，备具太牢之礼，由巫祝二人合舞颂神媚神，奠供以璧玉；禾山（应是帝囷山）也是帝山，在河南舞阳县，土人称为大山，祭祀时也要备妥太牢——牛无常数，先进荐馐酒之后，瘗埋牺牲要反倒过来，也要用璧奠供。又有十座冢山：骄山，山神为嚻围，使用少牢，也要馐酒；其次文山、勾欄、风雨、骢山也是，祭礼相同；其次堵山，与十一经的堵山（名同）、玉山也是（原为十经、八经所述，疑有错简），祭祀也相近，十二经又有夫夫之山、即公之山、尧帝之山，全属冢山。所谓"肆"就是肆祭，郭璞说"陈之以环祭"。其次又有神山，就是洞庭、荣余，更低一级，祭祀较特别的是用太牢，奠供的玉是十五块的圭、璧，要用五彩藻绘之。长江流域附近有这样多特殊的山，尤其洞庭附近，连神山的洞庭也用太牢，可以想见是楚国尊奉境内的山神。因此，《山海经》的编成，确与楚国巫祝集团有密切关系。其中九经有座熊山，在湖北巴东县境的珍珠岭，也在楚境，说是席山，郭璞解为

"神之所冯止"，郝懿行却说是帝山，很有道理，祭礼属祭帝山之礼，要先进荐馐酒，备具太牢，奠供牺牲、璧玉，还举行执干盾之舞，穿戴佩玉、冠冕，隆重地舞蹈，以袚除不祥，祈求福祐，确是祭帝山的仪节。

《山海经》的第二类神话的叙述方式，是一山一神，神各有独自的名号与形象，属于每一地方群的主神。古人要以舞事"无形"，是一种以想象对不可知、不可见的神祇造型的酷烈探寻，并赋予其形象与性格。前述诸山之神，凡帝山、冢山、神山诸神，都是一山一神的典范，其独特造型有些不见叙述，像天帝；有些属于始祖神，为纪念性的封祠；冢山、神山也近于同一性质，像洞庭之山，可能就是祭祀帝之二女，其形象如人，只是载蛇操蛇而已。但有些不属于这三等级的，却各自居于一山，自有职司的，应属于这类型。其中《山经》部分多见于《西山经》和《中山经》，显示西方山群，曾为羌族的群落活动区，周民族本就与这片高原有关，再溯其源头，黄帝、炎帝也都发源于西北高原地带。虽然后来东迁，占据了中原河洛地带，发展了一种融合性的文化，但还是怀念西北故居。因此，中山区的地形叙述详备，诸神的祭仪最为完备，而神话叙述仍以西方为最丰富、最生动，《山海经》保留有早期西北的资料，从民族的迁移、发展历史观之，是可以理解的。

《西山经》出现的图腾神：峚山为黄帝食飨之山；钟山之神烛龙，其子为"人面而龙身"的鼓，与龙图腾有关；槐江之山，为天帝（黄帝）的平圃，天神英招管辖着，是一个"马身而人面，虎文而鸟翼"的形象，常巡游四海，发出榴榴的声音；昆仑之丘，为天帝下界的京都，天神陆吾掌管，是"虎身而九尾，人面而虎爪"的形象，负责管理天的九大部州，和天帝的园圃。（以上见下图）

赢母之山由天神长乘掌管，负责天的九德，使生出九气，是"如人而狗尾"的形象。玉山有西王母、符惕之山有江疑、騩山有耆

童、会发生钟磬之声。天山有"帝江"，其造型最为奇特："状如黄囊、赤如丹火，六足四翼，浑敦无面目，是识歌舞。"刚山则有神魂，"人面兽身，一足一手，其音如钦"，也就是发出呵欠声。这种形象是经由图腾神物形成，属于半人半兽，或异兽合体的异象，不是出于一种虚构的巧绘。（以上见下图）

曰在帝江
为之名
以瞑强
照听不
白然蛰
神则常通
贺则浑沌
帝江 状如黄囊 赤如丹火 大六足四翼 浑敦无面目 居天山

面人脚一吟如音其
神魂 一人面兽身一足居刚山一手

《中山经》所叙述的图腾神，多成为一山主神。青要之山，为天帝下界的密都，由山神武罗掌管，这是一个相当女性化的神：

人脸而身上有花豹纹，细细的腰身，白白的牙齿，耳洞还挂着环饰，发出鸣玉的细腻声音，所以有人比拟为《九歌》中多情、妩媚的山鬼。和山有吉神泰逢管辖，为"如人而虎尾"的形象，祂常喜欢移居萯山南麓，每一出入，周围就会伴随着闪闪的光辉，泰逢的神力能感动天地，兴云致雨。（见下图）三经中的泰逢、熏池（敖岸之山）、武罗是要另外祭祀的。

骄山住着鼍围，为"人面、羊角、虎爪"的造型，常喜在睢水、漳水的深渊里游玩，进出也会闪闪发光。光山住着计蒙，是"人身而龙首"的怪神，也常游于漳渊，进出则伴随着飘风暴雨。岐山则住着涉鼍，为四方脸、三只脚而人身子的神。但并非所有的神都是吉祥止止的，丰山就住着出入放光的耕父，又喜游于清泠之渊，祂一出现，就会亡国。（见下页图上）

蓋國

蓋國人面羊角虎爪趾陸
山相近于雍潭之淵
涉蓋三腳蓋國
虎爪計蒙龍
首獨稟異表
升降風
雨沱沱
淼淼

計蒙

計蒙人身龍首居光山陰近
松潭淵出入必有風雨
計蒙龍首獨稟異表
升降風雨沱沱淼淼

　　《山海经》中的《海经》部分，记录了许多地域群，为边疆民族，习惯上使用"国""民"来称呼，而不称氏，多是奇形怪状。配合其他文献资料，常附带着一些奇特的神话，解说他们的造型。这大概是把边区群落图腾神物，或服饰习惯，以及体质特征等，误传、夸张所形成的；像羽民国、黑齿国之类（详见四章）。神话人物的造型，为人类想参与宗教概念赋形的尝试，这些寻找出来的形象，成为神话世界中的角色原型，像古帝王的人兽合形，伏羲女娲的人首蛇身，其实只是两部互婚的偶族的一种象征；像四方之神，祝融、蓐收、句芒均乘两龙，禺疆珥两蛇、践两蛇，也只是偶族关系的象征符号。这些神的造型，多少是地域性神话所遗留下来的化石状态。

【注释】

① 参阅卫挺生《山经地理图考》（华冈出版部，1974 年 8 月）。

② 主张巴蜀中心说的是蒙文通，《略论〈山海经〉的写作时代及其产生地域》；主张荆楚的，以史景成为代表，见《山海经新证》（《书目季刊》三卷，一、二期，1968 年 12 月）。

③《本草》，中药书名。世传最早的《本草》以《神农本草》为最早，大概汉朝以前，至少汉初已有，题名为"神农"，是为了尊敬祖师之意。齐梁时，陶弘景曾注《本草经》，唐代又增修，世称《唐本草》。其后历经修订，而以明代李时珍所著《本草纲目》为集大成，为研究《本草》的要籍。《本草》中药品有玉石草木鸟兽等，其中草类最多，故称为《本草》。

④ 交感巫术原为弗雷泽《金枝》所创用。他认为巫术可分为"模拟巫术"与"接触巫术"二大类，前者根据"同类相生"（like produces like）或"相似律"（law of similarity）而成，即相同事物影响相同的事物，如相信制一偶像以代表敌人，毁此偶像也可使敌人死亡。后者则依据"接触律"（law of contact）而成，

即当事物相互接触时，彼此会给对方一种持久的影响力，如采用某人的头发或衣服，因与人身接触，故可以之作巫术，使影响及头发或衣服所有者。唯此二者都根据"交感作用"（sympathetic cut）而产生，亦即经由神秘的交感作用可使本无关系的两件事物发生作用。（1960 年，纽约出版的简本）

⑤ 杜而未《山海经神话系统》（华明书局，1960 年 9 月）就认为是象征月亮的阴面、阳面。

⑥ 参考卫挺生上引书的说法。

⑦ 李约瑟《中国之科学与文明》第六册:《矿物学》。（台湾商务，1975 年 8 月）

⑧ 此部分蒙政大中研所罗宗涛先生借用"俗文学专题研究"的学期报告，参考了部分资料，特别注明，以示谢意。

⑨ 何观洲《山海经在科学上之批判及作者之时代考》（《燕京学报》第七期，1931 年）。

⑩ 同注⑨，何观洲文后，郑德坤《书后》。

⑪ 功能主义（functionalism），是英国人类学家马林诺夫斯基所倡导的功能派社会学或社会人类学的一个理论。马氏以为进化学派（如弗雷泽）和历史学派的方法，对各民族文化发展的认识都嫌不够，而侧重在运用功能观点，从社会生活本身，去认识文化各元素的意义和生活的整体性。因为每一种活的文化，必然是一种功能的及统合的整体，研究整体中的相互关系，才能了解文化。而且文化的各方面都和人生的需要有关，也就是每一文化

元素对于整体都有一种功能贡献：巫术对于人类的生活自也有它的功能。

⑫《玉篇》三十卷，为梁顾野王所撰，为中国早期注解文字的音切、字义的字典，引用不少古籍作证明。《广韵》，本名《切韵》，为隋陆法言等撰，唐时孙愐又重为刊定，改名《唐韵》，宋朝陈彭年、邱雍等又重修过。这一本重要韵书除了注明反切之外，还引用了古籍作为说明字义的资料。

⑬ 森安太郎《岳神考》（羊神考）（王孝廉译，《中国古代神话研究》，地平线，1974 年 1 月）。

⑭ 卫惠林《中国古代图腾制度范畴》（《中研院民族所集刊》二十五，1968 年春），此节多取材于此文，特此注明。

⑮ 图腾（totemism）一词源于北美，奥吉布瓦（Ojibwa）语，后被广泛使用。但基本上指一种信仰和习俗的体系，它具有存在于群体和某一类实物之间的神秘或祭仪关系。普通该一团体者都要遵守禁忌，例如禁止伤害与其图腾有关的动植物；又有亲属关系的信仰：相信群体成员乃是某一种神秘图腾祖先的后裔。因此，常利用图腾作为群体象征：相信图腾乃群体成员的保护者，而且自认该分担使图腾种属兴旺的"增加仪礼"（increase rites）的义务等。

⑯《尔雅》为古代解释字义的书，大概是汉代小学家缀辑旧文递相增益而成，可帮助解经，所以被列于《十三经》中。书中保留了许多先秦、汉朝文字的意义。

⑰ 森鹿三《东洋学研究·历史地理篇》（东洋史研究会，1970 年 11 月），礼仪部分参考其中《中国古代的山岳信仰》。

⑱ 饶宗颐《楚缯书之摹本及图像》(《故宫季刊》三卷二期)。

第三章

帝王世系之篇

《山海经》被视为一部奇特的书，是神话的集大成，也是古史的大宝藏。这是因为《大荒经》《海内经》中记录了一些古代帝王的材料，包括古帝王的形象、奇特事迹，以及部分零散的谱系。当然，这些古帝王活动于渺邈、荒远的时空之中，远超出信史能够叙述、肯定的范围之外。因此，他们的存在成为一个谜团，神秘而难解。但无疑的，他们创造出来的历史成为中华民族的根：他们的血液滚滚地流进后代中国人的血液中，他们的生活也塑造成后代中国人的形象。所以，《山海经》里的古史传说就不应只是荒诞的怪说，而应该是一页中华民族成长的历史。

　　民国以来，疑古学派的史学家像顾颉刚等，倡导"层累地造成说"。而日本学者白鸟库吉等，也以极审慎的态度，对于上古传说中的三皇五帝，取消了他们作为历史人物的身份，而先后一个个将他们改扮为龙蛇形象或日月风雷之神的神话人物。而相反的，也有一批解史学派代表如徐炳昶等，认真援引文化人类学对古代社会史作"重建古史"的工作，将龙蛇形象与一些奇特的现象，提供一种合理化的解释。其实，上古时期，历史、神话互相交涉的情况，极其错综复杂，遽加否定，固然不能完全舍弃其中牵牵连连的关系；而骤然肯定这些传说都是事实，也还是有待继续补充新出的资料，或引用更贴切的理论。

《山海经》所叙述的古代帝王的资料，只是荒诞的神话，还是保存了珍贵的远古历史？这确是耐人寻味的问题。我们必须先思索一些关键性的观念，然后才能较为心平气和地对待类似的上古文化材料。

首先，《山海经》保存在《大荒经》《海内经》的记录方式，是每个民族常见的口传文学的传播方式：不论是历史悠久而已经进入文明社会的民族，像埃及、巴比伦，或现在仍散见于世界各地而犹无文字记录的民族，像澳洲、非洲土著，他们都多少保存了自己的部族如何创业、成立的古老传说。虽然有些已被记录在简册中，成为各民族的"圣史"（sacred history），有些则依然用口头传播的方式，保存在族人的记忆中，永远传诵下去。但最早期，都是利用口口相传的方式，叙述自己种族的来源，以及祖先创业的丰功伟绩。这些圣绩都是各民族文化的根，标示着民族成长的艰辛过程，《大荒经》《海内经》就是其中一部分的中华民族的圣史。

其次，经历长久时间的口传，当然，附丽了一些不同时期的社会文化环境的痕迹；而且，随着人类文化的不断进步也会跟着改变。其中值得注意的现象，即神话的历史化（eubemerization）：中国的商、周时期，尤其东周，儒家思想中讲求理性，有意识地将一些"怪力乱神"的玄秘神话加以合理化的解释，如神话说黄帝有"四面"，孔子解释为"四面灵通"的四面；神话说"夔一足"，孔子解释为"夔，有一个也就够了"。春秋末年以至战国时期，是中国文化、政治、经济与社会大变革的时代，士大夫与平民都有一种知识的觉醒，人文主义蓬勃发展，也削减了神话支配的势力；另外，中国古代神话本是以亲族的团体为中心的，亲族团体决定了个人在亲属制度与政治制度的地位，而这些密切联结的关系在商、周时期也发生剧烈的变化。因此，记录时间较晚的《山海经》，就可能有部分会被个人化、历史化。①

再次，神话资料的本身也有一种易于引起误解的现象。像古人以神名为名的习惯：西亚古代民族常有人神同名的现象，而中国古代也是这样，像尧时有射十日的射日英雄后羿，二三百年后，又有一个篡夏自立而淫于畋猎的神射手后羿，只是同名而已。颛顼时，有共工跟他争帝，失败后怒触不周山；到尧舜时，另一个共工也是性傲不驯，被流放到幽州。之所以命名习惯喜用神名，后羿之类是为了才艺性质相同，甚至是同一部族，崇拜英雄，取为象征；也有的是名字巫术，用意在于辟邪。因此，文献资料同一名号出现既多，很易引起误解。②纵使一个英雄取了一个跟神话有关的名字，也不能据此断言有关他的故事都是神话。

神话人物之所以被当作神话，最主要的还在于他的形象和神迹。关于神人的形象，常以人禽、人兽合形的怪诞姿态出现在历史舞台上。近代人类学家就揭橥"图腾"的理论加以解说，像武梁祠石刻的人首蛇身像，被公认为伏羲、女娲，而伏羲与蛇、龙图腾区有密切关系；又天命玄鸟，降而生商的殷始祖"契"，据说是简狄吞吃了玄鸟的蛋，为感生帝的典型，现在也认为是鸟图腾族的一种始祖神的说法③。神或者近于神的英雄的奇特行为，在语言的谬误或仪式失传的情况下，也是赋了神话想象力的常有现象，例如羲和生十日和浴日，管东贵解释为十干纪日的神话化，也就是与古代历法的创制有关④；至于羲和浴日，孙作云解释为一种象征日出动作的仪式⑤。诸如此类的解说性说法，就使那些语言符号或动作符号，所谓神话或仪式，成为一种象征，并不全是荒诞不经的怪说。

《山海经》以及记录古代神话传说的资料，除了新观点的解说外，近年来也注重新史料的发现，利用考古学的材料帮助了解，甚至作进一步的肯定。《山海经》中的帝俊、王亥，配合司马迁所撰的《史记·殷本纪》，勾勒出来殷商王朝先王先公的谱系，又经过安阳殷墟的发掘，出土了大批甲骨卜辞，并经许多古文字学家的考订，证实了《史记》的殷商先公先王系谱，与《山海经》的王亥，确是一页信史。因此，《山海经》所载的帝王世系，固然有些零乱，甚而与其他史料相较，也显得先后次序不同。这种现象，或许可以解释为《山海经》是另一套系统的谱系，或许可等待另一些宝贵资料的陆续出土吧！

1.《大戴礼·帝系姓》世系表

少典
黄帝 ＝ 螺祖（西陵氏）

昌意 ＝ 昌濮（蜀山氏）　　　　　　　玄嚣（青阳）

女禄（滕奔氏）＝ 颛顼（高阳）　　　　蟜极

高絪（弱水氏）＝ 老童　　　鲧 ＝ 女志（有莘氏）　　窮蝉　　帝喾（高辛）

姜嫄（有邰氏）
简狄（有娀氏）
庆都（陈锋氏）

重　黎　吴回　　禹 ＝ 女憍（涂山氏）　　敬康

女嬇（鬼方氏）＝ 陆终　　　启　　　句芒

常仪（取訾氏）

帝尧 ＝ 女皇（散宜氏）　契　后稷

樊（昆吾）　惠连（参胡）　籛（彭祖）　莱言（云郐人）　安（曹）　季连（芈）　　蟜牛　帝挚

瞽瞍

附祖氏

象傲　重华（舜）＝ 女匽（帝尧）

穴熊

鬻熊

（九世）

渠

无康　红　疵

120

2.《世本·帝系》世系表

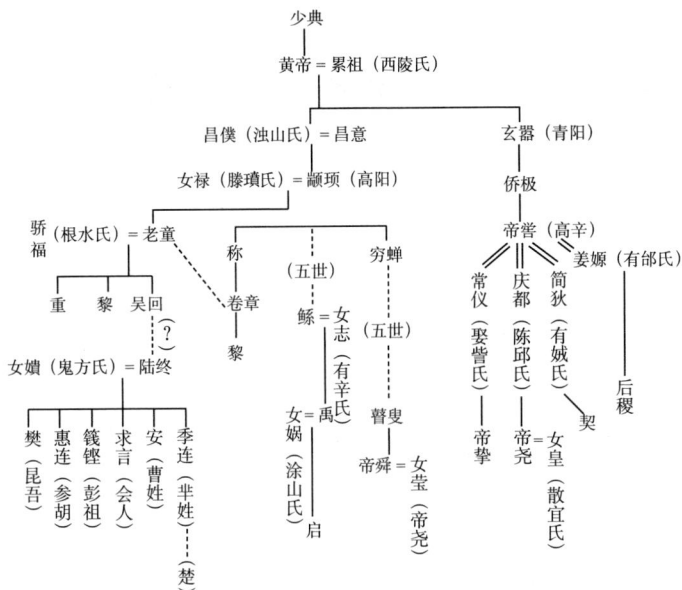

```
                              少典
                               │
                        黄帝 ═ 累祖（西陵氏）
                               │
          ┌────────────────────┴────────────────────┐
    昌僕（浊山氏）═ 昌意                          玄嚣（青阳）
               │                                   │
      女禄（滕璜氏）═ 颛顼（高阳）                   侨极
               │                                   │
   ┌───────────┼──────────┐              帝喾（高辛）═ 姜嫄（有邰氏）
骄福（根水氏）═ 老童       │            │                    │
   │          称   穷蝉    │     ┌──┼──┼──┐           │
 ┌─┼─┐       （五世）      │   常仪 庆都 简狄          │
 重 黎 吴回    卷章  鲧═女志  （五世）（娶訾氏）（陈邱氏）（有娀氏） 后稷
        ⋮       │    （有辛氏）  瞽叟  │      │      │
女嬇（鬼方氏）═ 陆终 黎  女娲  帝舜═女莹 帝挚 帝尧  女皇   契
   │                  （涂山氏）  （帝尧）           （散宜氏）
┌──┬──┬──┬──┬──┐        启
樊  惠  篯  求  安  季连
（昆 连  铿  言 （曹姓）（芈姓）
 吾）（参（彭 （会        ⋮
     胡）祖）人）      （楚）
```

3.《国语·晋语》世系

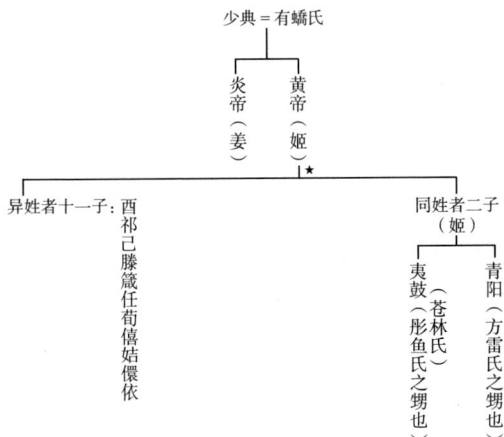

```
              少典 ═ 有蟜氏
                  │
            ┌─────┴─────┐
          炎帝        黄帝
         （姜）       （姬）
                      │★
   ┌──────────────────┴──────────────────┐
异姓者十一子：                         同姓者二子
西祁己滕箴任荀僖姞儇依                    （姬）
                              ┌──────────┴──────────┐
                            夷鼓                  青阳
                         （彤鱼氏之甥也）        （方雷氏之甥也）
                         （苍林氏）
```

121

第一节　伏羲与女娲神话（三皇传说之一）

古帝中大皞的世系，《山海经·海内经》有一条记载：

西南有巴国，大皞生咸鸟，咸鸟生乘厘，乘厘生后照，后照是始为巴人。

大皞又写作太昊，就是伏羲氏——古书也写作庖牺、炮牺、伏希、宓牺等，其实都是同音字。巴国是中国西南地区的部落，与蜀族邻近，巴族活动的区域大概在川东及湖北、陕西汉中一带，属于蛇图腾部族。因为"巴"字，篆文作"𢀳"，《说文解字》说："虫也，或曰食象蛇。"也就是据说能吞下大象的大蟒蛇，叫做"巴蛇"，许慎解释作"虫"，其实就是"长虫"，也还是蛇的形象。也有说巴族的祖先廪君生于石穴，川东方言呼石为巴，则巴原意指石或石穴。巴部族在中国西南方发展，向南、向西迁徙，遍布于贵州、云南、广西和四川、西藏的一些地区，直到现在，湘桂黔滇等省山区，仍多其后裔。⑥巴国为伏羲氏的后裔，而伏羲、女娲的创世神话，就是完整保留在苗族、瑶族等西南少数民族的神话里。这是一对经历大洪水的浩劫之后，残存下来的兄妹，后来结成了夫妇，成为人类的共同祖先。

据说湘西苗族流传的圣史是这样的：雷公为人间的凡人所捉拿，幸而巧计脱身，就降下天谴。这一对兄妹进入葫芦瓜中侥幸避过灾难，劫余之后，兄妹二人不得已结为婚配，而产生了后代。⑦苗族与古之巴国为邻近地区，同流传伏羲为始祖神的神话。这些神话与汉族的伏羲、女娲形象有密切的关系。据考古文物的图形：河南安阳殷墟侯家庄 1001 号大墓中有交蛇的蛇形器，山东省嘉祥县的东汉武梁祠石室画像、新疆吐鲁番城附近出土的唐高昌国绢画，都有龙形两交的图形；另外北周匹娄观石棺上线刻石画像有不交尾的图形，再加上甲骨卜辞上有"蚰"字，也是两条蛇的形象，作为禷祭的崇拜之神。⑧凡是两蛇或两龙相交、相对的图形，近代学者都肯定地指出就是伏羲、女娲二皇，他们不但是苗族的始祖，也是汉族器物上双龙（或蛇）相交形所象征的始祖，象征古中国"两部制"的图腾文化。

《山海经》里没有直接记载伏羲、女娲二神的关系，但他们的形象是蛇形，或者他们的化身是蛇形，却是一致的：

有神十人，名曰女娲之肠，化为神，处栗广之野，横道而处。（《大荒西经》）

肠的形状是蛇形，横道而处就是具体地写出长长的蛇形。许慎《说文解字》说："娲，古之神圣女，化万物者也。"女娲是化生万物的神圣女子。《列子·黄帝》篇叙述女娲的形象是"蛇身人面"，就是蛇图腾部落的人首蛇形神。《海内经》又记载另一"人首蛇身"的神：

有人曰苗民，有神焉，人首蛇身，长如辕，左右有首，衣紫衣，冠旃冠，名曰延维。人主得而飨食之，伯天下。

苗族的人所崇拜的"人首蛇身"的两头神，叫做延维，或委蛇，就是伏羲、女娲。飨祭祂，就能得到福佑，雄霸天下，这是曾经为古帝权威的象征的伏羲上皇。

伏羲的出生是典型的感生神话。华胥之国为人间乐园，乐园中的圣女，到雷泽出游，就按照当时的求子仪礼，用脚去接触神尸舞蹈的脚印，一触之后，身子里就受了感动，后来果然怀孕生子，就是伏羲。[9]那脚印应该是雷神所留下的，据说：

雷泽中有雷神，龙身人头。（《海内东经》）

伏羲氏与雷神有渊源，也是人首龙身，或人首蛇身的形象，所以《左传》中记载："大皞氏以龙纪，故为龙师而龙名。"正是以龙为纪、以龙为名的龙（蛇）图腾的族徽。[10]这位伟大的蛇、龙族是古皇，是中华民族文明的创始者。他教导百姓结绳为网，捞鱼捕鸟，驯服野兽，又普遍推广熟食，将光明的火教给百姓，脱离蒙昧，迈向文明。古代经典中又说他以杰出的智慧，观照天地间的形象，制作了八卦，这是文明进化的契机。火与八卦的发明与使用，使伏羲氏成为中华文化的创始者之一。

伏羲氏后来被尊为东方之帝，是春天的神。他拿着圆规治理东方一万两千里的大地。画像中的伏羲就是持规的蛇图腾神。颛顼、任、宿、须句等风姓部族所建的国，位在东方，就是司祭大皡伏羲的；《帝王世纪》说女娲氏也是风姓，风姓部族和建立殷商的子姓有密切关系，风有萌的意思，龙也是萌，所以伏羲、女娲交缠为一体。萌就是萌芽，是春天万物萌芽生长的意思，因此辅佐伏羲治理东方的神叫做"勾芒"，也是象征春天芒芽弯曲的无穷生命力，为木官之神。勾芒原是西方之帝少昊金天氏的儿子，名叫"重"，辅佐木德之君大皡，死后成为木官之神，袘的形象据《海外东经》的记载是：

东方勾芒，鸟身人面，乘两龙。

鸟的身子，四方形的人脸，穿一件素白衣服，驾了两条龙，手里拿着圆规，帮助治理东方的广大土地——自碣石东方到日出扶木的原野，这是鸟图腾区的滨海地域，所以勾芒被塑造成"鸟身人面"的形象。他是掌管春天植物成长之神，因此，他也是能赐与人类长寿的生命之神。伏羲氏得到这位辅佐得力的部下，更能使中华民族的文明，像春天一样，含蕴屈伸萌芽的无限生命力。

第二节　神农氏炎帝神话（三皇传说之二）

　　三皇之中，伏羲氏之后就是神农氏，为农业发展渐具规模的时期。神农氏就是炎帝，也就是太阳神，以太阳的光热，蕃育五谷，所以炎帝是太阳神兼农业之神，是将中华民族带引走上农业的仁德之君。

　　中国人习称自己是"炎黄子孙"，炎、黄二帝的关系是很密切：据古说，炎帝与黄帝是"同母异父兄弟"，一部落分成两部，一部住在姬水，姓姬；一部住在姜水，姓姜。两部互为婚姻，互有文化交流，但两部势力互为消长，常有往来，也常有交哄。经过长久的融合，文化渐趋一致，才成为炎黄子孙共有天下的局面。⑪

　　炎帝既是古代圣君，自然也有一段感生神话：有蟜氏的少女安登，为少典的妃子，往华阳山出游求子时，遇见龙首的神，感生了炎帝，是"人身牛首"的形象，就是牛图腾，一头耐苦耐劳的牛，自是发展农业的象征了。神农氏了解游牧、狩猎的生活，所收获的食粮是不能解决人类的生活需求的，因此，寻求能够食用的谷物加以繁殖就成为首要工作。据说天上降落粟米，或者丹雀衔来九穗禾，这些美丽的神话显示稻谷、杂粮的发现与改良，是一件神奇的事。也许真的有随风吹来的稻穗掉落在广衍的土地上，长出奇妙的穗子，经过睿智的神农氏的细心栽培、观察，知道食物可以经由耕种而收获，不必像采集时期，依赖采集野生植物为生。谷物的增加，还有赖于工具的改良，所以神农氏的一个大贡献就是"斫木为耜，揉木为耒，耒耨之利以教天下"。农具的制作、改良，配合稻谷、杂粮的品种的增多，农业的发展就奠定了良好的基础。所以牛首的神农氏，象征中华民族懂得将野牛变成耕牛。有了农业生产，自然就可结束迁徙无定的游牧生活，而建立起较为固定的家园。生活安定之后，自然就要发生交易的关系，《易·系辞》又称颂神农氏的贡献："日中为市，致天下之民，聚天下之货，交易而退，各得其所。"神农氏既是太阳神，自然很容易选定最适当的交易时间——日中为市，为最早的商业交易的时刻表。⑫

炎帝为太阳神，是因为农作需要观测太阳的方位，让稻谷获得充足的阳光。接受日照最多的地方，就是南方；而一年之中，又以夏季是最为阳光普照的时节，这些都是发展农业的良好条件，所以炎帝也就成为南方大地的主神，辅佐他的是祝融。《海内经》记载祝融是炎帝一系的子孙：

炎帝之妻、赤水之子听訞生炎居，炎居生节竝，节竝生戏器，戏器生祝融，祝融生共工，共工生后土，后土生噎鸣，噎鸣生岁十有二。

《史记》载有炎帝世系，说神农之妻是听訞，为奔水氏之女，与赤水氏、听訞，为字形相近，而且同为八代：

神农—帝魁—帝承—帝明—帝直—帝釐—帝哀—帝尧—帝榆罔

《史记》大概是用帝号，而《山海经》是使用名字。炎帝为南方火德之帝，而祝融为火正、火神，形状是"兽身人面"，与炎帝为同一系，共同管理南方大地。另一种说法，是祝融为颛顼的孙子，老童的儿子，名叫吴回，也叫黎，曾作过高辛氏的火正——就是掌火的官，死了成为火神。祝融成为人间信仰的火神，由河南、山东而到湖北，后来南方的楚国就以祝融为先祖，加以崇奉的。

炎帝的后代中，还有三位女儿的神话流传着：一个追随赤松子仙去；一个名叫女尸，死后化为䔄草；另一溺死东海，化为精卫。至于孙子，也有两位的事迹载于《山海经》中：

有互人之国，炎帝之孙曰灵恝，灵恝生互人，是能上下于天。（《大荒西经》）

灵恝，也就是巫恝，因此他的后代互人，也具有巫的神通，能自由上下于天地；互人为人面鱼身，为神鱼族。另一孙叫伯陵：

> 炎帝之孙曰伯陵，伯陵同吴权之妻阿女缘妇，缘妇孕三年，是生鼓、延、殳，始为侯。鼓、延是始为钟，为乐风。(《海内经》)

伯陵私通缘妇，生了三个儿子，其中的鼓与延创制了钟，又创作了种种乐曲，为人间的音乐增加了雄壮的钟声。而殳则制作了射箭的箭靶，三个都是具有巧艺的人才。

祝融居住在长江流域，生了共工，共工为水神。共工的儿子叫术器，又重回到祝融所住的土地上。《淮南子》记载：共工与颛顼氏争帝，没有成功，这一族可能被迫南迁。到了术器时，大概又想回到长江流域，《竹书纪年》记载颛顼七十八年，术器作乱，为辛侯所灭。这些神话可能意味着炎帝部族与黄帝部族的纠纷，颛顼为继黄帝之后，统有中原的帝王，共工一族反抗，或者不愿屈居江南，因此有交哄的事件。有一种说法，是鲧为"共工"的急读，也有"窃帝之息壤"的反叛行为，与术器"复土壤以处江水"相类似。当然，最著名的炎、黄帝争夺势力的神话，是说这一对同母异父兄弟，各管领天下的一半，黄帝行仁政，炎帝不肯，结果发生了一场惨烈的"涿鹿之战"；但比较融通而为后世炎黄子孙愿意接受的说法，是蚩尤篡夺炎帝的帝位，也自称为炎帝。因此，涿鹿大战的主角是另一同属于南方部族的蚩尤。总之，这种部族间势力的互相消长，是中华民族成长过程中的一种必然现象，中华民族是经过不断的融合，才逐渐茁壮起来的。

第三节　轩辕氏黄帝神话（五帝传说之一）

黄帝是稍晚于炎帝出现的古帝，为中央之帝，掌管中国的广大地区。据《史记·黄帝本纪》的记载：黄帝是少典之子，姓公孙，名轩辕。少典为炎帝、黄帝的共祖，黄帝为姬姓部族的生祖，轩辕为图腾的名称，黄帝名为轩辕，所居之丘为轩辕之丘，也就是昆仑之丘。昆仑，就是圆，它的化身为云，所以郯子说："黄帝氏以云纪，故为云师而云名。"圆图腾团祭祀的乐舞，叫做云门大卷。云是圆图腾所发的元气，居于昆仑的黄帝，就是这种以云以纪，以昆仑为圣山，居于大地的中央，同时也称为轩辕氏的伟大帝王。[13]

黄帝是历经一番圣战，才获得中国境内其他部落拥护的。《史记·黄帝本纪》以一种历史化的平实笔法叙述这段过程：神农氏逐渐衰微，不能有效统御天下，结果"诸侯相侵伐，暴虐百姓"。神农氏不能征伐，轩辕氏就修德振兵，诸侯归顺。但炎帝自不能坐视权力的转移，因此在阪泉之野，先后发生三场决战，轩辕氏才获得胜利。但是蚩尤不服，起来作乱，轩辕氏就广征天下诸侯，与蚩尤在涿鹿之野作一场大会战，擒杀蚩尤，终于赢得统治权，称为黄帝。这是姬姓部族的大胜利，融化了姜姓部族的文化，开启了中华文化的泱泱大度的风范。这段争霸争王的事迹在神话的渲染中，却透出活泼生动，而又神妙奇幻的色彩，一代一代流传在黄帝子孙的咏叹之中，蔚为一页悲壮的史诗。

蚩尤，在汉族的口传中，已被塑造成恶形怪状的恶神，其实只是南方的巨人族，为神农炎帝的子孙。他们约有八十一个，或说是七十二个兄弟，个个长相是铜头铁额，兽身人语，为一批狞猛怪异的族类，他们精于冶炼，制造各种戈、剑等兵器。等到神农炎帝衰微之时，蚩尤又不愿让轩辕氏轻易获得宝座。因此，纠合南方一些强悍的部落，像剽悍的苗民，还有奇怪装饰的魑魅魍魉等，一齐杀奔向涿鹿的大原野。这是一场部族与部族之间的决战，用神话上象征的说法，是一场水神与火神的战争。

蚩尤算准了大雾弥漫的天气发动攻击，《志林》说是他们会兴作大雾，连续三天三夜，黄帝的大队被困雾中，迷失了方向。黄帝就命令风后作指南车，来辨别方位，冲出重围。黄帝所统率的大军，据说有罴、熊、貔、貅、貙、虎等野兽——应该说是各类兽图腾的部落，另外还有奇特的应龙和女魃，《山海经》保存了他们的奇能异术，《大荒北经》《大荒东经》上说：大荒之中，有座系昆之山，有共工之台，这里有个穿青衣的人，叫做"黄帝女魃"——原是黄帝的女儿，秃头无发，模样奇特。蚩尤兴兵攻打黄帝时，黄帝命令那能施放雨水的应龙，张开双翼，在冀州之

133

野加以进攻，应龙就使出蓄水行雨的神通，蚩尤却请了风伯、雨师，纵放起狂风暴雨，克制应龙的神通。黄帝马上命令天女女魃下到凡间，所到之处，狂风暴雨立时消逝，于是破坏了风伯、雨师的法术，生擒了蚩尤。战争结束以后，应龙不能回到天上，只好在杀了蚩尤与夸父之后，居住在南方的深山大谷中，所以南方多雨。后来下界闹干旱时，就常作个应龙的形状，施行求雨的法术，祈求下雨，解除旱象。女魃也破了功力，不能返回天上，于是她所居住的地方就不再下雨，成为一片干旱。叔均只得把这件事情报告黄帝，然后把女魃安置在赤水之北，但是女魃却常逃出来。这个旱魃所到之处，人人害怕，因此要驱逐女魃时，总是先清除水道，濬通沟渠，然后祷祝道："神啊！回到你赤水之北的老家吧！"这是一种驱魃的仪式。⑭

　　黄帝与蚩尤作战时，还制造了一面特别的军鼓，以振作士气，大张军威。《大荒东经》说：东海之中的流波山上，有一只叫做"夔"的怪兽，形状像牛，苍黑色身子，却没有角，只有一只脚，能够自由进出海水之中，出入时必定伴随着狂风暴雨，麟甲发出一种闪烁如日月的光芒，同时吼叫的声音好像暴雷。黄帝设计捕捉到后，剥下它的皮，作成一面军鼓。然后又到雷泽中，捉到雷兽，宰杀后抽出一根大骨，当作鼓槌。黄帝利用雷兽骨槌，用力敲打夔牛皮制成的军鼓，声响震天，远闻五百里。一连九通，声威大振，兽阵神兵，加上应龙女魃，自然把蚩尤，以及一干帮凶的夸父族人、苗民等赶尽杀绝。

这一场中国神话中的大战，奠定了轩辕氏的帝王权威，当然，也流了很多鲜血，染红了原野，呜咽了流水。但是，这些牺牲所换来的，是民族的大融合，因此，阪泉之战也好，涿鹿之战也好，都是一场混合血与泪、痛苦与胜利的战争。

黄帝战胜蚩尤之后，据说蚕神曾献上皎白的蚕丝，庆祝他的战功。黄帝的妻子嫘祖就是开始养蚕、织布的第一人，中国古代华北地区的气候、土质本极适宜种桑树，以及采桑养蚕。在嫘祖大力推广之下，老百姓也纷纷仿效，使得丰饶的大地上洋溢着缫丝、织布的声音。黄帝的臣子伯余也巧妙地利用蚕丝织成丝绢，制作了衣裳。因此，黄帝穿了堂皇的帝王的礼冠、礼服临朝，更增加了中央之帝的威严了。

关于黄帝制作技术的传说，也是造成他作为中华文化创始者的重要形象。其中一个重要主题，即是有关冶炼的神话：黄帝曾采首山的铜，在荆山脚下铸鼎，鼎的制作需要进步的冶炼技术，古时人力很难完全控制熔炉的温度变化，因此，冶炼时常施行一种建设性巫术，要祭天、祷祝，甚至还要献上人作为牺牲，请童男、童女按照仪式来加炭。一旦铸成，往往像有神迹似的。黄帝所铸的鼎，雕刻四方鬼神和灵禽异兽，而且在祭天庆功的仪式进行中，上天就垂下一只神龙，迎接黄帝上升天廷。铸鼎、炼丹的神话，显示黄帝时期，已发明了金属冶炼的技术，传说黄帝曾铸过大镜、弓弩，以及日常食用的鼎、甑等。

天下一统之后，为了各地来往的利便，黄帝就创制了车、船，以利交通。又命令仓颉整理创造了文字，以便记录。又命令大挠制定了甲子，以便推算；还命令雷公、歧伯综理医药，写成医书，以利治病。至于逸乐方面，也是人生所需，黄帝发明了踢球的游戏，叫伶伦制了乐律，而祭天的云门大卷的乐舞，更是庄严隆重。总之，黄帝之时，宇内清平，他的手下又集合了各色各样的人才，而产生许多便利人民生计的重要发明，这些成就自然都归诸黄帝一人身上，象征着中华民族越来越走向文明开化之路。

黄帝的后裔，根据《大戴礼·帝系姓》《世本·帝系》，以及《国语·晋语》中司空季子所说的世系，都不完全相同。《国语·晋语》说黄帝的妃子共有四位，共生二十五个儿子：其中只有方雷氏的儿子青阳、彤鱼氏的儿子夷鼓（即苍林）与黄帝同姓，而为姬姓族属；其他同父异母的各兄弟都属于异姓，这是原始时代一夫数妻家族，混合父系制、母系制的社会，才有父子、兄弟异姓的现象。这二十五子中只有十四人有后嗣传宗，分衍为十二姓。[15]而《大戴礼》和《世本》所记载的，都是元配嫘祖（或累祖）所生的一系：凡有玄嚣（青阳）、昌意二支，木支百世，蔚为大宗。《山海经》中载明黄帝的六妃为雷祖，繁衍了昌意一支，而有颛顼继立为帝，这是一条珍贵资料。另外中国边疆四裔，也多为黄帝之裔，《山海经》中记录了三条资料：

　　有儋耳之国，任姓，禺号子，食谷北海之渚中。有人，人面鸟身，珥两赤蛇，践两赤蛇，名曰禺疆。(《大荒北经》)

任姓为黄帝异姓子之一：异姓十一子，依次为酉、祁、己、箴、任、滕、荀、僖、姞、儇、依，则儋耳国为黄帝的远裔。

> 黄帝生苗龙，苗龙生融吾，融吾生弄明，弄明生白犬，白犬有牝牡，是为犬戎，肉食。(《大荒北经》)

苗龙，也有分为两代：作苗生龙的，这一支应该属异姓之子，但不知应归为哪一姓。白犬有牝牡，属于一部族中分成两部制的现象，大概是以犬为图腾吧！

> 有北狄之国，黄帝之孙曰始均，始均生北狄。(《大荒西经》)

这一支也不知系出何姓，北狄的狄也应属于"犬"部。大概黄帝异姓之子都远居于边区，乃繁衍了诸如儋耳、犬戎、北狄等边疆民族。此外《海内经》还载有"黄帝生骆明，骆明生白马，白马是为鲧"。骆明也不详出于何系，不过可知鲧禹一系也是黄帝子孙，《帝系》都说昌阳生颛顼，鲧为颛顼之子，或者只是名号不同而已。

第四节　穷桑氏少皞神话（五帝传说之二）

少昊又作少皞，为太皞之后同以皞为名的，与东方太阳崇拜有密切关系。据《帝王世纪》所说，少昊就是帝挚，字青阳，也就是姬姓的玄嚣，降居于长江流域，很有圣德，建都邑于穷桑，登立为帝，以曲阜为都，又称为穷桑氏。但依照感生帝神话的说法，又要丰富些。据王嘉《拾遗记》说：少昊的母亲皇娥，有次经过穷桑的地方——那是西海边上一棵万丈高的孤桑之树，这是圣地桑林，为古代人神交通的神圣地方，也是男女相会和求嗣的情爱之所。皇娥果然与白帝之子嬉游，弹瑟作歌，相互爱悦，因此感通而生了少昊，就号称穷桑氏，或桑丘氏。《尸子·君治》篇说："少昊金天氏，邑于穷桑，日五色，互照穷桑。"穷桑是种植桑林的圣地，同时也是地名，又与太阳有关，这与滨海地区日出扶桑的母题（motif）有密切关系，所以叫做少皞，号穷桑。至于称为金天氏，那是因为迁徙到西方，配列为西方之帝的缘故。⑯

少昊建立自己的国家，叫做"少昊之国"，应该是在东方。《山海经·大荒东经》说在"东海之外大壑"，也就是渤海外的归墟神山，可能是从穷桑、扶桑联想，或是他曾在东海外的海岛上创建国家。中国东方滨海地区为鸟图腾区，少昊叫帝挚，挚也就是鸷，为一种鹰鹯之类的猛禽。这个以鸷鸟为图腾建立起来的王国，自然也分出一些与鸟有关的图腾团。这件秘辛早在两千多年前昭公就已不太清楚：《左传》记载，郯子来朝见，昭公在宴会时请教这位少昊氏的后裔说："少皞氏以鸟名官，这是什么缘故。"郯子有一段精彩的回答：

> 我高祖少皞挚之立也，凤鸟适至，故纪于鸟，为鸟师而鸟名：凤鸟氏，历正也；玄鸟氏，司分者也；伯赵氏，司至者也；青鸟氏，司启者也；丹鸟氏，司闭者也；祝鸠氏，司徒也；鴡鸠氏，司马也；鸤鸠氏，司空也；爽鸠氏，司寇也；鹘鸠氏，司事也；五鸠，鸠民者也，五雉，为五工正，利器用，正度量，夷民者也；九扈，为九农正，扈民无淫者也。

郯子叙述他的民族，学问赅博，连孔子听了，也要拜他为师。这些缤纷的鸟官当然不是真鸟，而只是以鸟为族名或官名，每一族团都有一套专门的学问，成为专家，世代相传，各有职掌，就以族团之名作为官衔：凤鸟氏总管历法，其他燕子、伯劳、鹁雀、锦鸡四氏，分别掌管一年四季的天时。又有五种鸟官分别掌管国家的政事：祝鸠（鹁鸪）掌管教育，鴡鸠（王雎）掌管法制，鸤鸠（布谷）掌管建设，爽鸠（鹰鸟）掌管刑伐，鹘鸠（滑鸠）掌管发表言论。又有五种野雉，分别管理木工、金工、陶工、皮工、染工五种工程。又有九种扈鸟，管理农业的耕种和收获，使百姓不致放纵。这个图腾社会，部族（clan）下有支族（phratry），分工精细，组织严密。[17]

少昊氏在东方鸟图腾王国时，他的亲戚颛顼曾在这里生活过，并帮他治理国事。少昊的母亲不是曾与弹瑟的白帝之子相好吗？少昊也会制作琴瑟，让颛顼弹奏消遣，后来颛顼回自己的老家后，把琴瑟弃掷到东海外的大壑中，因此大壑深处的海涛声里，常会传出琴瑟悦耳的声音。[18]

少昊氏后来曾经迁徙，其中至少有一支族迁到西方，《说文解字》说"嬴"，为帝少暤之姓，包括秦、徐、江、黄、郯、莒等国都是嬴姓鸟族，所以《海内经》说："嬴民鸟足"。少昊后来成为西方之帝，而他的儿子该，也成为金神蓐收，帮助他统辖西方一万二千里的大地。《西山经》记载：白帝少昊住在长留山的圆神之宫，职司太阳东照的反影；而蓐收居住在长留山附近的泑山，也是观测太阳西下的情形，所以又叫红光，是一个人面虎爪，左耳挂着蛇，手执板斧，乘着两条龙的天神。因为西方属五行中的金，所以一叫金天氏，一叫金神。

少昊氏的子孙，《山海经》记载了三位：

少暤生般，般是始为弓矢。(《海内经》)

东方部族善用弓箭，般为创始者。

> 季釐之国有缗渊，少昊生倍伐，倍伐降处缗渊。(《大荒南经》)

倍伐被派到南方季釐国，死后成为缗渊的主神。

> 有人一目，当目中生，一曰威姓，少昊之子，食黍。(《大荒北经》)

一目国的人，为少昊的后代。此外，像辅佐帝尧的皋陶，帮助夏禹的伯益，汾水之神台骀，也是少昊的后裔。伯益，也作伯翳，为嬴姓，乃秦国的先祖。少昊另外还有一位不才子，叫做穷奇，长相奇特，后来成为驱邪的大傩祭典中的十二神之一，专门食蛊。其实，穷奇为西北边区的游牧民族，为一强悍、凶暴的部族。[19]

第五节　高阳氏颛顼神话（五帝传说之三）

颛顼，是黄帝的曾孙，也曾统辖过中国，后来封为北方之帝。据《山海经》的记载：

黄帝妻雷祖，生昌意，昌意降处若水，生韩流，韩流擢首谨耳，人面豕喙，麟身渠股，取淖子曰阿女，生帝颛顼。(《海内经》)

这是雷祖（西陵氏）的嫡系，昌意（《世本》作昌僕、《大戴礼》作昌濮）所谪居的地方若水，在四川境内，所以娶了蜀山氏，生了韩流（《帝系》中都不载韩流），长相怪异：长脑袋、小耳朵，人的脸，猪的嘴，还有麒麟身子和骈生的腿，他和阿女所生的颛顼，也是长头细耳的模样。

颛顼成为地上的最高统治者后，很能善用贤能，做了一些奇特的事。最重要的就是绝地天通：《周书·吕刑》记载蚩尤唆使苗民一起作乱，黄帝就代天行道，灭绝苗民，成为一场惨烈的"天谴"，颛顼就命令"重黎绝地天通"。有一次楚昭王问博学的观射父，这一件事到底是什么意思？观射父以合理化的态度，解释蚩尤和苗民想争夺祭天的祀典——在古代只有帝王可以行郊天大祭，敬告天神，就是能上下天地，交通神人。颛顼认为他们逾越礼法，因此严格执行祭天的仪礼。而《山海经·大荒西经》有一段神话，解说这件神奇的事：颛顼生了老童，老童有两个儿子重和黎，重专门管理天，黎专门管理地，将天、地的界限分清，凡间的人不能再自由上天了，这是中国的"失乐园"神话。重和黎，也有说是"重黎"一人，专司祭天的仪礼，为古代掌管历法的官。所以《大荒西经》说黎到地上，就生了噎，住在大荒西极日月山上的吴姖天门。这位神人面而没有手臂，两只脚反转生在头上，他却是管理日月星辰运行次序的历法之官，这一支族很精于天文历法。

颛顼又喜好音乐，幼时从穷桑氏学习琴瑟，表现出了音乐的天赋。《吕氏春秋·古乐》篇说，颛顼作了大帝之后，要举行封禅，祭祀上帝，就命令飞龙模仿天风吹过时，熙熙凄凄锵锵的美妙声音，作出八方不同天风之音，称为《承云之歌》；又命令灵鱓作音乐的倡导者——鱓是短嘴巴鳄鱼，皮为蒙鼓的好材料，因此传说它为乐倡，用尾巴敲打自己的肚皮，发出鼕鼕的乐音。他的后裔：老童的儿子祝融（即重黎），祝融生了太子长琴，居住在摇山，长琴"始作乐风"（《大荒西经》），就是创制了乐曲，也是用琴演奏，他的名字叫长琴，也正标明了他在音乐上的贡献。

其实这是有遗传的，《西次三经》说老童发音常像钟磬，悦耳动听，所以他们具有发扬音乐的传统。

颛顼的儿子中也有些不肖子，王充《论衡·解除》篇记述汉代流传的民间传说：颛顼有三个夭亡的儿子，一个居住在江水，变为疟鬼；一个仍居住在若水，变做魍魉；另一个住在人家的屋角，成为疫鬼。这些妖鬼常是民间逐疫驱邪的对象。另外《神异经》也载了他的不才子叫做梼杌，大概是凶顽狠恶的家伙，所以人家把一种似虎的恶兽也叫做"梼杌"。⑳

颛顼也有一些子孙繁衍于边区，《山海经·大荒经》记载的，南方大荒中有季禺和颛顼国：

有季禺之国，颛顼之子，食黍。(《大荒南经》)

有国曰伯服，颛顼生伯服，食黍。(《大荒南经》)

《世本》说：颛顼生伯，伯生伯服，都是以黍为主食的边疆部族。西方大荒中有淑士国，和一臂三面之乡：

有国名曰：淑士，颛顼之子。(《大荒西经》)

大荒之中，有山名曰：大荒之山……有人焉三面，是颛顼之子，三面一臂，三面之人不死，是谓大荒之野。(《大荒西经》)

《吕氏春秋·求人》篇说夏禹往西，曾到过"一臂三面之乡"，就是指这个长生不老的国度。据说他是"了无左臂"，但《大荒西经》也记载："有人名曰吴回，奇左，是无右臂。"吴回在《世本》《大戴礼·帝系》中列为颛顼之子，乃重黎的弟弟，重黎被杀后，做了火正，也叫做祝融。这种一无左臂、一无右臂的形象，确是奇形，也许本来象征一种特殊意义的。北方大荒中则有叔歜国、中輶国，又有苗民国：

> 有叔歜国，颛顼之子，黍食，使四鸟：虎、豹、熊、罴。
> 西北海外，流沙之东，有国曰中輶，颛顼之子，食黍。
> 西北海外，黑水之北，有人有翼名曰苗民：颛顼生驩头，驩头生苗民，苗民釐姓，食肉。

二支食黍的后裔，远居北方大荒。另一支苗民，《神异经》有类似的描写："西荒中有人焉，面目手足皆人形，而胳下有翼，不能飞，为人饕餮，淫逸无理，名曰苗民。"徐炳昶说苗民有翼，与驩头氏族有密切关系。因他们强悍，有一部分被迁到西北（甘肃、敦煌一带），减弱其声势，大概是强悍的边区民族。[21]

颛顼被配列为北方之帝，辅佐他的是玄冥，也就是禺疆，为"人面鸟身"的海神，帮他治理北方大帝一万二千里的大地，是从丁令之谷到积雪之野的北大荒。

第六节　帝俊、帝喾神话（五帝传说之四）

帝俊是《山海经》中除黄帝之外的最大一支世系，所以有人说帝俊是东方殷民族所奉祀的上帝。他的伟大，相当于西方周民族所奉祀的上帝黄帝。因为周民族最后战胜了殷民族，黄帝的神话较为丰富，声势也较为盛大，成为中华民族的共祖；而帝俊的神话零散，声势也较弱，只保存在《山海经》中。关于帝俊神话有些关键性的问题，第一，帝俊与古史中的帝喾、正史上的帝舜有密切关系，至少帝俊、帝喾是同一人的化身，他们的神话也是同一神话的分化。第二，《大戴礼》《世本》的《帝系》所列世系，帝喾属于姬姓的玄嚣（青阳）一系，青阳生侨极（蟜极），侨极生帝喾，即高辛氏，这一系为颛顼所出昌意系之外另一支系，那么，帝俊也是黄帝的子孙了。第三，帝俊的夋，甲骨文作：、，画了鸟头，尤其尖形鸟嘴，虽有复杂与简单的不同，还是一幅鸟头人身的形象，这是鸟图腾团的族征。孙作云说俊，就是鵔鸟、鵔鹅，为一种形似凤凰的神鸟，也就是凤凰之属；而帝喾，生下来就很神异,"自言其名曰夋",另外号高辛,辛为风字的省写,甲骨文的风字字头为♀,象征风冠,也就是隶定的"辛"。神话中,帝俊常与凤鸟相连,而帝喾也与凤凰相关,这是东方鸟族的上帝,也就是凤图腾团的最高上帝。

帝俊的神话,在《山海经》中记载了两件,也就是《山海经图》上画着"有五采之鸟,相乡弃沙,惟帝俊下友,帝下两坛,采鸟是司。"(《大荒东经》)一对五彩神鸟相对婆娑起舞,它们是帝俊下界之友,替帝俊看守着两座祭坛,为充满着宗教仪式色彩的一幅画。《大荒北经》说:"卫邱方员三百里,邱南帝俊竹林在焉,大可为舟。"这片竹林,大概就是涕竹,长数百丈,有三丈多粗,八九寸厚,剖开来可以做船(《神异经》)。帝喾的神话,还有《吕氏春秋·古乐篇》载他命乐师咸黑,作了声歌:《九招》《六英》《六列》,又命乐工有倕(也就是巧倕)作了乐器:鼙鼓、钟、磬、吹苓、管、埙、篪、鼗、椎钟等,又命令使用这些乐器演奏曲子,连凤鸟、天翟也受差遣婆娑起舞,这大约就是凤凰之舞,《山海图》所画的盛况吧!

帝俊神话群,最出名的是他那些多才多艺的妻妾。有浴日的羲和,浴月的常羲,还有生了三身国的娥皇。而帝喾的妻子,《帝系》清楚地说有四位:第一位为有邰氏的女儿姜嫄,属于姬、姜外婚的传统,生了后稷,为周民族的始祖;第二位为有娀氏的女儿简狄,生了契,为殷民族的始祖;第三位为陈丰氏(陈锋或陈邱)的女儿庆都,生了帝尧,为继位的帝王;第四位为娵訾氏的女儿常仪，《拾遗记》说黄帝将蚩尤之民较善良的迁到邹屠之地，邹屠氏的女儿在伊洛附近被纳为妃，梦见吞日生八子，大概就是常仪，也就是常羲。羲和，为精通历法的才女，据说她又生了帝挚，与少昊同号，没治好国家就死了，因此帝尧才继位的。

殷民族契的诞生为典型的感生帝神话。有娀氏的大女儿简狄，和次女建疵住在九层的瑶台上，有次在台上，或说是行浴时，看见玄鸟（燕子）遗下一枚蛋。简狄拿起来吞下去，就怀孕生了契。这就是《诗经·玄鸟》篇歌颂的："天命玄鸟，降而生商"，为殷商玄鸟图腾的始祖神话。周民族的始祖后稷，据说是姜嫄出游，在求子仪式中履巨人的足迹，"践之而身动"，就怀孕而生了小孩。㉒但他不为族人所接受，被称为"弃"，三番两次地被抛弃：要让他在小巷为牛羊踏死，要丢在森林里饿死，要抛在寒冰上冻死，但吉人有天相，后稷竟然没死掉，而且成为农艺之祖，《山海经》说：

　　有西周之国，姬姓，食谷，有人方耕名曰叔均。帝俊生后稷，稷降以百谷，稷之弟曰台玺，生叔均，叔均是代其父及稷，播百谷，始作耕。（《大荒西经》）

后稷为培植百谷的能手，叔均继承下来，成为后世的田祖。稷死后，被葬在一处好风水的地里：

后稷之葬，山水环之。(《海内西经》)

西南、黑水之间，有都广之野，后稷葬焉：爰有膏菽、膏稻、膏黍、膏稷。冬夏播琴，鸾鸟自歌，凤鸟自舞，灵寿实华，草木所聚，爰有百兽，相群爰处，此草也冬夏不死。(《海内经》)

都广之野为广衍的沃野，种植的菽、稻、黍、稷，味好滑润如膏，灵寿也纷纷开花结实。同时百鸟百兽繁殖，连灵禽凤鸾也自由自在地歌舞，确是一幅欣然的人间乐园。

帝俊的子孙，到边远的大荒中建国的，在东方的荒野上的有中容、司幽、白民、黑齿四国，《大荒东经》说：

有中容之国：帝俊生中容，中容人食兽木食，使四鸟：豹、虎、熊、罴。

有司幽之国：帝俊生晏龙，晏龙生司幽，司幽生思士，不妻，思女，不夫。食黍食兽，是使四鸟。

有黑齿之国：帝俊生黑齿。姜姓，黍食，使四鸟。

有白民之国：帝俊生帝鸿，帝鸿生白民，白民销姓，黍食，使四鸟：虎、豹、熊、罴。

这四个东方边区的部族为鸟族后裔，都能使唤四鸟，但却是虎、豹、熊、罴等四种猛兽，加以驯养、使唤。而主要的食物，都以小米为主，也能吃兽肉。其中最特殊的为司幽国，分成男的集团，叫思士，不娶妻子；女的集团，叫思女，不嫁丈夫，据说只要像白鹇，用眼睛相望，就能受感动，而生出孩子。人类学者认为司幽国，不实行外婚制，而实行族内婚制，因此，变成这种不妻不夫的奇特说法。在南方的荒野上，则有三身和季釐两国：

有人三身，帝俊妻娥皇生此三身之国，姚姓，黍食，使四鸟。有渊四方，四隅皆达；北属黑水，南属大荒，北旁名曰：少和之渊；南旁名曰：从渊，舜之所浴也。

有人食兽，曰季釐：帝俊生季釐，故曰季釐之国。

季釐，《左传》说：高辛氏才子八人，有季狸（文公十八年）。即同一人，也是食兽的部族。三身国则食黍，《山海图》上画个三身的图腾，作为族征，也能使唤四鸟。帝俊的子孙有的姜姓，有的姚姓，也有销姓，这是古代同父异母，从母姓的母系社会现象。

帝俊的子孙也流传些技术发明神话，《海内经》载有：

帝俊生禺号，禺号生浮梁，浮梁生番禺，是始为舟。

禺号（號）与禺䝞同名，浮梁也和禺京声音相近，《大荒东经》说是黄帝子孙，可能是以神名为名。禺䝞、禺京为海神兼风神，禺号的后代也居于滨海地区，又创制船，是适合海神的身份的。

番禺生奚仲，奚仲生吉光，吉光是始以木为车。

《世本》说奚仲作车，古代技术往往世传，一族的人常成为专家，这是造木车的部族。

帝俊赐羿彤弓素矰，羿是始去恤下地之百艰。

羿为东方鸟族的部族，东夷人本就善于弓箭，羿乃有名的神射手，擅射箭的神技，故能射杀凿齿、封豕，为下界百姓除去灾难。

帝俊生晏龙，晏龙是为琴瑟。帝俊有子八人，是始为歌舞。

东方部族的传统乐器有琴瑟，少昊曾造琴瑟，晏龙也善于乐器，与巧倕同具音乐天赋，帝俊的八子都善于歌舞，所以帝喾的音乐嗜好，有凤的传人了。

帝俊生三身，三身生义均。义均是始为巧倕，是始作下民百巧。

巧倕即为有倕，义均在《竹书纪年》《国语·楚语》中都说是舜的儿子，封于商，叫商均。倕为尧时出名的巧匠，能发明各种精巧的乐器与器具。

第七节　尧、舜神话

《山海经·大荒南经》说："帝尧、帝喾、帝舜葬于岳山。"而中国古代典籍中更普遍流传"尧舜禅让"传说，所以尧为舜以前的圣君，而且以近乎理想化的方式，将统治权公平、和平地传给了自己的女婿舜。但是《山海经》中很少记载尧的神话，舜就比较多。如果再将舜作为帝俊的分化，那几乎是《山海经》中的大系。不过，《山海经》里，帝俊、帝舜是分成两人的，或者东夷族中前后不同时期的两位杰出人物，一被神话化，一被历史化。所以帝舜成为《大戴礼》《世本·帝系》中的古帝，源出颛顼之后穷蝉一系，与源出青阳一系的帝尧，稍有不同。

帝尧为古代传说中奉己甚严，而待民仁慈的圣君。他的居处是简陋的茅屋，他穿着粗布衣服、吃着粗糙杂粮，对待自己极为俭朴，却挂心天下的老百姓吃不饱、穿不暖。因此，民间自然也流传出一些瑞征的传说：像宫中刍草变成稻禾、堦宫长出历荚，以及蓂蒲生于庖厨、凤凰止于庭中……都是一些吉祥的征兆。尧能成为理想君王的典型，这些民间朴素自然的反映，恐怕不是有意的歌功颂德吧！

其实帝尧能够善用才干，不同部族的人才都能齐聚一廷：像任命羊图腾团的后稷为农师、鸟图腾团的契为司马，其他鸟啄的皋陶作法官、独足的夔作乐官……都是一时之选。皋陶为孟鸟、或眷鴍的图腾，夔为猕猴、猩猩的图腾，帝尧也曾命令后羿这位鸟族英雄去除大害，尤其他选中了舜作皇位继承人更是一件高明的选择，因为他没把自己的儿子丹朱塑造成一位当然王位接班人的形象。㉓

舜为东夷鸟族，为凤与日的联合图腾。据刘向《孝子传》说：瞽叟晚上睡觉，梦见一只凤凰，嘴里衔着米来喂他，而且说自己的名字叫"鸡"，要作他的子孙。但仔细一瞧，却是凤凰。醒来用黄帝梦书占这个怪梦，却预示是一个有贵命的儿子——这个儿子就是舜，母亲应该是凤族的女子，姚姓，舜与同母族，也同属凤图腾。舜的母亲早死，瞽叟又另外娶了一个妻子，生了儿子名叫"象"，或许是象图腾族的人吧！当时中国境内还有大象：甲骨文有"🐘"，就是长鼻、大耳的象。至于瞽叟，也就是鼓叟，鼓是形状像鸥的鸮鸟，就是不能白昼见物的猫头鹰，舜的父亲原先以猫头鹰为图腾，又加以不明事理，因此就叫他为"瞽叟"——一个瞎眼老头子。可能舜与象为异图腾的兄弟，两个部落本就不是密切的关系，所以《史记》才用后母、后母的儿子联合虐待前妻之子的人情的解释。

舜身长六尺，脸颊无毛，肤色黑黝黝的，但眼睛中有两个眼瞳子，确是奇相。他是笃实忠厚的人，虽然后母虐待他，却仍旧一心一意地孝顺，因此孝名远播。舜曾经到妫水附近的历山耕田，妫水（现在山西省永济市南）的为，就是获象、驯象的造型——"𦥑"用手牵着象鼻子，所以民间至今还流传大舜用象耕田的传说。当然，它也可能跟舜感化他弟弟"象"有关。这位历山的农夫，以他的诚实德行感动耕田的人；他又到雷泽捕鱼（即衮州的雷夏泽，现在河南范县东南，连接菏泽界），也使雷泽的人归顺他；他又到河滨作陶器（河滨在现在定陶县境），也改善了陶器的制作技术。据说凡舜所到之处，"一年而所居成聚，二年成邑，三年成都。"（《史记》）这样有德行、才干，也有号召力的青年才俊，能不为求贤若渴的帝尧所赏识吗？果然，尧把两个女儿嫁给他。

古史学者研究当时的王位继承制，可能没有定制：祖死孙继、父死子继，或是兄终弟及，或是年老的统治者在临死之前退位而让位于当时摄政的贤能宰辅。尧、舜（或禹）就是将王权转移到同族而有才能、特别是曾任摄政的宰辅的族嗣，古籍中美称为"禅让制度"。舜与尧同出于黄帝，又在婚姻关系上有密切的结合，尧把女儿娥皇、女英同嫁给舜，大概就是当时常见的婚制——姊妹共嫁一夫制（sororal polygyny），这是普见于原始民族的古老婚姻制度。[24]舜的两位王室妻子，却不敢表现娇贵的态度，仍旧以媳妇礼节事奉公婆、对待小叔小姑（象和系），但后母与象却不领情，而百般挑剔与陷害，例如责他"不告而娶"。至于陷害的传说更是充满离奇的情节：指使舜去修理谷仓，然后放火焚烧，舜却穿了妻子所缝鹊纹衣裳而脱险；又指派舜去濬除深井，然后下土实井，舜也穿了龙纹衣裳而逃出。这种变化为鹊、龙的神话，说明了舜为凤族、龙族之神的身份。而象要害死舜的最大愿望，是只要娶二嫂及得到琴、弤、干戈等，因为当时还保存着兄死、弟可纳嫠嫂的继承制的缘故吧！当然，舜以吉人天相终于感动顽劣的弟弟和父母。

舜在即帝位前，又曾接受一次严格考验，就是《论衡·乱龙》篇所说的独自进入"大麓之野"，这是一种表现巫者之长的神通力的试炼。前述舜能变化为鸟为龙，也是一种变化神通，结果他通过恐怖的黑森林时，"烈风雷雨弗迷"（《尚书·尧典》），"虎狼不犯，虫蛇不害"（《论衡》）为法术灵威力的神奇表现，这可能是原始民族试炼新王的一种仪式，通过仪式，就成为新王。舜登基后，将象封到"有鼻"，又是适合象的身份，也可能是图腾地域化的现象。

舜的文化表现，就是音乐，也是东方夷族普遍的特长。尧曾赐他琴，他又命乐师叫延的改制瞽叟的十五弦瑟，成为二十三弦的弦乐器。当然，他即帝位举行封禅大典时，更命令乐师质整理了《九招》《六英》《六列》等乐曲，《九招》又叫《九韶》，为凤族传统祭祀图腾主的天乐，使用箫、笙等演奏，凡有九成。据说祭祀天帝时,凤凰来仪,为吉瑞之征。孔子很能欣赏韶乐,说是尽美而又尽善。但舜平常只在心情愉悦时,弹奏五弦之琴,歌唱《南风》之歌。

舜的妻子常随侍在旁,他巡狩到苍梧之野时就驾崩了,《山海经·大荒南经》说舜就埋葬在苍梧之野,九嶷山的南麓,成为帝舜的圣地。二妃伤痛地殉情,她们眼泪所洒处,竹子尽斑,称为涕竹、斑竹,更好听的名字是"湘妃竹"。二妃死后的灵魂成为湘水之神,《中山经》说:"洞庭之山,帝之二女居之,出入必以飘风暴雨。"为什么会掀起湘江上的狂暴风雨,据说是从征时溺于湘江,也许是太伤感,而惆怅的情绪使外物同悲吧!

《山海经·海内北经》说舜还有另一妻子登比氏,有人说是在家的元配,生了宵明、烛光,后来住在黄河大泽中,这两个女神的灵光能照耀附近周围百里的地方。这种传说很像是帝俊的妻子浴日、浴月神话的分化。

帝舜的儿子,《吕氏春秋》说是九个,《路史·后纪》说是八个。他们都遗传了父亲的音乐天分,善于歌舞,与帝俊八子相像。至于在边区建国的,有东荒的摇民国、南荒的戴国:

帝舜生戏,戏生摇民。(《大荒东经》)

有戴民之国,帝舜生无淫,降戴处,是谓巫戴民。(《大荒南经》)

巫载民为食谷的百姓，为具有巫者神通之国，因此为地上乐园：不需织布，而有衣服；不必耕种，而有粮食；又有歌舞的神鸟：鸾鸟自歌，凤鸟自舞，为鸟族的乐园。

第八节　鲧、禹神话

　　鲧、禹神话为夏民族的始祖神话，古史中列为昌意一系，鲧为颛顼的儿子，禹为鲧的儿子，鲧、禹神话与洪水有密切关系：他们的图腾、治水经过，以及被杀与称帝，都围绕水这一母题发展，近代学者都承认他们父子具有水神的性格。

　　颛顼之死，与变化复苏的神话相关，《山海经·大荒西经》说："有鱼偏枯，名曰鱼妇。颛顼死即复苏，风道北来，天乃大水泉，蛇乃化为鱼，是谓鱼妇，颛顼死即复苏。"颛顼的图腾，与蛇、龙有关，妻子为滕璜氏（滕濆、滕奔、滕隍）——有人说濆、湟与滕是出水的水源，和鱼有关。偏枯鱼叫做偏枯，指生活在冬天死的世界，春来再生的世界复苏，"死而复苏"在古人的观念中是当作季节的复活之象征。颛顼与蛇相近，还有《山海经·海内东经》所说的鲋鱼之山，"帝颛顼葬于阳，九嫔葬于阴，四蛇卫之。"依照凤凰守护帝俊之坛的例子，这是祭祀图腾主的仪式。那么，颛顼确有蛇的形象，蛇化为鱼，最相类似的就是细而长的鱼类，那就是鳝、鳗、鳅等细长似蛇的鱼。在《大戴礼·帝系》

中说："颛顼生穷蝉"，也有作穷系（係）的，蝉和鱓同以单为声符，古代同音通假，《吕氏春秋·古乐》篇不正记载"鱓"善于歌舞吗？鱓就是鳝，古代说它是蛇鱼，因为形状相类。至于鲧，有人说是颛顼的另一个儿子，也有说就是穷蝉，因为鲧与係，只差别在一个鱼旁，而另一个从人而已；而且《山海经·中山经》记载一处遗迹："青要之山，实惟帝之密都……南望墠渚，禹父之所化。"禹父当然是鲧，化为墠渚。墠是狭长如鱓的沙渚，或出产鱓的沙渚。在图腾制度里，一个图腾团可分出性质相近的支图腾，鲧与穷蝉可能就是支图腾，或同一神话的分化。《海内经》又说："黄帝生骆明，骆明生白马，白马是为鲧。"骆与马还是与蛇有关，因为古代"龙马"连用，常指龙，蛇龙不分，古人想象为细长之物。㉕

正史中的鲧，是帝尧的臣下，被分封在崇山，称为崇伯鲧，崇山大概是颛顼族的重要地方：祝融被谪居到崇（《国语·周语》）、驩兜被舜流放到崇（《尚书·尧典》），祝融为火官、驩兜也就是驩头，和祝融有关，崇山，又是章山、钟山。㉖这位崇伯鲧，在帝尧时被派去治理荡荡然"怀山襄陵、浩浩滔天"的大洪水，他的性情不好，又错用了"陻""障"的方法——筑堤、或用土填塞是鲧所设计的治水法，结果没有成功，尧将他处死在羽山。但在神话中，鲧却是性情婞直的英雄，敢于叛逆天帝，造福百姓。《山海经·海内经》说：

鲧窃帝之息壤，以堙洪水，不待帝命。帝令祝融杀鲧于羽郊。

息壤据说是一种会生长的土壤，为天帝的神物，鲧却偷窃下来堙堵洪水，当然，激怒了高高在上的天帝。鲧所处刑的羽郊，就是羽山，大概就是神话中的委羽之山，远在北极之阴，终年不见太阳，是幽冥地狱。鲧死以后，还有两个奇特的传说：一是"鲧复（腹）生禹"（《海内经》）。有一本叫《开筮》的古书说：鲧死了三年，还不腐烂，最后用吴刀剖开，却跳出一只虬龙，就是禹。

鲧的尸体就在生禹之后，发生变化，然后进入羽渊。变成什么东西：据说是"化为黄熊"。这只黄熊，有说是黄龙，有说是三足鳖（熊），也有说就是细长的鳅，也有说是玄鱼（鲧也有写作鲧）。黑色是夏所尚的，玄鱼指龟或鳖，因此能治水。不管怎么说，都与水有密切关系，蛇龙、鳅鳝，属于细而长的水中之物，与颛顼"蛇化为鱼"有些关联；至于三足鳖、玄龟，与化作埠渚的隆起陆地，也在形状上有联想的关系。⑳至于羽渊，又是虞渊，正是神话中委羽山附近的深渊，为太阳西沉的神话地理，象征着永远的安息。所以，鲧有水神性格，是一个叛逆的英雄。

夏禹固然是鲧腹三年才被剖出的一条虬龙，但他也像其他开国君王，有一段神奇的感生帝神话。鲧娶了有莘氏的女儿女僖，在砥山有感而生禹的，也说是修己梦见吞了神珠薏苡，剖胸而生禹的，所以夏人的图腾是苡，姓姒。或许禹是在鲧被刑之后的遗腹子，而他的母亲另为姒姓之族，故从母姓，但禹还是在古书（《庄》

160

《列》《荀》诸子书）中具有其父鲧的"偏枯鱼"的图腾性的。

禹的生平大事也在治水，古史中说他采用疏导的方法，他父亲的堙堵法只能收一时之效，一旦溃决，祸害更大，因此禹了解洪水的症结，就因应地势，疏瀹壅塞，为中国水利史的创造性工程。但在神话的叙述中，禹的治水具有史诗般的雄壮与传奇。治水的命令是由天帝颁布的，《海内经》说："帝乃命禹，卒布工，定九州。"接续父亲未竟的志愿，要平治大洪水。

古代的人相信大地洪水，由于水神共工的作怪，《淮南子·本经训》说："舜之时，共工振滔洪水，以薄空桑。"洪水传说，大约在各民族初进农业阶段时发生。我国地势西高东低，黄河自青海流下，曲曲折折地穿过甘肃、宁夏、内蒙古、陕西、山西间及河南西部的高地，由于穿行于高山或黄土高原，自然没有水患；河套一段，地势平衍，水流不急，不但没有水患，反而引水灌溉，可得水利，黄河流到河南东部，忽然坠入平原，由高处徒然下降，水势湍急，而且又是无边广漠的平原，自然就无拘无束地奔流下去。再转弯北行，就是河患开始的地区，这里叫做共县，从共县以下，多纳支流，水量丰富，河道迁徙无常，水患也最烈。共县为远古时代共族的所在地，他们居于水边，深知水性，可能早就有治水的经验。《左传》说："共工氏以水纪，故为水师而水名。"（昭公十七年）共工就是水师，为专门治水的部族，以水为图腾，与水的因缘很深。他们发现的方法，据《国语·周语》说是"堕高堙堵"的培高堤防的水利工程。尧舜时期，共工氏"虞于湛乐，

161

淫失其身"，疏忽了自己的工作，而筑堤法又失败。因此才有共工造洪水的神话——洪水又称洚水，洪、洚都是模拟大水轰轰的开口洪音，而且共县也有一较小的共水，为水患之始，就称为洪水。共工曾为煊赫的部族，后土（句龙）曾因治水有功，为其他部族的领袖。鲧的发音，有人说是共工的急读，他也承用堤防法。禹却从先人失败的经验中，更精密地观察水性，又考察了地理形势。

　　洪水的发生及大禹所施工的地域，主要是兖州，其次是豫州的东部及徐州的一部，其他地区就较为次要：像北方的冀州、西方的雍州、梁州、中央的豫州及南方的荆州，多绵亘的山岳，交错的高原，较无洪水之患，其余荆州东南等，人口较稀少，又属化外之区。因此，禹所治水主要还是在黄河、淮水流域，当时他大概寻求炎黄部族、东夷部族（风偃集团）的协助，南方的苗蛮集团可能也来参加。例如神鸟族的伯益掌火，焚烧山泽中畅茂的草木，驱逐禽兽，使沼泽干、水道通。又龙部族的应龙，帮忙测量，所以传说"禹治洪水时，有神龙，以尾画地，导水所注"（王逸注《天问》）。同时禹得到涂山部族（安徽怀远县附近）的支持。禹的治水方法是测量勘察黄河的流向，《山海经》常有"禹所积石之山"，就是积石作记号，或选定某山为记号所留下的纪念，而传说中却说他获得羲皇所授玉简，用来度量天地；又获得河精所授河图，用作观察地形。更有许多他降服的邪魔，像擒拿淮水、涡水的小神无支祈，象征他平定了淮水的水患。而杀相柳（相繇）的传说更为神奇：

共工之臣曰相繇，九首蛇身自环，食于九土。其所歍所尼，即为源泽，不辛乃苦，百兽莫能处。禹堙洪水，杀相繇，其血腥臭不可生谷，其地多水不可居也。禹湮之，三仞三沮，乃以为池，群帝是因以为台，在昆仑之山。(《大荒北经》)

共工的臣子，蛇身九头的怪物，应该是蛇族的叛徒，将它说成所呕所碰就变成恶臭的水泽，而所喷所流就变成腥臭的沮洳，大概蛇族余党所盘踞的地方是一块天然沮洳地，禹就设法决之使干，其未能干的，就聚为泽数，积为高台。至于他采将水的主流疏浚，像先秦诸子，尤其墨子说禹以神力开凿龙门，引导洛汭，或改变河道，减缓黄河湍悍的水流。这些都是神话，称颂他治水的伟大功绩。[28]

大禹治水成功后，曾有几件事，也是《山海经》等有记载的：一件是测量平治的大地的面积，《海外东经》说："帝命竖亥步自东极至于西极，竖亥右手把算，左手指青邱北。"算是计算数目的六寸长竹片，青邱国为东边接近朝阳谷北方之地，为起步的测量基准。《淮南子·地形》篇则说是大章从东到西走，这位健行的天神共走了二亿三万三千五百里七十五步；竖亥则由北极向南极走，也是一样的距离。大概中国开始较能准确地计算土地的幅员，从禹开始，所以禹有分划九州的传说。

禹平定天下后，就在茅山附近的原野，大会天下诸侯，显示自己从舜手中所获得的帝位，并实行封功赐爵，正式赢得各部族的共主地位——后来茅山更名为会稽山。典礼是要举行一场类似原始争夺霸权的方式，结果防风氏晚到，有不尊之意，就被杀戮示众——防风氏是个巨人，一个骨头就可装满一车。据说吴越之战，在会稽发现一块"节专车"的大骨，就趁着吴人出使鲁国时，去请教博学的孔老夫子，孔子才说出这段秘辛的，原是禹稳固帝权的政治神话。

禹为天下共主，四裔感念恩德，《左传》说当时"远方图物，贡金九枚"，也就是将九州州牧所贡的金属，铸造了九个宝鼎，鼎上刻镂着九州、万国的图腾物以及各色各样的百物，象征天下版图就在宝鼎之中——每一奇特物象代表一国，各国的族徽不同，全巧妙组合在鼎上纹样中，都是一些奇禽异兽般的"象物"。鼎成为帝王权威的象征，拥有宝鼎这个神器，也象征拥有天下，因此宝鼎重器放在祖庙中，成为传国的凭借。问鼎就是要得天下的野心，失鼎就是失去天下的征兆。至于"使民知神奸"，则是一种"入川泽山林"的巫术，依据巫术原理"以恶治恶"的思考方法，以饕餮、魑魅等凶物来克制凶物，或者用图腾中的灵兽来压制凶邪。只要知道凶邪之名，就可破除。或念动灵物之名，就可产生灵威力，而"不逢不若"了。

禹治水的功劳是中国古代的大事，而禹本人也劳瘁了心力。但他还是按时巡狩，希望天下永远和平：水土平治、诸侯平服，这是帝王能为百姓心服的地方。结果，有一年禹巡狩到会稽，也许这是古代老王自知将死的一种仪式吧！专程回到圣地才"驾崩"。

从百姓到贵族，都由衷地感念"美哉禹功，明德远矣，微禹，吾其鱼乎！"（《左传·昭公元年》）因此，凡禹所到过的地方，所归宿的地方都是一种怀念，许许多多的禹迹，诸如禹穴、禹余粮，以及流传于人民口中，有些神鸟自动耕耘、清理的大禹王之墓。

夏启为继禹而做了国君的，属于父死子继的王位继承制，而不是传贤的禅让制。这位启的诞生也充满了传奇性，据说禹治水时，到了三十岁还未娶，就向天祷告陈辞："我已到娶妻的年纪了，请老天显示灵应吧！"结果一只九尾狐就来到他面前，这是一种吉祥之兽，又应了涂山附近的一首民间歌谣，果然遇见了涂山氏的女儿女娇，心中满意。但禹负有治水之任，强忍着情爱到南方去巡视，女娇就派了使女待在涂山南麓等候，还唱着歌，以通款曲。终于一对有情人在台桑简单举行婚礼，婚后四天禹又离开新婚中的妻子到远方去治水。他们的儿子启的诞生就是治水途中发生的，《淮南子》说：禹带着妻子在河南偃师附近治水时，准备打通轩辕山，使河水流过，禹向女娇说："要送饭时，必须听到鼓声才可以送来。"原来禹显了神通，变成一只熊（或罴），挖洞穿石，好不带劲。但一不小心，一块石头蹦起跳落鼓上，误击中了鼓。涂山氏听见了信号，就匆忙送饭来，一看却只有一只熊，心下又惭愧又吃惊，回身就跑，直跑到嵩高山（河南登封市北），而化熊的禹也紧追着，眼看就快追上了，涂山氏一急，说也奇怪，却已化作一块石头，禹看见鼓起的石头，急着大叫说："还我的儿子来！"石头便朝向北方裂开，生了一个男婴，因此取名为"启"。

这段婚姻，屈原曾问道："禹之力献功，降省下土四方，焉得彼涂山女而通之于台桑？闵妃正合，厥身是继，胡维嗜不同味而快晁饱？"意思是问禹的婚配胖合，应该是要继续本身的族类，为什么要图一时之快而爱上非我族类的人呢？涂山，有说是在安徽怀远、河南嵩县、浙江会稽等地。总之，是与禹族原没有婚配关系。古时两部制时期，部族与部族间有一定的婚姻，所以"结二姓之好"。禹与女娇的婚姻，被称为"通"，是非经过族中长老同意的婚配，所以禹可能受到族里的压力，遗弃了涂山之女，所以启母化石、禹剖石生启、启生而母化为石诸传说，隐含了一种对悲剧婚姻的解说，"启母石"的遗迹是古代特殊婚姻的纪念物。

启因为是非族中同意的涂山氏所生，因此他的即位经过了一番奋斗，据说禹要传位于帮忙治水的伯益，但有些族人仍推崇启。古史曾记下其中有过权力的纠纷，如古本《竹书》说："益干启位，启杀之。"伯益为鸟族领袖，或许族中要迫禹让位于益，而启的势力自也不弱，所以"启与友党攻益而夺之天下"（《战国策·燕策》）。伯益之后，"有扈氏不服，启伐之，大战于甘"。纷争的原因，诚如《夏本纪》所说启"其母涂山氏之女也"，有扈就是郯子所说的九扈，为农桑候鸟的图腾族，也不服气。其中隐合夏族（蛇）与夷族（鸟）的势力消长，两族大概还是婚配对象，启的诞生与身份犯了婚姻禁忌，他的帝位是经历一番战争才获得的。

启经过八年，才安定天下，第九年才举行祭天的大典。《大荒西经》记载这场盛大的祭礼：

西南海之外，赤水之南，流沙之西，有人珥两青蛇，乘两龙，名曰夏后开（启），开上三嫔于天，得《九辩》《九歌》以下，此天穆之野高二千仞，开焉得始歌《九招》。

夏启的形象，《海外西经》说："乘两龙，云盖三层，左手操翳，右手操环，佩玉璜。"蛇、龙二物，显示其图腾物：耳朵挂两条青蛇，驾两条龙，云覆三层，左手持着羽葆幢，右手握着玉环，身上佩着玉璜，完全为封禅的祭礼服饰。嫔，就是甲骨文的宾，为一种请先祖为宾，转告天神的宾祭。祭天帝的音乐、舞蹈，排场盛壮，音乐庄严而且舞列多变，所谓《九辩》《九变》《九招》《九韶》和《九歌》，从舞列、舞乐、歌词均为大乐，这是帝喾乐师咸黑所作《九招》，舜又命质修正，目的是为了"明帝德"，而《夏本纪》也说："禹乃兴《九招》之乐"。所以，《九招》为天子祭天的大乐，难怪屈原在升上天庭前，也要"奏《九歌》而舞韶"。

夏禹的后裔，在《山海经》只载了北方大荒中的毛民：

有毛民之国，依姓，食黍，使四鸟。禹生均国，均国生役采，役采生修鞈，修鞈杀绰人，帝念之，潜为之国，是此毛民。（《大荒北经》）

依姓，在黄帝二十五子中得姓的十四人也有依姓。这种头脸长满了浓毛的毛民，在《海外东经》中也有毛民国，属于边区较原始的部族。

【注释】

① 参阅杨希枚《再论尧舜禅让传（一）（二）》(《食货月刊》七卷六期，八、九合期，1977年10月、11月）、张光直《商周神话之分类》(《民族所集刊》十四，1962年秋）。

② 苏雪林《古人以神名为名的习惯》(《成大学报》六期，1971年6月）。

③ 卫惠林《中国古代图腾制度范畴》(《中研院民族所集刊》二十五期，1968年春）。

④ 管东贵《中国古代十日神话之研究》(《中研院史语所集刊》二十三期，1962年2月）。

⑤ 孙作云《后羿传说丛考》(《中国上古史论文选集》，华世，1979年11月）。

⑥ 毕长朴《中国上古图腾制度探颐》(自印本，1979年10月）。

⑦ 芮逸夫《苗族的洪水故事与伏羲女娲的传说》(《中国民族及其文化论稿》，艺文，1972年2月）。

⑧ 刘临渊《甲骨文中的"蚀"字与后世神话中的伏羲女娲》(《中研院史语所集刊》四十一本第四分，1969年12月）。

⑨ 履迹生子的神话属于一种郊媒、求生产的祭祀仪式，神

尸在前舞蹈，求子者随后践履他的脚印，然后舞毕相偕止息于幽静之处，行男女交合之事。参闻一多《姜源履大人迹考》（《神话与诗》，蓝灯，1975 年 9 月）、周策纵《中国古代的巫医与祭祀、历史、乐舞及诗的关系》（《清华学报》新十二卷一、二合期，1979 年 9 月）。

⑩ 御手洗胜《大皞与伏羲》（《铃木博士古稀纪念东洋学论集》，明德，1972 年 10 月）。

⑪ 李宗侗《中国古代社会史》（华冈，1954 年 7 月）及《炎帝与黄帝的新解释》（《中研院史语所集刊》十七，1954 年 9 月）。

⑫ 御手洗胜《神农与蚩尤》（《东方学》四十一，东方学会，1971 年 3 月）。

⑬ 同注⑪，李宗侗文。

⑭ 神话的描述，参袁珂《中国古代神话》（河洛，1976 年 8 月），以下不另注明。

⑮ 杨希枚《国语黄帝二十五子得姓传说之分析》（上）（中）（《史语所集刊》三十四下，1963 年 12 月；《清华学报》，1967 年）及《晋语黄帝传说与秦晋联姻的故事》（《大陆杂志》二十六卷六期，1963 年）。

⑯ 张光直《商周神话之分类》（《民族所集刊》十四，1962 年秋）。

⑰ 孙作云《中国古代鸟氏族诸酋长考》（《中国上古史论文选集》，1979 年 11 月）。

⑱ 颛顼与少昊的关系有两种说法：一说是他的亲戚、一说是他的儿子。前说如袁珂《中国古代神话》；后说如御手洗胜《颛顼与干荒、昌意、清阳、夷鼓、黄帝》（王孝廉，《中国的神话与传说》，联经，1977 年 2 月）。

⑲ 杨希枚《古饕餮民族考》（《民族所集刊》二十四，1967年秋）。

⑳ 同注⑲。

㉑ 徐炳昶《中国古史的传说时代》（地平线，1978 年 5 月）。

㉒ 同注⑨。

㉓ 同注①。

㉔ 姊妹共夫婚制指两个以上姊、妹同时共嫁一夫的婚姻关系。为一夫多妻制（polygyny）的最佳形式。因为在心理上，姊妹之间比较外人更能适应，也比较能共同忠心于家庭事务。

㉕ 森安太郎《鲧禹原始》（《中国古代神话研究》，地平线，1974 年 1 月）。

㉖ 陈炳良《说崇山》（《大陆杂志》四十一卷十期，1970 年1 月）。

㉗《中国古代神话新释两则》（《清华学报》七卷二期，1969 年 8 月）。

㉘ 徐炳昶《洪水解》（同注㉑）。

第四章

远方异国之篇

据说大禹为了平治洪水，曾经历了九州及边区的众多地域，游踪所至，遍于海内、外的东、西、南、北。《吕氏春秋·求人》篇说：禹东方到过生长大榑木（扶桑）的地方，又到过九洋青羌之野，为日出普照的大原野；又到过攒树之所，为大树攒聚如云的原始森林；又到过榑天之山，山顶之高可触摸到天；又到过鸟谷乡、青丘国，以及黑齿之国。南方远到交阯、孙朴、继横等国——交阯就是越南一带；也攀登过出产丹粟、漆树、沸水漂漂、九阳之心——应该是赤道附近极为炎热的热带；又到过羽人国、裸民国、不死国——禹要进入裸民国时，入境随俗，也脱掉衣服、赤裸着身子进入，离开时才穿上衣服。西方到过三危山附近的国度，还有巫山山下饮露吸气的乐土仙乡，又到过积金之山——想必是盛产黄金之国，还到过奇肱国、一臂三面国。北方到过人正之国、犬戎国，巨人族的夸父国，还到过积水之山、积石之山，以及夏海的最北边，和衡山的最高处[1]。就当时的人来说，夏禹游记可真是行万里路了。

大禹远游，据说还有一些得力的助手随行，例如伯益就随从在旁，负责记录[2]。这种古代的"田野调查"工作，除用文字记录"类物善恶"——就是远方一些对人有益，或会伤人命的各类生物和鬼神精怪，它们成长或出没的方位、它们的形象等，一一按照次序分类整理。此外，为了易于辨识，或者当时的习惯，他们也绘画下来简单、素朴的地理，或者图形。编纂《山海经》的刘秀在序中的这种说法，后世学者都认为他只是根据当时流行的传说，而不是真有其事。不过，伯益随行记录或许只是中国人尊重祖师的观念——认他为记录地理的老祖师，后世专门作这些工作的职官，依据实际需要，绘制图形，配合文字说明，成为一种又有文字又有图画的官府档案，由负责专职的人管理，《山海经》以及所谓的《山海图》应该就是这种产物。

《山海经》为最早的人文地理志，尤其《海经》部分称国、称民的边疆民族资料，代表着不同区域的群落单位。当时记录者由于几种因素，使用一种人兽合体的奇形怪状的符号加以记载，应该为一种图腾神物及解说图腾的神话性叙述，或者为与中原部族不同的服饰习惯、体质特征等，经由长远时间、空间的流传，产生误传、夸张的现象。当然，其中还有以"中国"人自居的文化优越感，对于非我族类的他族有些歧视心理和敌对意识。不过，其中有些也混合着对远方国土的企慕、向往的心理：前者像穷奇、饕餮诸凶悍民族的凶兽化；后者像羽民、载民诸边区乐民的乐园化。这些性质迥异的神话传说，由于时空的隔离状态，成为一种奇特的知识。"流观山海图"的趣味，不正像听老百姓在瓜棚豆架下传播的远方异闻吗？何况自古以来，就有些史巫之官、方士之流，以传述远方异闻的博物之学，赢得王公贵人的尊重，成为中国最古老的博物学家、地理学家。

先秦以至秦、汉的文献，就引用过《山海经》里《海外经》《大荒经》的资料。像楚国屈原在《离骚》《招魂》《天问》中就曾引述一些荒远时代与地域的神话传说，创作了这些瑰异的文学。其中出现的神话人物，像女娲、烛龙、共工、羲和；至于远方地理，就是他在《招魂》中招唤灵魂不要前往的：东方有拘索灵魂的长人、流金铄石的十日之谷；南方有雕题、黑齿之国，是食人之族；西方有千里流沙、轰响的雷渊，以及燠热、不毛之地；而北方则是层冰、飞雪的冰雪世界。屈原就是一个博闻强识的才俊，也曾到过齐国接触过邹衍一类学术。至于由方士帮忙纂集的著作，自然会引用这些远方异闻，来炫耀自己的博学：其中属于先秦的有吕不韦食客集团所编的《吕氏春秋》，汉朝则为刘安方士集团所编的《淮南子》。《吕氏春秋·求人》篇就以"箭垛式人物"禹南方远游过羽民国、不死国、交胫国；西方远到白民之国、奇肱之国；北方远到夸父国（《当染》篇提到歧踵国）；东方则远到汤谷，青丘国与黑齿国，这是取材于《海外经》的。至于援用《大荒经》，则《求人》篇还有三危之国、一臂之乡、犬戎之国。《本味》篇有中容之国、沃之国，《任数》篇有寿麻之国、儋耳之国，《谕大》篇有不庭之山、不周负子和常阳之山等。方士表现他们博学多识，见闻广阔，奇特的地方、珍异的物产，适为人类最为好奇的所在。汉初淮南王刘安喜欢战国时期的养客之风，他的食客中有不少方士，《山海经》成为方士秘笈后，当然也是炫耀的知识宝库之一了。《淮南子·地形训》载了不少远方异国，国名、次序几乎全同的，为《海外南经》《海外东经》；国名相同、次序相反的，为《海外西经》《海外北经》，它称为"海外三十六国"。至于《大荒经》中的奇异国度，也多被录于《地形训》中。尤其一些荒远的神话，《淮南子》加以记录改写，更是保存古代神话的一大宝藏。

邹衍的神秘舆图说的形成，与《山海经》的形式有密切关系，有的认为邹衍根据档案资料中的地理次序，形成他独特的地理观。③有的认为邹衍的地理观影响了史巫、方士编纂收集来的地理资料。④邹衍是由中国名山、大川、通谷、禽兽等，逐渐推之及于海外的。《山海经》中的《海经》部分，先列《海外经》，次列《海内经》，次列《大荒经》，末附《海内经》。郭璞当时所知道的《山海经》原书，分作两部分：一部分是《五藏山经》和《海外经》，为刘歆时写进的。另外《海内经》和《大荒经》则是"皆进在外"（或疑进为逸）——因为《大荒经》是"本诸《海外经》而加以诠释"的，《海内经》也是这样，篇幅既少，而与《五藏山经》重复的地方却很多。王梦鸥先生因而怀疑现存的《山经》之第三、第四部分，原是第一、第二部分之另一版本，但因其残落太多，刘歆等人没有把它录取，所以自汉以来，"皆逸在外"。所以《山海经》的内容，本来只有《五藏山经》和《海外经》这两部分的结构了。⑤因此，海内南、西、北、东四篇，为较近于中国的边区地理，而大荒东、南、西、北四篇可作为《海外经》

的补充资料，其中重复之处就可作为参考、补充之用了。

《海外经》《海内经》各四篇，按照南、西、北、东的次序编成，独有《大荒经》是依东、南、西、北之序——虽然也有说原本《大荒经》是按西、南、东、北为序的。⑥但既然以《海外经》为主，所以仍照南、西、北、东重新整理。至于现存《山海经·海外南经》前有一段短序，郝懿行认为是后人附加，但颇可参考。它说："地之所载，六合之间，四海之内，照之以日月，经之以星辰，纪之以四时，要之以太岁，神灵所生，其物异形，或夭或寿，唯圣人能通其达。"意思是说宇宙之间，天地之大，万象森罗，无奇不有，但都是"神灵"所生长化育的，无论动植飞潜，或贵为万物之灵的人类，都是一种生命的庄严表现。尽管有高、矮之分、肤色之别、生活习俗不同、宗教信仰各异，但都不可以差别的、歧视的眼光去对待。换句话说，宇宙是辽阔的、知识是广博的，农业社会的"安土重迁"观念，固然是扎下了根，但也开始牢牢地限制了自己的视野。因此，不可因为自己所未见未闻就认为荒诞不经；也不可因为与我族不同就认为鄙俗陋习，能以宽广的耳目去观察世界，能以开放的心灵去接纳异域，这才是圣人通达的见识。

最后，现存的《山海图》当然不是原图，是舒雅在宋咸平二年根据梁张僧繇《山海经图》重绘的，流传日久，自然有遗逸，陶潜所流观的《山海图》恐怕也不是最早的图，其中自然掺杂了艺术家的想象力——其中也有些多少是承袭前图，但作为观览，享受一下流观的乐趣，自也无妨。另外国外研究《山海经》的学者也有拿《山海经》插图与西洋的索利努斯（Gauis Julius Solinus）所收集的《百事集》（*Collectanea Rerum Memorabilium*）——约公元三世纪相对照，⑦也是一件有趣的事，所谓心同理同，人类实际经历与想象或许也有许多类同性吧！

第一节　海内的远方异国

一、海内南方

首先从《海内南经》开始，方向是始于东南而向西南，除掉那些奇特的人物神话，还有些奇异国家，以及一些与神话人物相关的山水：

首先是东越瓯人，居住在海岸分歧的近海中；闽族，就是西瓯人，也分布在近海地区。在瓯、闽的西北，或说在中央，有一座高山，山也耸峙在海中。⑧

又有一座叫"三天子鄣山"的，或叫做"三天子都山"，位在闽——福建的西边，大海的北方（或福建的西北），也有说在大海中的。据说黄帝曾游历到这里。这座山后来称为"三王山"，在安徽省绩溪县东九十里，为古代吴、越的分界山。

伯虑国、离耳国、雕题国和北朐国，都在郁水的南方。"郁水"发源于湘陵，南流入海。伯虑国，也说是相虑国，怀疑为须陵附近的部族。离耳国，指刻镂耳朵，使长长下垂至肩部作为装饰的部族，即儋耳国，国人不吃五谷，只就地取用海中的蚌，和陆上的諸蓲作食物。雕题国也是南海中的部族，在额题上黥画各种图形和颜色，就是刺青，或黥面，具有宗教意义和装饰作用。北朐国疑为北户。

枭阳，出产于北朐国的北方。它的形状像人，是介乎人与兽之间的一种野人，身子有丈多长，又叫做赣巨人；或者是一种狒狒，称为山精，或山魁。长着人的脸，黑乌乌的身子，浑身长毛，脚是反转生的，快步如风，性情极为凶暴，喜欢吃人。它常在山间捉拿单身行客，张开一张大嘴笑，把长长的嘴唇翻转过来盖在额头上，傻笑一阵，才开始吃人。因此人类想出个办法，拿两只竹管套在手臂上，等那怪物捉住自己，张唇傻笑时，急忙从管中抽出手，拿起预藏的利刃，用力把那血红的嘴唇钉在额头上，然后轻而易举地捉住它，这怪物的手里却还紧紧抓住竹管呢！据说雌的还能从身体里喷洒出一种汁液，人被洒中了就会生一场病。（见下图）

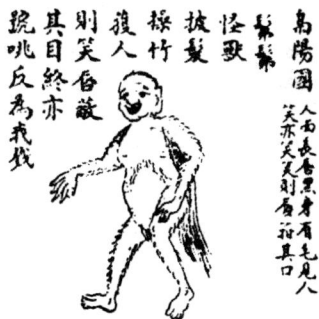

枭阳国　人面长唇黑身有毛见人笑亦笑引唇�](其口
怪歌
披发
操竹
復人
則笑
其目
睨咣反為我戕
終亦
唇蔽

179

氐人国，在建木的西方。这种氐人，胸部以上像人，有一副白皙的人脸，胸以下则为鱼身子，而没有脚，这就是一种人鱼。（见下图）

其他还有匈奴、开题之国、列人之国，应该都是偏于最西南的边区，属于边疆民族——不过，这些名称显然是较晚期补列进去的。像"匈奴"的名称，不会是周朝职官所用的。

二、海内西方

《海内西经》的记录方向，始于西南而向西北，也就是接着开题国而向西北方游历：

有一个大泽，方圆百里，百鸟都在这里孵卵出生，也在这里解脱羽毛。这个瀚海，在雁门山的北方。雁门山就是雁所栖息的地方，从这里，雁子解羽南飞。雁门山在高柳山的北方——高柳山为一处重峦叠嶂的连峰，山上云霞高举，位在山西的北方。^⑨

流黄酆氏之国，是一片黄土冲积而成的平原，酆氏在这里建国。国土方圆约三百里，有道路向四方伸展，国中央有一座山。就在后稷所葬原野的西方，想必也是一片肥沃的土地。

东胡族，在大泽的东方。据说东胡族是高辛氏的从裔，他巡游到海滨时，留下少子厌越停留在北夷地区，建都城于紫蒙之野，这一支族后来发展为慕容氏。

夷人的部族，又在东胡的东方。

貊国，在汉水的东北方。地方接近燕国，为燕国所消灭，这是濊貊民族。

孟鸟国在貊国的东北。这里的鸟，有红、黄、青等的文彩，鸟头都朝着东方。孟鸟，或即灭蒙鸟，也就是孟舒族或孟虧族，人的脑袋，鸟的身子，属于鸟图腾部落，据说他们的祖先是为雪氏（或虞氏）驯养百禽的，很钟爱这些禽鸟。到了夏后氏的末代，夏桀荒淫，竟然煮吃灵禽的蛋，因此孟舒离开他，连凤凰也愿随行，就到这里立国。

三、海内北方

《海内北经》的记录方向，始于西北而向东北。首先是犬封国，又叫犬戎国。是一个以犬为图腾神物的群落——狗头、人的身子，据说是黄帝的后裔。黄帝的玄孙弄明生了一雌一雄的两只白狗，两只狗互相交配后，就传下了犬戎国。又有说他们是高辛氏的后裔：高辛氏当国王时，龙狗盘瓠杀房王有功，就依约将女儿嫁给他，二人迁到杳无人迹的地方，繁衍了这些狗头人身的后代。《山海图》正画着一个姑娘端着酒菜，恭恭敬敬地跪着奉献给她的狗头丈夫。这个国家出产一种白颜色花斑马，鬣毛像火焰、眼睛像黄金，这种俊美的马叫吉量，又叫吉良。据说骑了它，可望活到一千岁。

鬼国在贰负之尸的北方，鬼物的形状就是人面，而只有一只长在脸中央的眼睛。也有说贰负神，在它的东方，模样是人面蛇身。

从鬼国往东北，又有些群落单位，服饰怪异、形状特殊，表现在图腾神物上，也是一些人兽合体的造型。这些西北地区的强悍族群，大概就是曾活动于里海以东的吉尔吉斯的草原大泽之野，像穷奇、饕餮等。另外误编入《海内东经》的，还有一些流沙中的国家，其实就是沙漠地区的游牧民族，像埻端、玺晚、大夏、竖沙、居繇、月支之国，应该都是在新疆境内戈壁地区的族群，后来称为西域的边疆民族。他群在中国人的我群观念中，成为怪异的形象，至少《山海图》上是这样的。譬如有一种野人，名叫"蟜"，身上长着老虎般的斑纹，小腿上长出膊肠似的肉，也有说形状像人，在穷奇的东方，为昆仑虚北方所有的怪物。

又有一种"阘非"，人的脸，野兽的身子，浑身青色。

环狗国，狗国人是狗头而人的身子，也有说是像刺猬形状般的狗样子，黄色。

有一种袜，就是魑魅的魅：是人的身子，黑脑袋，眼睛直竖的鬼物。

又有一种叫戎的怪人，人的脑袋，长三只角。[10]

经过这些奇形怪状的异域，就已接近东北地区。东北的群落，就不会那样陌生而怪诞，这一片东北广大地区，也是北大荒。但在殷商民族活动于东方滨海地域，已有接触。入周朝以后，殷的遗民也曾前往这些较边远之地，垦殖立国，箕子入朝鲜的传说即为其例。春秋时期，北方燕国的国力逐渐扩张，燕昭王时号称巨燕，大概曾伸张他的势力到达现在的东北亚诸国：诸如盖国、朝鲜等小国。

盖国，在巨燕的南方，倭的北方。倭隶属于燕。"盖"为韩人土语，就是"白"的意思，古朝鲜国以南的山脉，如白头大山脉（盖马大山）、大白山脉、小白山脉，盖国就是中南韩的合称。倭，就是倭奴、委奴，南倭指琉球群岛，北倭指日本群岛，或曾为燕的属国。[11]

朝鲜，在列水的北岸，东海的北方，狼林山脉的南方。列为列水、洌水，即汉江，战国时的朝鲜国，占领大同江流域与汉江流域，为燕的属国。

列姑射，在海的河洲之中。姑射国，也在海中，隶属于燕。列姑射的西方，群岛环绕着。[12]

四、海内东方

《海内东经》的记录，始于东北而向西南。除了东北角的巨燕之国外，大多杂记了一些山山水水。据《山海经》学者的看法，这部分补充说明《五藏山经》中的地理，几乎不杂神话传说，只记录山水形势。另外有些地名、国名的出现，显示有些晚至战国时期才记录下来的：像巨燕、大楚——推早一些，有人说是西周时代的燕国和楚国，也就是西周中期以前的调查记录，这些较早成立的说法[13]，有些认为巨燕指燕昭王时，国力盛壮，才配称为巨[14]；而大楚应该也是战国时期，楚国有些力图富强的史巫之流编纂《山海经》，当然，自己的国家可以称为"大"了[15]，这是从国名所作推测。而地名的使用，有些较晚的，应该是后人附加的。譬如"岷三江首"一条中有"高山在都城西""在长洲"几句，显然是后人的附语，但不应影响全句，还是早期的地理资料，将它录下说明，了解当时人的地理说：[16]

都州，或说是郁州，位在海中。

琅琊台在渤海间，在琅琊国的东方，北侧有山。据说琅琊是越王勾践入霸中国以前所建的。

韩雁，可能即三韩古国之一，在海中，都州之南。

始鸠，也在海中，在辕厉（疑即韩雁）的南方。

会稽山，在大楚的南方。

岷山是三江的源头：大江发源于汶山（即岷山），北江发源

184

于曼山（即崛山）、南江发源于高山（即崃山）——高山在城都（即成都）西方，入海的地方在长洲的南方。

浙江发源于三天子都山——山在南蛮夷的东方、闽的西北，在会稽郡余暨县南方入海。

庐江也发源于三天子都山，在彭蠡泽的西方流入长江。

淮水发源于余山——余山在朝阳县的东方、义乡（即义阳）的西方，在淮浦县北方流入海中。

湘水发源于舜所葬的零陵阳朔山的东南隅，往西绕流，流入洞庭湖的地穴中。

濮水发源于鲋鱼之山——也写作务隅之山，帝颛顼葬于山的南麓，九位嫔妃葬于北麓，有四条蛇在山下守卫着。

濛水发源于汉阳县的西方的汉阳山，在聂阳县西方流入长江。

温水发源于崆峒山——山在临汾县的南方，流至泾阳县的北方，注入黄河。

颍水发源于少室山——少室山在雍氏城的南方，或说是河南猴氏县南，在西鄢（鄢阳县）北，流入淮水中。

汝水发源于天息山——山在河南梁县勉乡西南，流入淮极的西北，或说是期思县北方。

泾水发源于长城北山——山在郁郅县（甘肃省零阳）和长城的北方，也就是安定朝那县西的笄头山，东南海，到京兆高陵县流入渭水中。

渭水发源于鸟鼠同穴山的东麓——山在陇西首阳县，经过安南、天水等县，在华阴县北方流入黄河。

白水河发源于四川松藩县东方，东南流，与源出甘肃临潭县西南西倾山的"白水江"合流，又与清江、嘉陵江合，而流入长江中。

沅水发源于象郡镡城的西方——即日南郡武陵，而东流，经过长沙下隽县西方，注入洞庭湖中，然后会合于长江。

赣水，或称豫章水、章江，发源于聂都东山——山在南康南野县的西北，东北注入彭泽（即鄱阳湖），出湖口县，注入长江。

泗水发源于鲁的东北——即山东省泗水县东陪尾山，西南流，历经曲阜、滋阳、济宁诸县，进入江苏省境，经沛县、铜山、泗阳诸县，在淮阴县北，注入淮水。

郁水发源于象郡——先受夜郎豚水，到郁林广郁县称为郁水，而西南流，入须陵（湘陵）东南，注入南海。

肄水发源于桂阳临武县——肄水就是溱水的别名，而东南流，在洭浦阙与桂水合流，在番禺西方，注入海中。

潢水，又称洭水、桂水，发源于桂阳西北的卢聚山，向东南流，在敦浦（即洭浦）西方注入肄水中，合流入海。

洛水发源于上洛西山——又称谨举山、冢领山，东北流，经宏农，到河南、成皋县西方，流入黄河。

汾水发源于上窳北方——即太原晋阳故汾阳县东南，经晋阳，而西南流，经皮氏县南（即平阳），到河东汾阴，注入黄河。

沁水发源于井陉山的东方——井陉山又叫谒戾山、羊头山，东南流，流经怀县，到荥阳县，注入黄河。

济水发源于共山南侧的东丘——先为源于河东垣县东王屋山的沇水，到温县西北，称为济水。其中一支流，流入巨野泽（高平附近），又流入齐郡琅槐（即乐安博昌县）东北，注入渤海中。

漯水，又称辽水、小辽河，发源于卫、望平县的东方——今新宾县东北，西南流经抚顺、沈阳、辽阳等县，又注入大辽水，注入渤海中。

虖沱水发源于太原晋阳城的南方，到阳曲县北方，又东流，在章武县北方，注入渤海中。

漳水发源于山阳县的东方——即河南修武县西北，太行山南；向东流，流入章武县南方，注入渤海。

第二节　海外南方的远方异国

海外的远方异国，原始形式应该是《山海经》《山海图》配合着流传。图形应该是以图腾神物为原型，但后世传说已加上创造的想象。《海经》又以《海外经》为主，《大荒经》中相同的就归在一起，其余就附在每部分的后面。

《海外南经》所记录的，在中国海外的南方。因此，"想象之旅"就从西南方启程，向东南方前行。[17]

首先经过的国家就是结胸国，结胸民特殊的地方，就是人人胸前的骨头都凸出一大块，好像男人喉头上的喉结。[18]

其次是羽民国，在结胸国的东南方。羽民都长着一个长脑袋，或说是长脸颊，头发是白的、眼睛是红的，生着鸟形的嘴，背上也长着鸟的翅膀。他们能够飞翔，却飞不远。国中多有一种五彩羽毛的鸾鸟，所生的蛋，就成为羽民的食物。汉代壁画中常可看到生着羽毛的神仙，以及后世神仙形象中，塑造成长头颅的样子，应该就是以羽人为原始形象吧！[19]（见下页上图）

羽民國為人長頰身生羽毛在結胸國東南

鳥喙長頰羽生則卵塏其而翔龍飛不遠人維保舄何狀之有

再过去是讙头国，或叫讙朱国，在羽民国的东方。讙头国民的长相，是人的脸形，却长着鸟的尖嘴，背上生出一对翅膀，常用两只手扶持着翅膀走路，也常到海中使用鸟嘴捕捉鱼虾。据郭璞说，讙头原是尧的臣子，犯了罪，就自己跳入南海自杀。尧帝可怜他，派他的儿子到南海去奉祀，繁衍了子孙，就是讙头国。又有传说，鲧的妻子士敬，生了炎融，炎融生了讙头。大概总是鸟图腾部落，所居近海，以渔为生![20]此外，也食用苣（杞）、苣（黑黍）、穆（稷）、杨等谷物。（见下图）

讙頭國人面有翼鳥喙在羽民東方

讙頭鳥喙行則枝羽潛於海濱維魚祀柜貿維嘉毅所增漓泰

从讙头国向南方走，或说是向东方走，便是厌火国，也有说

就是裸民国。黑色皮肤，形状像猕猴，能从嘴里吐出火来。[21]（见下图）

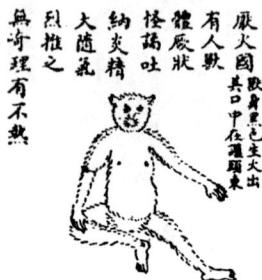

厭火國
殺身黑毛火出
有人默
怪肩狀
體眼吐
納炎精
大隨氣
烈推之
焉奇理有不然

再向东北走，就是三苗国，也叫三毛国。三苗民据说是三苗之君反对尧以天下禅让给舜，尧把他杀掉，剩下的族人便逃到南海，传衍为三苗国。图上画着三苗民相随而行，或许是表示三族联合起来的象征吧！[22]

再往东方走，就是载国。载民之国，原是帝舜的后裔。《大荒南经》说：舜九子之一的无淫，被遣到载这个地方居住，成为盼姓。这个黄色肤族，除了擅长拉弓射蛇的形象外，更是人间乐土上的快乐部族。他们不必纺织，自有衣服穿，不必耕种，自有谷子吃；还有鸾鸟婉转唱歌、凤凰婆娑起舞；而且百兽和平相处，百谷美好地成长，确是乐土之民。[23]

从载国往东去，就到了奇特的贯胸国。这些穿胸民胸前都有一个贯穿的圆洞。据《博物志》说：夏禹治水，在会稽山上举行一次盛大的集会，大会天下群神，防风氏后到，禹就把他杀了。

夏禹之德在一统天下之后，盛大极了，因此天上降下两条神龙。禹就命范成光驾龙巡行天下，宣扬威德。回程路经南海，防风氏的二个臣子，因国君被戮，余恨难消，看见夏禹的使者来，就含怒拉满弓弦一箭射去。但听得迅风雷雨，两条龙蓦地腾空飞升而去。二位臣子心下恐慌，便自己用刀贯穿心口死了。夏禹哀怜他们的愚忠，就派人拔下刀刃，又敷上不死之草疗伤。从此以后，他们的后裔都在胸口留下圆圆的洞。有种图画着他们出门时，用竹杠当胸一穿，抬着便走，这倒是贯胸国的特有景观了。㉔（见下图）

穿胸国的东方就是交胫国，也叫交股国。交股民，四尺左右的身材，脚胫弯曲而互相交叉，躺下后需要别人扶持才站得起来。他们走路时一拐一拐的，确是怪模怪样，所以叫交胫国。（见下图）

造物無私各住所巣
結胸之東名曰交脛

交脛國
為人交脛
在穿胸東

在交胫国的东方，有个幸福之乡，住着阿姓的不死民，肤色是黑的。他们为什么不死？因附近有座员邱山，山上生长一种甘木，吃了这种不死树的果子，就可以不死；又有一道赤泉，汩汩流着，汲饮泉水，也可以传达神秘不死的能力，确是青春之泉啊！

从不死民的乐土从东方走，便到了岐舌国，又叫反舌国。据说反舌民的舌头是向着喉咙倒生的，也有说是舌头分叉。因此，说话奇特，外来的旅行者根本听不懂他们的话。

岐舌国的东方，《淮南子·地形训》说还有豕喙国和凿齿国，大概今本《山海经》遗佚了。豕喙民大约是嘴巴像猪的部族；附近的凿齿民，嘴里吐出一只长三尺的獠牙。形状像凿子，样子凶猛。大约是尧时给天神后羿射杀的怪物凿齿的后裔吧！

三首国又在东方。三头民是一个身子，三个脑袋。[25]请看这张图形，便知道他们的长相。（见下图）

三首国一身三首
虽云一气呼吸
具道观
则俱
见食
则皆饱物形
自周造化非巧

由三首国东走，就是周饶国，又叫焦侥国，其实都是"侏儒国"。这国的人，个个矮小，最高的约三尺长、矮的只有几寸高。个子虽小，却也会穿衣戴帽。住在山洞里。他们的脑筋机巧得很，能制造一些灵巧的事物。据说帝尧时曾进贡一种叫没羽的箭。这些小矮人也知道耕田种地，只是烦恼着海鹤常将他们吞食，幸好附近高大的大秦国人常来帮助驱赶海鹤，才不致葬身腹中，安心耕种小小的田地，因他们"嘉谷是食"，《大荒南经》说是几姓之族。[26]

再东去就是长臂国。修臂民都有极长的手臂，有说垂到地上，有说约三丈长，常到海中用长手捕鱼。原《山海图》就画着一个修臂民两只手各捉着一尾鲜蹦活跳的鱼，模样虽似滑稽，但可能象征他们是海边捕鱼为生的部落。《大荒南经》据《山海图》说：有人名叫"张弘"，郭璞就认为是长臂国，这个坐落在海中的张肱之国，以鱼为主食，能使唤四鸟。[27]（见下图）

長臂國其人于表下雙峙三
尺體如中人脩臂如彼為者脩
脚自昌之民脩臂自負捕魚海
濱

《海外南经》所记录的远方异国，《大荒南经》有相同、相似的资料，其中羽民之国、不死之国、载民之国、焦侥之国、讙头之国，另外张弘之国，郭璞说就是长臂之国。这些描述的为同一对象，此外还有一些《大荒经》所有，而不见于《海外经》的，应该也是南方异国。

古帝王的后裔，属于帝俊系的有三身之国和季釐之国。帝俊的妻子娥皇生了三身之国，为姚姓之族，以小米为主食，能使唤四鸟，应该是属于鸟族。虽说四鸟，其实是指豹子、老虎、狗熊、人熊四种野兽。这个位于西南方的异国，《海外经》是列于西经之首。不过《大荒南经》还说三身国附近有不庭之山。国中有四方的小池，四角相通，北连黑水、南接大荒、北通少和之渊、南通从渊，舜曾到这里沐浴。[28]又有季釐之国，为帝俊之子季釐所传的后裔。[29]如果帝舜与帝俊有关，那么，载民之国也是同一系谱。因为帝俊本就是东南鸟族的上帝。所以三身国能使役四鸟，使它相随，而载民有鸾鸟、凤鸟歌舞。

颛顼系的有季禺之国、伯服之国，为颛顼的儿子季禺、伯服所传，也都同以小米为主食。[30]

此外还有奇特禀赋的异国：载民国附近有域民之国，住在域山一带，属于桑姓部族，吃小米，又能射杀蜮虫作食物。蜮，又叫短弧、射工虫等，为生长在南方溪谷中的毒虫。形状像鳖，只有三只脚，约长三四寸，能够含沙射人，或含气射人。这种毒气一旦射中人，往往使之缩足抽筋、头痛发热、长出毒疮，严重的还会送命。但是偏有蟾蜍、鸳鸯、鸳鸯喜欢吃它。域民不但不怕，还敢利用它作食物、作武器，难怪又叫做"蜮人"。他们还擅长射箭。《山海图》上就画着一个域民，正紧紧地拉满了弓，对准一条黄蛇准备射出呢！[31]

此外，又有卵民之国，他们都是从蛋里生出来，自己又会生蛋繁殖，所以叫做卵民。[32]又有於姓族的盈民之国，也是以小米为主食。图上画着一个盈民，正在吃着一种树的叶子。[33]又有凿齿国，为凿齿之后。伯服之国附近有鼬姓之国。[34]另外盖犹之山上，有种小人，名叫菌人。这些都是南方荒远之区的部族。

第三节　海外西方的远方异国

《海外西经》的旅程，自西南隅到西北隅，是接着《海外南经》的结胸国，向西北出发。次序和《淮南子·地形训》刚好相反，所列国名次序也相反，又多一个"天民"国。但《海外西经》本以西南为中心，故从西南方开始。

从结胸国往北方走，经过产灭蒙鸟的地方——这是尾巴青、赤间杂的美丽鸟类，就有一座高达三百仞，也就是两千四百余尺的高山耸峙，叫做大运山。攀越过高山之后，眼前突现着广衍的大乐之野，那是高达一万六千尺的神圣高原，传说是夏后启祭告天帝的所在。通过充满神迹的原野向北走，就到了三身国。三身民长得一个头，三个身子，据说是帝俊的后裔。[35]（见下图）

原請尋其本
為不為少
增不滅不多
以混沌
品物流形
三身國在海外西南一首而三身

由三身国向北方走，便是一臂国。一臂民通通是一手臂、一只眼睛，并且也只有一个鼻孔。（见下图）更奇的，国中生产一种老虎斑纹的黄马，也只有一只眼睛、一只前脚。附近大荒之山，还有一种三面一臂之人，据说是颛顼的儿子所传，这种三面之人却可不死，常生活在大荒之野上。[36]（见下页图）

一臂國一手一足一目一鼻孔在大荒之西

再往北去，就是奇肱之国。《大荒西经》说：有人名曰炎回奇左，是无右臂，不知是否有关？这种奇肱民，也叫奇股民，只有一只手，却有三只眼睛，手眼合作，就擅长制造各种灵巧的机械，用来捕捉鸟兽。他们又能制造一种飞车，顺着风可飘送到很远的地方。据说殷汤时曾在豫州捉到一个奇肱国人驾着一架飞车。就把车子破坏，不让中国人加以模仿。十年以后，东风吹来，才又照原样作了一架，将他顺风遣送回国。奇肱民也有阴性、阳性——也有说是一身之中自具有阴阳生殖器官，阴器在上、阳具在下的。（见下页图）他们常骑一种叫"吉量"的白色花纹马，这马长着红色鬣毛、颈子像鸡尾巴、眼睛像黄金，骑了可以长寿。又出产一种怪鸟，两个脑袋、羽毛是红中带黄的颜色，常栖息在奇肱国人的身旁。[57]

奇肱国 其人骨三日有阴有阳能作巧
飞车从风远行在一时岁北

妙巧工 巧奇肱之

人因奇肱之

剥為飛

翰波額

逃軌

帝湯是賓

　　由奇肱国北行，经过无首之民，大概就是被黄帝所杀的刑天
之后。《大荒西经》说是夏耕之尸，是成汤攻伐夏桀时，将他的
部下耕斩了头，变成无首，逃到巫山的。

　　再由此北行，就到了寒荒之国，在两条河之间。图上画着两
个人：女祭与女薎。女薎手里拿着一条鳝鱼，女祭手里端着一个
祭神用的肉案板。㊳国的北方出青羽、黄羽的鹚鸟、鹝鸟，长着
人一般的脸形，栖息在山上，所经过的国家必有亡国之祸，为不
祥之鸟。

　　再往北方走，就是丈夫国。丈夫民全是男人，没一个女人。
这些大男人衣服、帽子都穿着整齐，腰间还佩带着宝剑，一副威
武、有礼的气派。为什么都是男人？他们怎么样传宗接代呢？据
说殷商时，有一个叫太戊的国君，派遣王孟出去采药，从西王母
国到了这里，断绝了粮食，再也没法前进了。就只好一齐住在这
里，采取树上的果实当作食物，剥下树皮来做衣服。他们一辈子

单身，不娶妻子，却每个人都能生下两个儿子。儿子从他们的形体中生出来后，这个作"父亲"的就死了——也有说是从腋窝下的肋骨间生出来的。总之，不娶女人，不生女儿，久而久之，成为一个纯男人的国度了。⑨

巫咸国在女丑的北方，是一群神巫组织而成的国家，他们右手握一条青蛇，左手握一条赤蛇，这是巫师行使神通的奇特形象。国中有一座叫登葆山的圣山，群巫就从这座圣山上天下地，作为交通神、人的桥梁。⑩

女子国，在巫咸国的北方。有两个女人居于国中，领导着这一群女子。也有人说，这是一个纯由女人聚落在一起的国度，没有一个男人。据说成年的少女，只要到环绕四周的黄池中沐浴，就会怀孕。如果生下男婴，最多三岁便死掉，只有女孩子，才可以长大成人。⑪

轩辕之国，位于海外西方穷山的边缘，在女子国的北方。国中的人都很长寿，最短命的也有八百岁。他们大约是黄帝的子孙，长相是人的脸、蛇的身子，尾巴缠交于头上，和神的样子相近。

诸沃之野是一片土地肥沃而物产丰饶的地方，也有直称作沃民国的。在这乐土上，鸾鸟自由自在地唱歌，凤凰自由自在地起舞，各种各样的飞禽走兽都能和睦相处。遍野都是凤凰蛋，沃民都自由吃蛋；又有从天上降下来的甘露，可以当作饮料。凡是人类想要吃喝的，无所不备，确是一块人间乐园——它在四蛇缠绕的轩辕邱的北方，有沃民国的人正两手捧着蛋津津有味地吃着，前面还

有两只凤鸟在前导呢！——这是《山海图》上一幅乐园景象。㊷

白民之国，在产龙鱼之地的北方。白民全身都是白的，连头上披散的头发也是白的。又出产一种走兽，叫做"乘黄"，样子像狐狸，背上长着两只角，据说还长有龙翼，可以飞腾。如果有人够福气骑了它，寿命可长达二千岁。㊸（见下图）

肃慎之国，在白民国的北方。肃慎民住在岩洞里，没有衣服，只披着猪皮。一到冬天就将野兽的脂肪涂抹在身上，厚厚一层，可以抵御风寒。国里出产一种树，名叫"雄常"——也叫雒棠。据说中国如果有圣明天子代位而出，这种树就自然长出一种柔软而坚韧的树皮，可以剥下来做衣服。这里还出好弓，人人擅长射箭。㊹

长股之国，在产雄常的肃慎国的北方。修股民的脚有三丈之长，更有说长脚国的人背了臂长三丈的长臂国人下海捕鱼，这真是个又滑稽又聪明的情景。据说后来杂耍中的踩高跷，就是从长脚国的形象模仿而来的。请看，这种图像不像踩高跷。㊺（见下页图）

長股國一云長腳腳過三丈在雄長樹之北

　　《大荒西经》所载的次序与《海外西经》相反，也略有不同。多载了些古帝王的后裔，以及一些异国。它的叙述从西北方开始：依次为淑士国、白民之国、长胫之国、西周之国、先民之国、北狄之国、巫咸国、有沃之国、女子之国、丈夫之国、轩辕之国、寒荒之国、寿麻之国、奇肱国、一臂国、三面一臂国。其中《海外西经》未提及的帝王之裔有淑士国为颛顼之子淑士所建，西周之国为帝俊之子后稷、台玺所建，属姬姓，为以种谷食谷著名的部落。先民之国，《淮南子》作天民，在西北海之外、赤水之西，也是食谷、使四鸟的民族。另外北狄之国，为黄帝之孙始均，始均生北狄，这两国应该是近于西北的族群，属于黄种蒙古人的分布地区。[46]

　　至于寒荒国附近的寿麻国，是大神南岳传下的后裔——南岳取州山之女女虔、生季格、季格又生寿麻。这国的人，站在太阳下面没有阴影，大声呼喊，也没有回响。又是一个气温极高之处，常人不可前往。想来应该是传统中的大地中央之国吧！[47]

第四节　海外北方的远方异国

海外，从西北隅到东北隅的远方异国。[48]

首先是无䏿之国，在长股国的东方。无䏿国人没有肥肠，也有说无䏿就是无启，或无继，就是没有后嗣的意思。据说他们住在洞窟里，以泥土为粮食，或者能修炼一种食气的内家功夫。国中无男女的分别，当然也不靠男女结合而生殖。死了就埋在地下，心肝并不腐坏，过了一百二十年以后，又能复活。这样活了又死，死了又活的循环不息，当然也无需有后嗣了，所以叫做"无继民"，为任姓部族。[49]（见下图）

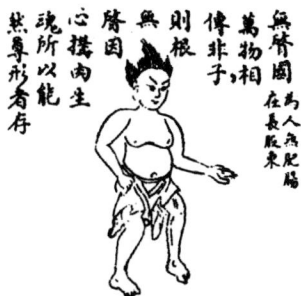

一目国，在钟山的东方。（见下图）一目民，相貌生得奇特，只有一只眼睛，长在脸的正中央，也有手和脚。姓威，据说是少昊的子孙后代，以小米为主食。据西方史家所载，阿尔泰山区附近，有一种"一目人"（One-eyed），确有类似之处。[50]

柔利国，也叫留利之国，在一目国的东方。柔利民都没有骨头，而且都只有一只手，一只脚，膝盖弯曲，脚卷曲向上，或说脚反卷，折向上方，是聂耳国的后代子孙。据近代学者研究，聂耳应该是西北海外的强悍族群，所以《大荒北经》说：牛黎之国在西北海之外，黑水之地。[51]（见下页图）

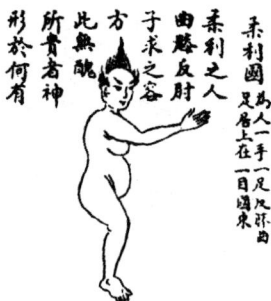

柔利國為人一手一足反膝曲足居上在一目國東

柔利之人
由膝反肘
子求之容
方
此無脆
所貴者神
形於何有

　　深目国，在共工台的东方。深目民都是眼眶极深，以鱼作食物；举起一只手，手里握了一条鱼，正准备要吃。这幅吃鱼部族图，为肦姓之国，既是深眼眶，应是西北边区的胡族，据说是黄帝二十五子得姓者之一。[52]

　　无肠之国，在深目国的东方。无肠民，人长得高大，可是肚子里却没有肠子，吃下的食物一直通下去，只是经过而已，并没有十分消化。[53]

　　聂耳国，又叫儋耳国，在无肠国的东方。儋耳民都长着一对极长的耳朵，直垂到肩膀下面，走路时要用两只手握持着，以免摆动得太厉害。他们的县邑在海中，水中所有出入的珍奇诡怪之物，都为他们所拥有。聂耳国人都有两只花斑雕虎随侍身旁，供作使唤。这幅民族志的形象，因时代、资料不同，而有不同的画法。（见下页图）

据《大荒北经》说任姓的儋耳之国，位在北海之渚中。北海就是群鸟解羽的旷野、大泽。近代学者指出这是东距宗周一万四千里的吉尔吉斯，也就是欧亚大草原地带（Kirgiz or Eurasian Steppe），北海可能是里海（Caspian Sea）或咸海（Aral Sea）。儋耳族大概是斯基泰人（Scythians），为公元前七世纪至三世纪纵横中亚的强悍游牧民族。儋耳族与穷奇、饕餮等三个族群，曾活跃在西北广大地区。[54]

博父国，在聂耳国的东方。博父就是夸父族的后代子孙，身体还是极为高大，右手也握一条青蛇，左手握一条黄蛇，东边那一片邓林，是由两株巨树所长成的广大无边的森林，就是他们的祖先夸父两把蛇杖所化成。⑤⑤

拘缨之国，又叫利缨之国，在博父国的东方。这国的人随时都得用手握住下巴上的"缨"——就是帽带，仿佛怕风吹掉的样子。也有传说是拘"瘿"，就是肉瘤，多半生在颈部，累累地垂在下巴上，荡来荡去，很不方便，因此拘婴民需要随时用手将它扶住。国的南边生长一株极其高大的树，叫做寻木，据说有千里之高，耸立在黄河的西北岸上。⑤⑥

跂踵国，或说是大踵国，在拘缨国的东方。跂踵民都是身形高大，两只脚也很大。他们走路的样子非常奇特：单用五个脚趾头走路，不用脚跟，所以叫做"跂踵"；也有说是他们的脚是反转生的，如果向南方走路，足迹看起来却正向着北方，所以又叫做"反踵"。⑤⑦

《大荒北经》所记录的次序与《海外北经》不全相同，且数目也小有出入。首先为胡不与之国，这种复名的国名，为边区的胡夷语，为烈生之族，大概是烈山氏炎帝神农的后裔，以小米为主食。⑤⑧其次为不咸山附近的肃慎氏之国，《海外经》列于《西经》中，在西北角，可知《大荒北经》是从西北角开始的。因为下列有"大人之国"，应该就是博父国，属于釐姓族，也就是黄帝二十五子之一的僖姓；《孔子世家》则说汪国氏之君，守封禺之山，为釐姓。这是北方宜黍的地方，大人也以黍为主食，他们与博父国为同一国，就是国中产一种能吃麋鹿的黄头大青蛇。

依次有叔歜国，是颛顼的儿子叔歜所传，以黍为食，使唤四鸟（虎、豹、熊、罴）。北齐之国，姜姓，为炎帝神农的后裔，也能使四鸟。[59]

其次就是群鸟解羽的旷野、方千里的大泽，在大草原附近有始州之国、毛民之国。这种依姓族，也是黄帝二十五子之一，也食黍、使四鸟。他们也许是披发多须的族类，与饕餮、儋耳相邻近，可能具有高加索种系的血统。《大荒北经》次列儋耳之国，为任姓，黄帝二十五子之一，古代把这些边区的民族也认为是黄帝的后裔，接受黄帝的管辖，可见黄帝的文化远播，及于边远的北方，不过也可证黄帝曾活动在中国西北地区。《海内经》有钉灵之国，也属于这地区。[60]（见下图）

钉灵国　其民从膝已下有毛，马蹄善走在康居北

深目国和柔利国附近有犬戎国，也载于《海内北经》，是中

国西北伊朗或突厥种系，属于兽图腾团中的犬部，据说也是黄帝之后：黄帝生苗龙、苗龙生融吾、融吾生弄明、弄明生白犬，白犬有牝牡，就成为犬戎——这可能是犬部分成两部制的通婚的神话。他们的主神是"人面兽身"，就叫犬戎，为肉食民族。[61]

西北海之外，有颛顼的后裔。在流沙之东的部落，称为中輶国，乃颛顼的儿子中輶所建，以小米为主食。[62]在黑水之北，称为苗民。颛顼生驩头、驩头生苗民，也是釐姓之族，为肉食民族。[63]这种苗民，也称三苗之民。《神异经》曾说：西荒之中有人，面目手足都是人形，而胳下有翼，不能飞行。学者指出就是饕餮、穷奇等西北荒的强悍族群，大概是匈奴或西戎，属于突厥民族。近世考古学就曾发现斯基泰人的器物有一种独具风格的艺术形式，为兽形纹，是有翼的怪兽。[64]

大抵说来，《山海经·海外北经》《大荒北经》所记录的西北民族，虽以神话、传说的方式叙述，显得荒诞，但其中有些实为地处荒远的远方民族志。其中值得注意的事为：这些边远的民族为曾活跃在欧亚大草原地带的强悍族群，而且与黄帝、颛顼有关。《左传》说尧舜时曾流四凶族：浑敦、穷奇、梼杌、饕餮，投诸四裔，以御魑魅。《书经》又有窜三苗于三危的说法，这些凶族原为族群的专称，而在铜器上成为艺术饰纹，变成一种怪兽之形。至于《山海经》的神话，尤显得荒诞不经。但是如果有充分的资料，这些奇形的远人异国，不只是《山海图》上的奇形异物，而是一群群崇武尚力的强悍民族，是一卷古老的民族志。

第五节　海外东方的远方异国

《海外东经》记录的远方异国，从东南隅到东北隅，共有八国。

首先是大人国，在波谷山上。据说大人常聚集在山顶开会议事，或做买卖，因此称为"大人之堂"——这些似缥缈在远远的云雾之中。图上就画着一个大人，蹲坐在山上，张开他那两只又长又大的手臂。另一种却画着巨人在山脚下的大海中操着独木舟。这种高大异常的巨人，据说都要在母亲的肚子里孕育三十六年才诞生，母亲的头发都快花白了，但这些刚生下的婴儿却已是个魁梧奇伟的巨人，能够乘云驾雾，而还不会走路。他们是龙的后代，也是传说中巨人族的一支。^⑥

其次往北方，有座东石之山。就是君子国的国度。既被称为君子，自然形象不凡，衣服帽子穿戴齐整，腰间还挂着宝剑，彼此都谦让有礼，一点也不起争端。每人都有两只斑斓的文虎随侍在旁，供作使唤。他们以家畜或野兽作食物，还食用一种木槿花——因为方圆千里的国境内，盛产木槿花，这种灌木，开着红色、紫色或白色的花，芬芳美丽，可惜花期短促，早晨盛开，晚上就枯萎了。君子食用它，却能不死。这个君子不死之国，以仁者长寿出名，属于东方的夷族。⑥⑥

其次往北走，便是青丘国，在朝阳之谷的北方。国人吃五谷，穿丝帛。国中出产一种奇特的狐狸，四只脚而有九条尾巴。天下太平就出现，显示祥瑞。据说夏伯杼子东征时，曾获得九尾狐。⑥⑦

再往北方就到了黑齿国。黑齿民的牙齿，黑得像漆，他们是帝俊的儿子黑齿，所传衍的姜姓部族。食用稻米，也食用小米，常有蛇陪侍身旁，一条红的，一条青的。或说是供使唤的，也可食用。《大荒东经》说他们能使唤四鸟，倒合乎帝俊之后的身份。⑥⑧

再往北方，经过汤谷，便是玄股国。玄股民从腰部以下，两条腿全是黑的。因是滨海部族，便以鱼皮为衣服，取海鸥作食物。画上就画着黑腿旁，各有两只鸟夹靠着。这大概就是中国东北的鱼皮岛夷吧！也食黍，使唤四鸟。⑥⑨

在黑齿国与玄股国之间，有一个雨师妾族，应该是崇拜雨师屏翳的部落。族中之人也是浑身黑色，两只手各握着一条蛇，左边耳朵挂着一条青蛇，右边耳朵则挂着一条红蛇。也有说是黑身子、人脸形，而手里各握着一只乌龟的。⑦⑩

在玄股国的北方有毛民国。这些毛民脸上身上都长着猪鬃般的硬毛，形躯短小，住在山洞里，终年不穿衣服。⑦①（见下页图）

毛民国为人身生毛
牢悲海鸟西于皴康或
贵穴保或尊
裳物我相倾轧了是非

　　再往北走，便是劳民国，也叫困民国，是勾姓部族。他们的手脚面孔也全是黑色，吃草和树上的果实。他们的行走坐卧，总显得慌张、不安，一副劳碌不停的神情，所以叫做劳民、困民或教民。这里生长一种两头鸟。[72]

　　《大荒东经》所记载的，除毛民国外，都有类似的描述。此外还多了一些帝王之裔，以及诸异国。其中多属于帝俊一系：中容之国，帝俊的妻子娥皇生了中容，在合虚山建国。国中生长一种赤木玄木，它的叶子可采作食物，吃了可以成仙。他们又善于驯养、使唤四鸟——其实是四兽：豹子、老虎、熊、罴，也吃野兽的肉。又有司幽之国，帝俊生了晏龙，晏龙生了司幽，司幽生了一对男女，各自形成两个集团。据说男的叫思士，不娶妻子；女的叫思女，也不嫁丈夫。虽说不通婚娶，但只要像白鹇那样，用眼睛对看，就自然受孕而生子——这可能是不实行两部制通婚

212

的一种传说吧！他们也吃小米、吃野兽，也能使唤四鸟。又有白民之国，帝俊生了帝鸿，帝鸿生了白民，为销姓部族，也以小米作食物，使役四鸟。[73]

此外，姜姓的黑齿国也是帝俊后裔。另外有一个蒍国，生活习惯也是"黍食，使四鸟"。以穄黍为主食，应该也与濊貊民族有关系。[74]又有摇民国，为帝舜生戏，戏生摇民，帝俊、帝舜也有关联。因为帝俊、帝舜为东方夷族的上帝，属鸟图腾，特别记载"使四鸟"，应有关系的。《大荒东经》还有一处柔仆民，为土地肥沃的小国。另外大人国旁有小人国，名叫靖人，大概只有九寸大，但眉目、四体和常人一样。[75]后世流传的图形就是这模样。（见下图）

【注释】

①《吕氏春秋·求人》："禹东至搏木之地，日出九津青羌之野，攒树之所，㨉天之山，鸟谷青丘之乡，黑齿之国；南至交阯孙朴继樠之国，丹粟漆树沸水漂漂九阳之山，羽人裸民之处，不

死之乡；西至三危之国，巫山之下，饮露吸气之民，积金之山，其肱一臂三面之乡；北至人正之国，夏海之穷，衡山之上，犬戎之国，夸父之野，禺疆之所，积水积石之山。"

②《山海经》刘秀序："禹别九州，任土作贡，而益等类物善恶，著《山海经》。"

③ 卫挺生《驺衍子今考》（华冈，1914 年 3 月）认为《穆天子传》乃抄自东周档案之书，而山经则为他策划组成。

④ 王梦鸥先生《邹衍遗说考》（台湾商务，1966 年 3 月），说《山海经》承受邹衍遗说影响的著作。

⑤ 同上注，第 127–128 页。

⑥ 蒙文通《略论〈山海经〉的写作时代及其产生地域》。

⑦ 李约瑟《中国之科学与文明》第六册《地理学与地图学》部分。

⑧《海内南经》诸国的原文如下，解说则采郭璞注、郝懿行疏：

瓯居海中，闽在海中，其西北有山。一曰闽中。山在海中。

三天子鄣山，在闽西海北。一曰，在海中。

伯虑国、离耳国、雕题国、北朐国，皆在郁水南。郁水出湘陵南海。一曰，相虑。

枭阳国，在北朐之西，其状如人，人面长唇，黑身有毛，反踵，见人亦笑，左手操管。

氐人国，在建木西，其为人，人面而鱼身，无足。

匈奴、开题之国、列人之国，并在西北。

又《海内经》有一条"南方有赣巨人，人面，长唇，黑身，有毛，反踵，见人则笑，唇蔽其目，因即逃也。"就是枭阳国。

⑨《海内西经》诸国：

大泽方百里，群鸟所生及所解，在雁门北，雁门山，雁出其间，在高柳北。高柳在代北。

流黄酆氏之国中，方三百里。有涂四方，中有山，在后稷葬西。

东胡在大泽东。

夷人在东胡东。

貊国在汉水东北，地近于燕，灭之。

孟鸟，在貊国东北，其鸟文赤黄青，东乡。

⑩《海内北经》诸国。

犬封国，曰犬戎国，状如犬。有一女子，方跪进杯食，有文马，缟身、朱鬣，目若黄金，名曰吉量，乘之寿千岁。

鬼国在贰负之尸北，为物，人面而一目。一曰，贰负神在其东。为物，人面蛇身。

蟜其为人虎文，胫有腨。在穷奇东。一曰，状如人，昆仑墟北所有。

阘非，人面而兽身，青色。

环狗，其为人，兽首人身。一曰，猬状。如狗，黄色。

袜，其为物，人身、黑首，从目。

戎，其为人，人首三角。

⑪ 卫挺生《山经地理图考》卷一附录《燕昭王之（大帝国）
巨燕考》。

⑫ 同注⑪引书，原文如下：

盖国在巨燕南，倭北，倭属燕。

朝鲜在列阳东海，北山南，列阳属燕。

列姑射在海河洲中。

姑射国在海中，属列姑射西南，山环之。

"东海之内，北海之隅，有国，名曰朝鲜，天毒，其人水居，
偎人爱人。"（《海内经》）

⑬ 蒙文通，前引文。

⑭ 卫挺生，前引文。

⑮ 史景成《山海经新证》。

⑯《海内东经》原文如下（郝疏以为国在流沙数条为误编，
故移出）。

都州在海中。一曰，郁州。

琅琊台，在渤海间，琅琊之东，其北有山。一曰，在海间。

韩雁在海中，都州南。

始鸠在海中，辕厉南。

会稽山在大楚南，岷三江首。

大江汶山，北江出曼山，南江出高山，高山在城都，西入海，
在长州南。

216

浙江出三天子都，在其东。在闽西北，入海，余暨南。

庐江出三天子都，入江彭泽西。一曰，天子鄣。

淮水出余山，余山在朝阳东，义乡西，入海，淮浦北。

湘水出舜葬东南陬，西环之，入洞庭下。一曰，东南西泽。

汉水出鲋鱼之山，帝颛顼葬于阳，九嫔葬于阴，四蛇卫之。

濛水出汉阳，西入江，聂阳西。

温水出崆峒山，在临汾，南入河，华阳北。

颍水出少室，少室山在雍氏南，入淮西鄢北。一曰，缑氏。

汝水出天息山在梁勉乡，西南入淮极西北。一曰，淮。在期
思北。

泾水出长城北山，山在郁郅长垣北。北入渭戏北。

渭水出鸟鼠同穴山，东注河，入华阴北。

白水出蜀，而东，南注江。入江州城下。

沅水出象郡镡城西，而东注江，合洞庭中。

赣水出聂都东山，东北注江，入彭泽西。

泗水出鲁东北，而南西，南过湖陵西，而东南注东海，入淮
阴北。

郁水出象郡，而西南注南海，入须陵东南。

肄水出临晋西南，而东南注海，入番禺西。

潢水出桂阳西北，山东南，注肄水，入敦浦西。

洛水出洛西山东北，注河，入成皋之西。

汾水出上窳北，而西南注河，入皮氏南。

沁水出井陉山东，东南注河，入怀东南。

济水出共山，南东丘，绝巨鹿泽，注渤海，入齐琅槐东北。

潦水出望平东，东南注渤海，入潦阳。

虖沱水出晋阳城南，而西至阳曲，北而东，注渤海，入越章武北。

漳水出山阳东，东注渤海，入章武南。

⑰《淮南子·地形训》记载海外三十六国，就是本于《山海经·海外经》。自西南方至东南方，所记国名、次序与《海外南经》几乎全同，缺一个"戴国"而多一个"豕喙民"，而《海外经》称某国，《淮南子》称某民，这里就参考取用。

⑱ 结胸民为《淮南子·地形训》所用名称。

"结胸国，在其西南，其为人结匈。"（《海外南经》）

⑲ 郝懿行认为：凡经内所用"一曰"，可能为后人校经时，附着所见，或者别本不同。怀疑原为细字，郭璞作注才改为大字，与经文并行。因此改写时一律直接引用一曰的文字，以求通顺；如有值得补充的资料，就直接融化于行文中。

"羽民国，在其东南，其为人，长头，身生羽。一曰，在比翼鸟东南。其为人，长颊。"（《海外南经》）

"有羽民之国，其民皆生毛羽。"（《大荒南经》）

⑳《海外经》经文简略，历来注疏均广征博引，以求了解。近人依据改写的，如袁珂《中国古代神话》，也求通俗易解，此处也采用此法，并多有参考。

"讙头国，在其南，其为人，人面有翼，鸟喙，方捕鱼。一曰，在毕方东，或曰，讙朱国。"（《海外南经》）

"大荒之中，有人，名曰驩头，鲧妻士敬，士敬子曰炎融。生驩头。驩头，人面鸟喙，有翼，食海中鱼，杖翼而行，维宜芑苣穋杨是食，有驩头之国。"《大荒南经》

㉑《海外经》原文校证据欧缬芳《山海经校证》。

"厌火国，在其国南，其为人，兽身黑色，火出其口中，在讙朱东。"（《海外南经》）

㉒ 此处三苗应与西北的三苗不同，参杨希枚《古饕餮民族考》。

"三苗国，在赤水东，其为人相随，一曰，三毛国。"（《海外南经》）

㉓ "载国，在其东，其为人黄，能操弓射蛇。一曰，载国在三毛东。"（《海外东经》）

"有载民之国，帝舜生无淫，降载处是，谓巫载民，巫载民盼姓，食谷，不绩不经，服也。不稼不穑，食也。爰有歌舞之鸟，鸾鸟自歌，凤鸟自舞。爰有百兽，相群爰处，百谷所聚。"（《大荒南经》）

㉔ 禹杀防风氏是古代传说中常见的题目之一，这可能是一种宗教仪式，葛兰言（M.Marce Granet）《中国的舞蹈与神秘故事》曾叙述杀人祭故事，参见李璜《法国汉学论集》附录（珠海学院，1975）。

"贯匈国，在其东，其为人，匈有窍。一曰，在载国东。"《海外南经》

㉕从"交胫国"至"三首国"见《海外南经》，而《大荒南经》只记载了不死之国"阿姓，甘木是食"。

交胫国，在其东，其为人交胫。一曰，在穿匈东。

不死民，在其东，其为人黑色，寿考不死。一曰，在穿匈国东。

歧舌国，在其东。一曰，在不死民东。

三首国，在其东，其为人一身三首。一曰，在凿齿东。

㉖《地形篇》未列焦侥国。

"周饶国，在其东，其为人短小，冠带。一曰，焦侥国在三首东。"（《海外南经》）

"有小人名曰焦侥之国，几姓，嘉谷是食。"（《大荒南经》）

㉗"长臂国，在其东，捕鱼水中，两手各操一鱼。一曰，在焦侥东，捕鱼海中。"（《海外南经》）

"有人名曰张弘，在海上捕鱼，海中有张弘之国，食鱼，使四鸟，有人焉，鸟喙有翼，方捕鱼于海。"（《大荒南经》）

㉘"三身国，在夏后启北，一首而三身。"（《海外西经》）

"有人三身，帝俊妻娥皇，生此三身之国，姚姓，黍食，使四鸟。"（《大荒南经》）

㉙"有襄山，又有重阴之山，有人，食兽，曰季釐，帝俊生季釐，故曰季釐之国，有缗渊。少昊生倍伐，倍伐降处缗渊，有

水四方，名曰俊坛。"(《大荒南经》)

㉚ "又有成山，甘水穷焉，有季禺之国，颛顼之子，食黍。"(《大荒南经》)

㉛ "有蜮山者，有蜮民之国，桑姓，食黍，射蜮是食。有人方扦弓，射黄蛇。名曰蜮人。"(《大荒南经》)

㉜ "有卵民之国，其民皆生卵。"(《大荒南经》)

㉝ "有盈民之国，於姓，黍食，又有人，方食木叶。"(《大荒南经》)

㉞ "有国曰伯服，颛顼生伯服，食黍。有鼬姓之国。"(《大荒南经》)

㉟ 三身国，《大荒经》列入《大荒南经》中，与《海外西经》不同。其余如下：

灭蒙鸟，在结匈国北，为鸟青赤尾。

大运山，高三百仞，在灭蒙鸟北。

㊱《大荒西经》只说一臂民，《海外西经》较详细。

"一臂国，在其北，一臂、一目、一鼻孔，有黄马，虎文，一目而一手。"

㊲ "奇肱之国，在其北，其人一臂三目，有阴有阳，乘文马。有鸟焉，两头，赤黄色，在其旁。"(《海外西经》)

㊳ 女戚为女蔑之误，参欧缦芳校证。

"女祭，女蔑，在其北，居两水间，戚操鱼𦊓，祭操俎。鸢

鸟、鸮鸟，其色青黄，所经国亡。在女祭北，鸢鸟人面，居山上。"（《海外西经》）

"有寒荒之国，有二人，女祭、女蔑。"（《大荒西经》）

㊴"大夫国，在维鸟北，其为人衣冠带剑。"（《海外西经》）《大荒西经》也有丈夫之国。

㊵"巫咸国，在女丑北，右手操青蛇，左手操赤蛇，在登葆山，群巫所从上下也。"（《海外西经》）

㊶"女子国，在巫咸北，两女子居水、周之。一曰，一门中。"（《海外西经》）《大荒西经》也有女子之国。

㊷"轩辕之国，在穷山之际，其不寿者，八百岁。在女子国北，人面蛇身，尾交首上。穷山在其北，不敢西射，畏轩辕之丘。在轩辕国北，其丘方，四蛇相绕。此诸沃之野，鸾鸟自歌，凤鸟自舞，凤皇卵，民食之，甘露，民饮之，所欲自从也。百兽相与群居，在四蛇北，其人两手操卵，食之，两鸟居前导之。"（《海外西经》）

"有西王母之山，壑山，海山。有沃民之国，沃民是处沃之野，凤鸟之卵是食，甘露是饮。凡其所欲，其味尽存。爰有甘华、甘柤、白柳、视肉、三骓、璇瑰、瑶碧、白木、琅玕、白丹、青丹、多银、铁。鸾鸟自歌，凤鸟自舞，爰有百兽，相群是处，是谓沃之野。有三青鸟，赤首，黑目，一名曰大鵹，一名少鵹，一名曰青鸟。有轩辕之台，射者不敢西向，射畏轩辕之台。"（《大荒西经》）

㊸ "白民之国，在龙鱼北，白身被发。有乘黄，其状如狐，其背上有角，乘之寿二千岁。"（《海外西经》）

㊹《大荒经》将肃慎之国列于北经中。《海外经》则列于南经：

"肃慎之国，在白民北，有树名曰雄常，先人代帝于此，取衣。大荒之中，有山，名曰不咸。"

"有肃慎氏之国。有蜚蛭，四翼，有虫，兽首，蛇身，名曰琴虫。"（《大荒北经》）

㊺ "长股之国，在雄常北，被发。一曰，长脚。"（《海外西经》）

"西北海之外，赤水之东，有长胫之国。"（《大荒西经》）

㊻ "有西周之国，姬姓，食谷，有人方耕，名曰叔均。帝俊生后稷，稷降以百谷，稷之弟曰台玺，生叔均，叔均是代其父及稷，播百谷，始作耕，有赤国，妻氏。有双山。"（《大荒西经》）

㊼ "有寿麻之国——南岳娶州山之女，名曰女虔，女虔生季格，季格生寿麻，寿麻正立无景，疾呼无响。爰有大暑，不可以往。"（《大荒南经》）

㊽《海外北经》所记方向为"自东北陬至西北陬"，但由记述的内容看：一目国在无䏿国东，柔利国在一目国东，其方向应为"自西北陬至东北陬"，《地形训》就是这种方向，国名次序也相反。其中深目民与无肠民次序颠倒，其余全符。

㊾ "无䏿之国，在长股东，为人无䏿。"（《海外北经》）

“有继无民，继无民，任姓，无骨子，食气鱼。”(《大荒北经》)

(50) 据杨希枚，前引文。

“一目国，在其东，一目中其面而居，一曰，有手足。”(《海外北经》)

“有人，一目，当面中生，一曰，是威姓，少昊之子，食黍。”(《大荒北经》)

(51)“柔利国，在一目东，为人一手一足，反膝曲足居上。一云，留利之国，人足反折。”(《海外北经》)

“有牛黎之国，有人无骨，儋耳之子。”(《大荒北经》)

(52)“深目国，在其东，为人举一手。一目，在共工台东。”(《海外北经》)

“有人方食鱼，名曰深目民之国，肦姓，食鱼。”(《大荒北经》)

(53)“无肠之国，在深目东，其为人长而无肠。”(《海外北经》)

“又有无肠之国，是任姓，无继子，食鱼。”(《大荒北经》)

(54) 据杨希枚，前引文。

“聂耳之国，在无肠国东，使两文虎，为人两手聂其耳，县居海水中，及水所出入奇物，两虎在其东。”(《海外北经》)

“有儋耳之国，任姓，禺号子，食谷。”(《大荒北经》)

(55)“博父国，在聂耳东，其为人大，右手操青蛇，左手操黄蛇。邓林在其东，二树木，一曰博父。”(《海外北经》)

“有人，名曰大人，有大人之国，釐姓，黍食。有大青蛇，

头方，食尘。”（《大荒北经》）

(56) “拘缨之国，在其东，一手把缨。一曰，利缨之国，寻木长千里，在拘缨南，生河上西北。”（《海外北经》）

(57) “跂踵国，在拘缨东，其为人大，两足亦大。一曰，大踵。”（《海外西经》）

(58) “有胡不与之国，烈姓，黍食。”（《大荒北经》）

(59) “有叔歜国，颛顼之子，黍食，使四鸟：虎、豹、熊、罴，有黑虫，如熊状，名曰猎猎。”（《大荒北经》）

“有北齐之国，姜姓，使虎、豹、熊、罴。”（《大荒北经》）

(60) 杨希枚，前引文。

“有钉灵之国，其民从膝以下有毛，马蹄，善走。”（《海内经》）

(61) “有犬戎国，有神，人面兽身，名曰犬戎。”（《大荒北经》）与《海内北经》所载的犬封国相同。

(62) “西北海外，流沙之东，有国，曰中輻，颛顼之子，食黍。”（《大荒北经》）

(63) “西北海外，黑水之北，有人，有翼，名曰苗民。颛顼生驩头，驩头生苗民，苗民釐姓，食肉。”（《大荒北经》）

(64) 杨希枚，前引文。

(65) “大人国，在其北，为人大，坐而削船。一曰，在䟕丘北。”（《海外东经》）

“有波谷山者，有大人之国。有大人之市，名曰大人之堂。有一大人，踆其上，张其两耳。”（《大荒东经》）

⑥⑥ "君子国，在其北，衣冠带剑，食兽，使二大虎在旁，其人好让不争。有薰华草，朝生夕死。

一曰，在肝榆之尸北。"(《海外东经》)

"有东口之山，有君子之国，其人衣冠带剑。"(《大荒东经》)

⑥⑦ "青丘国，其人食五谷，衣丝帛。其狐四足九尾。一曰，在朝阳北。"(《海外东经》)

"有青丘之国，有狐九尾。"(《大荒东经》)

⑥⑧ "黑齿国，在其北，为人黑，食稻，啖蛇，一赤一青在其旁。一曰，在竖亥北，为人黑首，食稻，使蛇，其一蛇赤。"(《海外东经》)

"有黑齿之国，帝俊生黑齿，姜姓，黍食，使四鸟。"(《大荒东经》)

⑥⑨ "玄股之国，在其北，其为人衣鱼，食鸥，使两鸟夹之。一曰，在雨师妾北。"(《海外东经》)

"有招摇山，融水出焉。有国曰玄股，黍食，使四鸟。"(《大荒东经》)

⑦⓪ "雨师妾在其北，其为人黑，两手各操一蛇，左耳有青蛇，右耳有赤蛇。一曰，在十日北，为人黑身人面，各操一龟。"(《海外东经》)

袁珂认为黑身为"鱼身"之误，而"手足"二字便无意义。作为风神，是鸟身；作为海神，是鱼身。(《中国古代神话》二章之六，注十五) 不过，禺疆属于黑，未尝不可为黑身之神。

㉛ 毛民国与前述毛民，形象类似。

"毛民之国，在其北，为人身生毛。一曰，在玄股北。"（《海外东经》）

㉜ "劳民国，在其北，其为人黑。或曰，教民。一曰：在毛民北，为人面目，手足尽黑。"（《海外东经》）

"有困民国，勾姓，而食鸟。"（《大荒东经》，有缺文，补鸟字）

㉝ "大荒山中有山，名曰合虚，日月所出，有中容之国：帝俊生中容，中容人食兽木食，使四鸟：豹、虎、熊、罴。"（《大荒东经》）

"有司幽之国，帝俊生晏龙，晏龙生司幽，司幽生思士，不妻；思女，不夫，食黍，食兽，是使四鸟，有大阿之山者。"（《大荒东经》）

"有白民之国，帝俊生帝鸿，帝鸿生白民，白民销姓，黍食，使四鸟：虎、豹、熊、罴。"（《大荒东经》）

㉞ "有蒍国，黍食，使四鸟：虎、豹、熊、罴。"（《大荒东经》）

㉟ "有柔仆民，是维嬴土之国。"（《大荒东经》）

"有小人国，名靖人。"（《大荒东经》）

第五章

神话信仰之篇

战国时期楚国的屈原写了一篇奇特作品《天问》，依次问了许多奇奇怪怪的问题，他所呵问的主题，从宇宙形成、天地开辟开始，然后渐及自然现象等主题，再后就出现一些各朝代始祖感生，以及文化英雄的伟大事迹等。虽然《天问》在编次上有些零乱，但还是有些秩序可循，就是自然神话在文化神话之前，自然神话中又依照宇宙、天地、万物的次序，井然陈述；文化神话也多能照着朝代先后，择要叙述。这种叙述是合乎神话学的结构的，代表了战国时人们的宇宙论（cosmology），而以文学形式表现出来。

　　与《天问》比较，《山海经》虽然拥有丰富的神话材料，但却不是单纯的神话之书，而是一本早期的人文志。《山海经》是按照由中国而推及海外的地理观编纂而成的地理图籍，其中的神话是调查、收集各地方的资料时汇集而来的，保持了素朴的口传文学的原型，但编排上不像《天问》一样有秩序。这是因为《山海经》的编集目标与方法，有它本身的标准。所以，依据《山海经》所保存的材料，就不易勾勒出天地开辟神话的状态，而一般神话典籍会先安排天地创造神话，却是首要次序。

　　中国的神话，尤其是《山海经》所述的，是较着重文化创造，以及英雄人物的神话，而较忽略了"自然神话"的创造。其中原因，除了《山海经》的编纂方式外，就是中国人思想形态中着重人的文化，因此常将古帝王神化，而且编出谱系，成为神圣的历史，甚至将自然神话中的日、月神话隶属于这一谱系中。这是先将古帝王世系及其神话放置于前的原因，作为一种"编年史式"的前后次序。然后将一些有关自然神话的零散材料，再加以分别排序。前者像袁珂的《中国古代神话》，后者则一些研究神话的，常这样编排，使原本较为零散的神话显出秩序来。[①]这里也将一些不属于帝王世系的神话，依照相似的属性予以归类，每类之中又独立叙述，不相统属。大概分为自然现象神话、大地神话、山岳信仰与乐园神话、动植物变化神话，附带有神尸变化神话，最后为文化英雄神话（包括除害英雄、正义之神、医药之神），可与帝王世系神话参阅，较属于人文思想的具体表现。

中国古代神话所具有的特质，首先是神话与仪式的密切关系。人类学大师克拉克洪主张神话与仪式需合而观之，二者均为利用象征方式表达人类心理或社会需要：仪式为行动象征，借戏剧化行动表达某种需要，而神话为语言象征，借语言符号以支持、肯定，或合理化仪式所表达之同一需要；两者互为表里，而用不同象征方法表达同一意愿。像浴日、浴月应该与祭日、月仪式有关，而水、旱灾更要借助祈雨、驱魃的法术。其次为泛神信仰的普遍，相信自然现象、山河大地乃至动植生物，都具有神灵，或为神灵所依凭，像水伯天吴、四方风神之类，以四方的风为神所管辖，比较《尧典》中被儒家合理化解释的百姓动作，更可衬托出神话的宗教性意义。其次为变化原则的生命观，从变、化二字的造字初谊，显示初民的观物方式，将宇宙间的生命依据综合观点平等看待——哲学化以后就是指"道"化生万物的生命力。物类之间，可以互相变化，只要有生命的流动，就可延续下去，除了形体改变以外。后来抽象化的解说，就是气化哲学。同时，人死之后，也可复活，化为异兽，或提升为图腾神物，这是一种庄严的生命观。

但是中国神话，实在是以"人"为主的神话结构：着重人甚于物的文化传统。所谓"资于事人以事神"，从创造天地的神话开始，明显地加以人文化、历史化，伏羲、女娲为与天地创造有关的神，但也是人类历史的原始阶段；而日、月神话，更是帝俊妻子所生的自然天象，这就是为什么将帝王世系先放在最前面的原因。上古帝王、英雄，属于创造文化的英雄，着重在物质的技术发明、造成人类历史的发展上：在帝王世系之篇中，三皇五帝的神话古史，就是以一种创制人类文化的英雄事迹，作为文明进化的不同阶段。每一圣王本身就象征从蒙昧到黎明的一种开拓：从混沌的原始之世，人类向大自然寻求生存的资源，由采集经济逐渐进化到畜牧，又逐渐发展了农业技术。在长期的求生存的奋斗中，原始的祖先发挥了集体的智慧，克服了种种艰困，创造了历史，也把自己写入了历史中。《海内经》特别列出技术发明神话，就是古人尊重技术百工的具体明证，也是后来中国人尊敬"行神"的古老传统——由百工发展成为各行各业的行神，表现

为一种重视创始者的态度。其次在原始时代，英雄之中固然有除
害去奸的英雄形象，但也有不少叛逆性英雄，敢于以最自然而无
畏的方式，反抗权威，不屈不挠，为原始生命力喷薄而出的庄严
表现，其中牵涉到部族之间的纠纷，但初民从崇拜中流露出来的
情怀，实在也是心向往之的一种隐微的愿望。由这些熔铸为属于
中国人的神话世界，庄严而华美。

第一节　自然现象的神话

一、太阳神话

马王堆一号汉墓中出土了一种彩绘的帛画，色泽鲜明，上段的右边有一株弯曲上长的扶桑，上面悬挂着九个彩色红艳的太阳，最上面浮现的一个，最大最圆，其中居然还有一只黑色的乌鸦，如此奇妙、壮观的景象，所表现的就是日出扶桑的神话。[②]

《山海经》中比较丰富地传述了太阳的神话，在《海外东经》《大荒东经》《大荒南经》分别留下这份珍贵的神话资料，让后世子孙想象太阳富丽的形象[③]：

汤谷，又叫旸谷或温源谷，在黑齿国的北方。谷中的海水像汤一样地滚热、沸腾，大约是十个太阳常在里面洗澡的缘故吧！汤谷的岸上有一株大树，名叫"扶桑"，有几千丈长，一千多围粗，就是帝俊十个太阳儿子的住所。通常是九个太阳住在树枝下，另一个住在最上头的树枝，因为轮流值班，要绕行一周天。(《海外东经》)

大荒之中有一座山，名叫"孽摇頵羝"，是座大山，山上生长一株扶桑木，高大耸立像天柱般，达三百里，叶子像芥叶。旁边有座"源温谷"——也就是汤谷，谷里为十个太阳沐浴的地方，它们轮流出去，一个太阳回来，另一个太阳才接班出去，太阳中都载了一只三足鸟。(《大荒东经》)

　　东南海之外，甘水之间，有个叫甘渊的地方，就是羲和之国。这个叫羲和的女子，据说是帝俊的妻子，为太阳的女神，生了十个太阳的儿子，常常在甘渊中，用清凉的泉水替太阳儿子沐浴。(《大荒南经》)

　　从这三条我们知道古代东方民族确曾有美丽的太阳神话，其中包括了太阳所住的汤谷、高大的扶桑木、叫羲和的女子，以及轮流运行等母题。近代学者相信这类型的神话属于殷商民族，因为桑是殷民族的神树，他们有崇拜桑林的宗教信仰，因此把自己崇奉的桑树转变为太阳树。而汤谷为神话地理，殷人活动范围在河北、河南、山东等滨海诸省，他们与海边有交通，足迹也到达海岸一带，故有机会观察太阳从海里上升的景象。这幅"日浴于汤谷而登于扶桑"的图像，就是殷民族基于他们的地理环境，以及宗教背景解说日出的自然景象。当然，比殷民族更早的东方原住民应该是原创者，所以才会有帝俊之妻生日的神话。

　　帝俊是东方民族的上帝，他的妻子之一羲和，居然诞生了十个太阳儿子。近人解释十日神话，认为十日神话与十干纪日的旬制有关（甲、乙、丙、丁、戊、己、庚、辛、壬、癸为十干），"日"兼有太阳、日期的双重意义。由十干纪日的旬制演变，而有"十日迭出"的神话，原意是用来解说十干纪日的意义，所以九个太阳居于下枝，而只有一个轮班出巡。④至于羲和"方浴日于甘渊"，这幅羲和模仿太阳浮浮沉沉于甘渊的图像，应该是属于模拟法术的原理，是古代拜日祭典中所施行的一种仪式。⑤由最高的天上统治者的妻子施行仪式，这是一个隆重的祭仪。如以天文学解说，十日神话应该是历算天象的工作，羲和一族应该世传天文的专门知识，所以"羲和之官"成为天官，掌管历算。至于将羲和当作日御——替太阳儿子驾车的慈爱母亲，这恐怕又是羲和浴日神话的转化了。

十日神话中，除了"十日迭出"外，还有普遍流传的"十日并出"传说。据说帝尧时，十个太阳一齐出现在天空，照耀着大地，河水干枯了，植物烤焦了，连祷雨的女尸也在光热中奄奄一息（《海外西经》）。帝尧只好祷告天帝，请求协助。天帝就派遣了勇士后羿，赐给他一张红色弓，一袋白色的箭来到下界，这就是《海内经》所说的："帝俊赐羿彤弓素矰，以扶下国。"后羿怎样扶助下国呢？凭他精湛的射箭本领，拉满了弓，对准恶毒的太阳射去，只见一团火球爆裂，火花四散，大家仔细一看，原来是金色羽毛缤纷撒落，坠地的却是一只三足乌。后羿一箭一个，连续射下九个。但天上也不能没有太阳，所以就留下一个——也有说是帝尧偷偷抽去一支箭，才幸存了一个太阳，只能带来适度的光热，而不能再过度造孽⑥。关于十日并出，管东贵认为是从十日迭出演变来的，针对着"天有十日"的古说，创造出来解释为什么只有一日的现实状况。不过，孙作云有另一种解释：十日是东方拜日的十个部族，后羿是另一部族的领袖，以强大的力量消灭了九个拜日部族。

总之，崇拜太阳为东方民族的宗教信仰，同时，东方也是鸟图腾部落，是否因此将三足乌与太阳结合？还是观察到太阳中有乌影？《大荒东经》说日中载乌，民间也常用金乌称呼太阳。金色乌鸦，又有三足，确是一种极富于神秘色彩的形象，祂晨明时，升上扶桑，经行五亿一万七千三百零九里，普照九州七县，终于进入虞渊，已是黄昏时分，然后憩息于蒙谷，这壮丽的行程就是太阳神的日车所经所行的"一日之旅"。

二、月亮神话

马王堆帛画的天上部分，相对于日出扶桑的，是西边的月中有蟾蜍和白兔。月亮画成弦月的形状，一方面可别于圆形的太阳，何况月亮亏多圆少，也是合于常理的。但从构图的设计上，可表现对称中的变化之美，最主要的可容纳下两种神话中的灵兽；而月下有一女子之形，应该是嫦娥的构想。

月亮神话为人类普遍的原始文化之一，太阴学派的理论中，

尤其常以月亮神话为神话的主要构成部分。其实，古代农耕民族信仰月亮，当作不死、再生、大地、农耕、女性的象征，是因为月亮与农业社会的生活有密切的关系。中国是农业为主的社会，自然也有崇拜月亮的神话，⑦《山海经·大荒西经》就有月亮信仰的神话。

据说西北大荒之中，有一座日月之山，是天枢之地。其中有个女子正在给月亮洗澡。这幅画中的女子就是帝俊的另一个妻子，名叫"常仪"，生了十二个孩子，就是十二个月亮，所以才在这里"浴月"⑧。常仪，《大荒西经》也称为月母女和。十二个月亮的神话，与十日神话一样，都是古代中国人用来解释一年之中有十二个月的事实。换句话说，月也是兼有"月亮""月份"的双重意义，这种神话思维的方式，显示农耕民族以月亮为主的太阴历早已被使用，作为从事农业耕作的历算单位。月亮关系植物的生长，依照月亮的盈亏指示，使得种植能顺利完成。与大地一样，月亮是温柔的、慈爱的母性之神，因此而有"浴月"的仪式。

常仪与羲和一样，是天帝俊的妻子，同样的在"浴月"的仪式中，以天下母仪的身份祭祀月神，自是表现人类对于月亮感恩的宗教心理。而在神话中，却以母亲的身份为十二月洗沐，则常仪也同羲和一样，为掌管月份的主司者。月亮的运行天空也同太阳相似，不过传说中的月御，不是常仪，《淮南子》说是"望舒"——望之舒然，这正是月光普照大地，带来的一种舒泰、宁谧与安详的感觉。

月亮与农业社会的关系，使它成为大地、农耕的象征，具有母性的形象。另外就是不死、再生的神秘力量，这是从月圆月亏，周而复始的经验中得来的。《楚辞·天问》中就有"月光何德？死则又育"的疑问，生—死—再生（birth–death–rebirth）的周期性循环，为月亮的特性之一，这种现象使大地也有某种类似的感应，像海水的潮汐、女人的月信，以及古人相信植物的成长、动物的生命等都与月亮有关系，这也促使古人更易将月亮与女性联想在一起。古人对于月亮不死与再生的信仰，比较具体的传说，应该是所谓吴刚伐桂，砍了以后又会复合，永远也不能砍下月中的桂树，因为月亮是永远不死。（段成式《酉阳杂俎》）

桂树的印象大概是观察月中斑点的联想，除了桂树，更常见的应该是白兔和蟾蜍。《天问》所问："厥利为何？而顾菟在腹。"月中有兔的信仰，印度也有，其他原始民族也有，这可能是文化的类同性吧！至于月中有蟾蜍，正是马王堆帛画中所表现的，至于那奔月的女子，就是嫦娥。嫦娥、恒娥，都是从常羲转化出来的——恒即常，娥与羲二字，古音相通。浴月的常羲，转化成为奔月的嫦娥，还是与不死信仰有关。据说嫦娥为后羿的妻子，偷吃了后羿从西王母处得来的不死药以后，就飘升到月亮，成为一个虽然不死却最寂寞的女人——"嫦娥应悔偷灵药，碧海青天夜夜心"（李商隐）；也有说变成蟾蜍的形象，或永远捣药的白兔，这真是残酷的处罚！

附件：日月出入诸山

《山海经》所记载的日月神话，与古代历算有密切关系，保存了上古文化的遗产。在《大荒东经》《大荒西经》中还特别载有一项古代科学史资料，《大荒东经》载"日月所出"之山共有六处：大言、合虚、明星、鞠陵于天、壑明俊疾、猗天苏门 ⑨；《大荒西经》则载有"日月所入"之山六处：方山、丰沮玉门、日月山、鏖鏊钜、常阳之山、大荒之山。如果前者再加上孽摇頵羝，后者再加上龙山⑩，共有七组对待的山头。用山头来记载日月所出、日月所入，近代学者认为是用星象为历法的科学还未发明以前的一种原始历法。⑪大概不同地区对于太阳、月亮的出入，都特别注意它的方位、时间等。当然，应该还有一种迎日、送日，或迎月、送月的仪式吧！因为这些日、月出入的山都是神圣的山。⑫

除了日月出入诸山，另外地域性神话中，长留山的少昊，主要职责之一就是察看沉没向西天去的太阳及它反射的光影。少昊所住的宫叫做员神磈氏之宫。另有一个住在渤山的蓐收，也负责观测太阳西下的浑圆辽阔的气象，叫做"红光"。两位西方之神，观测落日的方位、气象，也应与历算有关。太阳西下的地方，为海渚，附近有弇兹山，《山海经》记载：

西海陼中，有神，人面鸟身，珥两青蛇，践两赤蛇，名曰弇兹。（《大荒西经》）

弇兹神属于落日之山的掌理者。

三、星辰神话

原始时代星辰崇拜应该与拜日、拜月一样，为天象神话的重要部分，但《山海经》中却少有星辰神话，这是资料残缺之故。北方大地普遍都有北辰信仰，古中国天文学中"盖天说"曾为重要派别，应该具有以北辰（北极星）为天上宫廷，居于天的中央，而为众星环拱的观念。《山海经》虽没有保存北辰居天之中的神话，却有居地之中的圣山，可见只是未加记载而已；至于太一信仰，却在战国晚期，到了两汉，大为盛行。

在中国民间最为流行的牵牛、织女星神话，《山海经》中也缺少记录。另外《左传》所载高辛氏有二子，因常不和，而被分开，分主辰（商星）、主参（参星），《山海经》也没记载。倒是载了玉山的西王母，这位长着豹子尾巴、老虎牙齿，头发蓬散戴着玉胜的怪神，是职司"天之厉及五残"——厉、五残都是星名。据说西方星宿"昴"，有大陵积尸之气，气一散佚，厉鬼就随着出行，西王母就在西方，因此负责掌管。五残星则出于正东，在东方原野的上空，形状像辰星。五残又叫五锋，这颗凶星一出现，就是五方毁败的朕兆、大臣重臣诛亡的征象，西王母主刑杀，所以也由其主管，避免凶星常出现作虐。

四、风神的神话

自然界的诸般现象，均与人类的生活息息相关，尤其风云雨露能否及时，更关系了农业社会的农业生产。大家惊怖于忽忽吹袭的风、隆隆而下的雷，闪电夹着暴雨……这些景象让处于童稚时期的原始心灵充满好奇与惊惧，由万物有灵的信仰中，再进一步地发展，他们相信每一现象都由一位神祇主宰，因此风、云、雷、电等的神话就一一诞生。《山海经》中并没有专门记录这些自然现象的神话，只在各经中连带叙及；因此关于云、电等就只好付之阙如。其实《淮南子》《楚辞》等书，以及考古文物中都有云、电，以及相关天象的神话。

四方风神的神话

四方风神，据殷商甲骨卜辞中所记的，西方叫做彝，东方叫做折，南方叫做岢，北方叫做宛。这只是流传在殷商时期的祭祀风神的记录，实际流传的时代一定更早。现在《尚书·尧典》中有一段有趣的记载：羲仲居于东方旸谷，敬祭出日，为日月之长均等的仲春，"厥民析"；羲叔居于南方交趾，敬慎日之所至，为夏至日最长的仲夏，"厥民因"；和仲居于西方昧谷，敬祭入日，为夜长日长均等的仲秋，"厥民夷"；和叔居于朔方幽都，敬慎月朔之交易，为冬至日最短的仲冬，"厥民隩"。厥民如何，指百姓分散田野耕作、就高而居、徙居平地和深居内室，为百姓顺应季节的行动。谓之观象授时，而不提与风的关系。

《山海经》则显然为风神的神话——具有神名、神职以及神灵所在的地方，依照南、西、北、东的次序分别罗列于下[13]：

南海的海岛中，有位叫"不廷胡余"的神，人的脸，耳朵上悬挂着两条青蛇，脚下踩着两条红蛇。又有神，名叫"因因乎"——在南方叫因乎夸风、或叫乎民，居住在海中边远的南方，专司调和风的出入。(《大荒南经》)

有个神人，名叫石夷。吹来的风叫韦，居住在大地的西北角，主司太阳、月亮出没时间的长短。有一种五彩羽毛的鸟，鸟冠鲜艳，名叫狂鸟。(《大荒西经》)

有个女和月母之国——大概也是羲和、常仪之类，有人名叫"鹓"——北方叫做鹓，吹来的风叫"狻"，居住在东北角的地方，来制止太阳、月亮的行止，使它们出入的次序不相间错，职掌太阳、月亮出没时间的长短。(《大荒东经》)

大荒之中，又有三座山：鞠陵于天、东极、离瞀。据说也是太阳、月亮出来的山。这里有一个半神半人的"折丹"神——东方单呼为"折"，居住在东方边远的山上，能节宣风气，管理风的出出入入。因此正月吹来的风，称为俊风。(《大荒东经》)

把这些风神神话与《尧典》相对照，就会发现一些奇妙之处：第一，《尧典》说是帝尧命令世掌天地四时之官的"羲和"来主持，分命羲仲、羲叔、和仲、和叔居四方实行职掌。而《大荒东经》所说女和月母之国，郝懿行就认为是羲和、常仪之属，正是掌日月运行之神。第二，除了南方风神外，都与日、月的出入有关。与《尧典》所载的日、月的长短也是若合符节。第三，四方之风的方位，是与《尧典》中所分命诸官居住的地方相一致，只是《尧典》明白指出旸谷、交趾、昧谷、幽都四个地名，而《山海经》只泛称方位而已。第四，最大的差别在于《尧典》强调"历象日月星辰，敬授人时"，指示"民"要如何适应季节的行动，而《山海经》却成为"有人"或"有神"之类的叙述：分别成为"折丹"（与《尧典》对照，似应作析丹）、"因乎"、"石夷"和"鹓"，而且吹来的风又分别称为俊、乎、韦和狻。其中转变的情况，代表着一种神话思维的方式，将所感受的风予以神话化，成为具有神性的风神。

《山海经》的四方风神，为古老而朴素的面目，以一种神为支配一方之风的观念。日本学者森安太郎说和神鸟凤凰有密切关系：

南方的风神名叫因乎，因乎和爰居古音互通，爰居为一种形状像凤凰的海鸟，它能预知海上起大风，就迁往陆地以避灾祸。爰居有神性，又像凤凰，故为南风之神。

北方的风神叫鹓，《庄子·天地》篇也说有一种大风叫"苑风"，为什么与扶摇大风有关的神名为鹓，据说是一种鹓雏。《庄子·秋水》篇描述这种鹓雏，从南海飞到北海，飞行过程中"非梧桐不止、非练实不食、非醴泉不饮",也就是只栖于梧桐之上,只吃练树果子或说是竹子的果子,只饮醴泉。鹓雏为凤凰之类的神鸟,凤凰为风神鸟,鸑,据《正字通》说是凤之属,也就是宛风,形象化以后就是一只飞翔于北海的鹓雏[14]。狄,就是鸡,也是指鹓鸡。

东方的风名叫做俊,俊同时也是东方民族的天帝的名称——帝俊,帝舜也有关。俊的图腾就是骏,也就是骏鸃,这种骏鸟,古代字书像《说文解字》说是鷮鸟,为赤雉,即是山雉型的神鸟;《杂字解诂》《广雅》等都说是凤凰之属,羽毛有光彩;而《仓颉解诂》直称为神鸟。因为凤凰丰羽长尾,五彩缤纷,很是俊美,所以叫俊鸟。帝俊、帝舜等东方天帝就用华丽的凤凰为图腾,所以东方的风就叫做俊风。[15]

至于西方的风神名叫韦。风中常出现一种狂鸟,《玉篇》写作鷦,《尔雅》说是狂梦鸟。这种鸟既然有五彩鲜艳的羽毛,又有鸟冠,也就是鸾凤之类的神鸟。

风神要用神鸟作象征,而且多与凤凰有关,是因为无形的风借凤而显现,而凤也成为风神鸟。当彩羽鲜艳的凤鸟迎着大风高飞展翅,那种稀见的景观确有拟为神仙之鸟的气象。

另外与风有关的,是风谷、风穴,那是神秘的风的来源。《山海经·南山经》载有两种地域性的风的名称,都与山谷有密切关系。其一是令丘之山南方有座山谷,叫中谷,从其中吹来的为"条风";另外旄山山尾南方,有座育隧——隧是穴道,从风穴中吹出的是凯风，这是地域性的风的专名。

　　风因为方位不同、季节不同，而有不同的风格。但其中有一共同的特色，就是具有生成的力量，这是宇宙神秘力的一种表现。《说文解字》解说"颭"字，从虫，"风动虫生"。风又与萌音近，都是风会带来一种生命力，使万物化生，具有养物成功的神秘作用，这就是"风调"——调和万物的风。古代有八风的说法：东方为明庶风，东南为清明风，南方为景风，西南为凉风，西方为阊阖风，西北为不周风，北方为广漠风，东北为融风，这是许慎综合汉以前的风名，其中不少与《山海经》所载神话地理有关连，像西方昆仑山汇，从阊阖之门吹出的是阊阖风；从不周之山吹出的是不周风，富于神秘气息。至于《尔雅》载有四方四季的风名：南风谓之凯风、东风谓之谷风、北风谓之凉风、西风谓之泰风。有人解说谷风为使五谷生长的谷风，是一种富于生长能力的风。

　　神话世界中还有一种最普遍的风神，就是飞廉。《楚辞》中有使唤飞廉奔随的想象，汉画中也常出现这个怪模样的风神、风伯。所谓"风伯扫途"是个具有神通的神，马王堆的飞廉是这模样。（见下页图）

　　所以，传说中的飞廉之形象就是鹿身、鸟头、头上长有角、身上有豹纹、尾巴像蛇。它的飞翔姿态还是与鸟相近，这实在是鸟群迎风旋飞的现象，为自然界中鸟的特性，难怪《周礼》中要祭祀"飌师"的风神。古人观察自然，透过神话思维，塑造了"风"的形象。

五、雷、雨、虹的神话

　　大地惊雷，隆隆的雷响，隐隐从远方传来，那种沉沉的、连续的声音，让人们联想到澎澎的鼓声。据《山海经》记载：雷泽中的主神就是雷神，又是雷兽，是一个龙身子，而人头的半人半兽的天神。（见下页图）这位神常无忧无虑地拍打着自己的肚子，发出雷鸣的巨响。⑯据说伏羲的母亲踩了他的脚印，就生下伏羲。（《海内东经》）

雷神
龍身而人
頭鼓其腹
在吳西

《海外东经》中有个崇拜雨师的国名叫做雨师妾，黑黑的身子，左右两手各拿着一条蛇，或一只龟，左耳挂着青蛇，右耳挂着赤蛇。（见下图）

雨師妾
黑身人也两手各操二蛇
左耳有青蛇右耳有赤蛇
國號黑齒
陽谷之山
雨師之妾
以蛇挂耳
于股食躯勞氏里趾

雨师就是屏翳，又名萍翳、萍号，据说因为雨师呼号，就云起而雨下，所以云、雨常常有关联，因兴云致雨，甚至和雷也是一连串的天象。《离骚》中"吾令丰隆乘云"，有说是云神，或雷神的，雷声丰隆，云层密积，就致雨了。

250

雨后的彩虹，美丽而短暂，是一种稍纵即逝的美，是残缺美。而神话中的彩虹，也充满了对这奇特天象的猜疑与禁忌，虹是一种灾异的征兆，是反常天象的象征。

东方民族有关于虹的传说，在《海外东经》记载了在君子国的北方，常出现一种"虹虹"，各有两个头。^⑰所谓虹，就是虹；就是霓虹，一条在外，一条在内。古代称为蝃蝀，所以从虫旁。根据《说文》的说法，是因为它"状似虫"，是种较理性化的解释；而《尔雅·释天疏》中，则说色鲜盛者是雄，叫做虹；色暗者是雌，叫做蜺，这是天地阴阳之气不调和所产生的反常天象。

蜺虹从虫，在神话中是被看作生物，是雌雄两条龙，或蛇。但它没有尾，而是有两个头。《尔雅》说虹有两首，能垂落山涧饮水，也能降落人家庭院中汲饮。其实这是天空中气压的关系，而产生吸水的现象，古人却以神话思维的方式，设想虹是会吸水的两头龙，甲骨文中所出现的文字形象中，有不少虹。

将虹的出现刻于甲骨文卜辞中，是一种古人的俗信。《诗经》中说："蝃蝀在东，莫之敢指"，不敢用手指虹，因为那是一种禁忌，是灾异的象征。蔡邕《灾异对》就有所谓天投虹，表示天垂象。汉代以前，或《诗经》以前的民间俗信一定早已认定虹的出现，是不吉祥的，这是什么原因？《诗经》蝃蝀的俗信，只说是指虹则烂手指，或令人手歪，而后有淫奔之说。汉代流行的说法，像蔡邕说虹是"阴阳交接着于形色者"（《月令章句》），阴阳交接之气，成为不同色彩的霓、虹，因而有雌、雄的两性之分；至于强调阴阳相攻，就像刘熙所说的"纯阳攻阴气"（《释名》），相攻就是不协调，又加上会饮于河、饮井水等，错误地想象为一种两头生物，因此，五色纵横的"虹"成为天象之一，预示政教失策、阴阳不和、淫奔之风等[18]。而不再是雨后天霁，天空中出现的一道彩虹了。

六、昼夜季候之神

西北海之外，赤水之北，有座章尾山，也就是钟山。这座钟山的主神，名叫烛阴，也叫烛龙，就在无晵国的东方。这神，是人的脸，蛇的身子，红色的皮肤，身子有一千里长，就居住在钟山之下。（见下页图）祂的眼睛非常特别，直竖着合拢成两条垂直的缝。只要它睁开眼睛，世界就成了白昼，它一闭上眼，就是黑夜。它吹口气，就风云变幻，气温下降，成为冬天；呼口气，又赤日当空，燠热难当，变成夏天。祂蜷伏着，不吃饭不喝水，不睡觉不呼吸——一呼吸就成为万里长风。祂的神力又能烛照到九重泉壤的阴暗，所以叫做烛阴。[19]

烛阴　人面蛇身赤色身长
天缺
西北
龙衔
火精
气为
寒暑眼
作昼明身长
千里可谓至神

　　另外在海外南方羽民国的东方，有十六个神人，一个个都是
小脸颊、红肩膊，手臂和手臂互相挽连起来，在这片荒野上为天
帝守夜，可称为司夜之神。

第二节 大地神话

一、河川水神

中华民族的活动区域，早期是以黄河流域为主的。大黄河是养我、育我的长河，从高耸的西北高原奔流而下，滔滔向东，这一路而来的气势，还有雄壮与粗暴兼具的性格，使两岸的子民兴起无穷的虔敬与恐惧。沿着长河迁徙的族类，他们的足迹遍于河流的上游、下游，直到波涛澎湃的大海，那永无休止地吞吐着的海洋。因此，关于水神的传说也随着流传在大河的两岸，以及附近的川泽。其中为《山海经》所记录的只是一小部分，但已足够证明中原部族的生活中，确有他们的想象力，表现一种敬畏的情绪。

（一）黄河河伯

首先从黄河的河神说起，流传得相当普遍。《海内北经》说：从极之渊，或说是忠极之渊，深达三百仞，是河伯冰夷常作为都邑的所在。冰夷，也写作冯夷，据说是渡河淹水做了水神，也有说是服药遇水而成仙，但黄河中产一种"蒲夷之鱼"，是鳅鱼、鳝鱼等长蛇形的鱼，经神格化复成为水的主宰蒲夷，又变成黄河河神冯夷。[20] 这位河神有一张白白的人脸，长长的身躯，驾着龙螭，乘了云车，喜欢在河中遨游，风流潇洒，喜与女郎为伴。因它喜欢漫游，因此阳汗（纡）之山（黄河发源于山中），据说也是河伯冰夷所居住的地方。

（二）水伯天吴

东方滨海地区流传着水伯天吴的神话，是一则早期形态的水神神话。在大荒的东方，有座朝阳之谷，谷中居住的神就是"天吴"，也就是水伯，为掌水之神。水伯是半神半人的怪物，长着八个脑袋、八只脚、八条尾巴、老虎的身子，毛色是青里带黄。这是《山海经》中《海外东经》《大荒东经》所叙述的形象。[21]（见下图）

不过，汉代石刻上的天吴，却加以简化，只能看见两只脚而已。

二、海神禺虢

东海岸上的百姓，常在海上出入，冒着风险，捕鱼为生。风与海是相关的，海上风暴忽起，倏忽之间，变化无常，而捕鱼者的生命实在也是无常的。他们望着海涛中出没的岛屿，在潮汐中浮沉，想象上面住着海洋之神，镇守着海洋，或许东北一带的蛇族就信仰着它。《大荒东经》里记载，东海的海岛中，居住着一个半神半人的巨人，人的脸、鸟的身子，耳朵上悬挂着两条黄蛇，脚下又踏着两条黄蛇，这威猛的神，名叫禺虢，是黄帝的儿子之一。黄帝生了禺虢，禺虢又生了禺京，父子分别掌管广大的海域：禺京掌管北海，禺虢掌管东海，都是海神，也兼风神。[22]

三、泽神延维

河流有神，与河相通性的沼泽，也往往居住着泽神。泽神可能是掌管某泽之神，也可以是普遍性的泽神。他们的职司是镇守水泽，因此为附近的人民所崇拜。《海内北经》载着："舜的妻子登北氏，或说是登比氏，生了两个女儿，一个叫宵明，一个叫烛光，居住在黄河附近的大泽中。一到晚上，从她们身上所发出的神光，能照耀周围百里的地方。"[23] 为专司一地的泽神。另外在《海内经》中有一种普遍的泽神：人头蛇身，长得像车辕，左右各长着一个头，穿着紫色衣服，戴着红色帽子，名叫延维。[24] 也叫委维、委蛇，在帝王葬处常会出现：像帝尧所葬岳山，及帝舜所葬处。这种神蛇，其原名应是肥遗，称为委蛇、螡蛇，是因它的长形（即逶迤）。这种怪物，郭璞说是泽神。神话人物的伏羲、女娲就是两首交蛇之像，伏羲据说是雷泽之神的儿子，成为泽神也是有因缘的。但这种怪物，在传说中也会变成"涸川水之精"（《管子·水地》），就是精怪。（见下图）

四、江湘水神

南方的另一条大河流——长江，没有像河伯一样的水神传说流传下来，但在洞庭湖区却有女性的湘水之神。与男性的河伯不同，具有女性水神的性格。洞庭之山也就是君山，为一小半岛，隔水与岳阳城遥对，属于湖南岳阳县。洞庭湖为潇水、湘江、沅江、澧水所注入的湖泊，再与长江之水相通，而洞庭之山即为湖中的一座较大的山，故成为水神神灵所住之地。洞庭湖吞吐附近的流水，景色壮观，确有"衔远山，吞长江，浩浩汤汤，横无际涯"的万千气象。如果春和景明的时刻，自是心旷神怡。一旦碰上霪雨霏霏，连月不开的季节，那种"阴风怒号，浊浪排空，日星隐曜，山岳潜形"的阴沉气氛，使捕鱼者、商旅者踌躇不前，甚至还有"樯倾楫摧"的悲惨结局。㉕因此，大家对这景象自然生出一种敬畏。除了暴虐秦始皇渡江时逢大风，以为湘君作怪，大怒之下派人砍光湘山上的树外，㉖一般的百姓，都很能表现诚敬之心的。因此，湘水之神的传说就会出现，并且不断流传。

《山海经》中次十二经记载了这段朴素的民间传说：天帝的两个女儿住在洞庭之山，她们常出没于潇、湘一带，有时潜入洞庭之渊，有时游于潇湘之浦。每一出入，就伴随着飘风降雨。而且风雨中，常隐现着怪神，站在大蛇上，左右两只手还握着蛇；同时，一群群怪鸟也在昏沉的天空中嘶叫。这些怪神、怪蛇、怪鸟倒真像水神的侍从，伴游江湘，声色凄惨。江湘一带的居民将

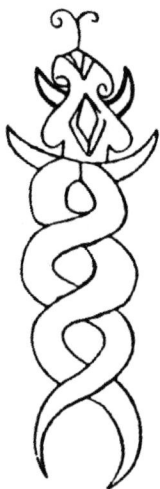

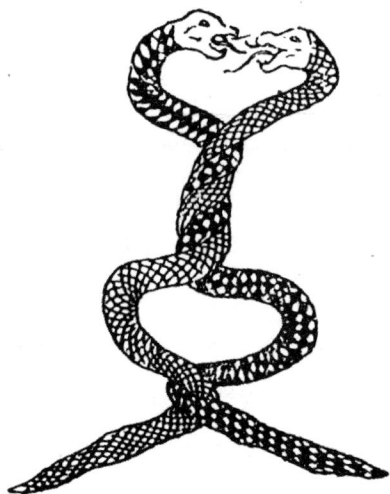

江上的风暴传说成神君出游，恐怕是较原始的水神型态。后来因尧帝的两个女儿，即舜的妃子——娥皇、女英，传说溺死在沅、湘之间，民间将她们转化为湘江的守护神。

《楚辞·九歌》中记述秋风吹拂着洞庭之波时，在江滨、江上有龙舟的祭仪，这种驾龙舟、祭水神的仪式，应该是水边民族常见的仪礼，流传的时间一定相当久远。而舜妃的传说使民间将这个仪式支持、合理化，更容易接受。所以，江湘民族的水神祭，与纪念湘妃的美丽传说结合在一起，永远安慰、满足了洞庭湖邻近的百姓与旅客。

五、四方之神——空间的神话

古中国最早出现的四方之神，应该以《山海经·海外经》所记载的较接近朴素的面目。分别配列于海外南、西、北、东四经之末，作为每一方位的主神。"四方之神"的神话应该是与星辰有关的，原始人类仰观天上的星象，依照肉眼所能辨认的星光颜色，发现了其中的奥秘。这些天文学的知识且有专门的天文世家来掌管，就是赫赫有名的羲和之官，他们的职责是"历象日月星辰，敬授民时"，也就是掌管推算日月星辰的法象。羲氏、和氏的祖先就是重黎，也就是祝融。由掌管天文，变成方位的神；东方之神"重"、西方之神"该"，应该也是同样的情形。而北方之神"禺彊"，据神话人物的谱系，是黄帝的孙子，也成为方位之神。

四方之神如何经过发展，配合了五行，这恐怕是邹衍等一类阴阳五行专家出现前后的事。五行的名称，是出自观星知识更进步的时代，占星家所起用的术语。《汉书·艺文志》说："五行者，五常之星气也。"依照肉眼的观察，占星家使用物质生活经验来与星气相比类，其色苍者谓之木星、其色赤者谓之火星、其色白者谓之金星、其色黑者谓之水星，加上其色黄的土星。这种星象知识在五行家繁琐的推理中，与五种物质元素：金、木、水、火、土相配合，又与原先的东、西、南、北、中的方位组合，就发展为另一形态的方位之神。邹衍之徒设计了一种五帝德，将古代帝王配以一种德，直线发展的历史变成了一种圆道循环的历史定律。原先的古帝也被分配了方位；每一方位各有一帝管辖，各有适合于方位的德。因此，四方之神就成为四位辅佐的臣了。中国的五行哲学后来发展成为一种繁复的思想模式，与日常生活密切关联，几乎各行各业的知识都能用这模式来组合，形成一种独特的思考方式。㉗

因此，《山海经》保存的四方向的神话，是较为纯朴的。在天文知识发展的初期，代表了北方大地上的子民，以星辰辨别方位的美丽的想象。下面依《山海经》原列次序，附加一些方位神话，形成了中国古老的"空间的神话"。㉘

南方之神为祝融，形状像兽的身子，人的脸，乘着两条龙。

但也有人说，祝融应该是金蛇、火蛇的蛇形，跟闪电有关。在神的系谱上，祝融是颛顼的孙子，老童的儿子，名叫吴回，也叫黎，曾做过高辛氏的火正，就是掌火的官，死了以后就成为火官之神。㉙"祝融"掌火，具有光热、明亮的性格，最先为广大地区的人民所信仰，尤其是山东、河南一带，原属殷民族生活的地区。后来随着部族的迁移，向湖北、湖南等地传布，成为南方的方位之神。在五行中，南方属于火，四季中属于孟夏，颜色属于红，而象征性的灵兽就是朱鸟——一只红色羽毛的灵禽，但都与光热的性格有关。炎帝管辖南方，祝融就成为最得力的辅佐之臣了。㉚

西方之神为"蓐收"，形状是人的脸，老虎爪子，遍身白毛，左边耳朵挂着一条蛇，手里执着一把大板斧，身下跨着两条龙。㉛（见下页图）祂是西方天帝少昊氏的儿子，名叫该，死后就成为全德之神。蓐收辅佐白帝少昊氏统辖西方——从流沙之西到三危之野的广阔地区，负责察看落日的反照，又掌管天上的刑罚，所以也叫红光。这是因为西方属于金，和季节中的秋，常和萧杀、萧瑟的感觉有关。落日的悲壮情调、配合秋的季候，成为中国文学中的一种原型。至于颜色属于白的配列，有"太白"星神的联想，有"白虎"的灵兽象征，在风水哲学中这可是一个该特别留意的方位，因为那是主杀啊！

蓐收左耳有青蛇
有毛虎爪而执钺
西方金神也
蓐收金人
神白
毛虎
爪
珥蛇执钺鼻
司无道立彀
西阿恭行天讨

北方之神为"禺彊"，祂是一个人的脸，鸟的身子，耳朵上挂了两条青蛇，脚上又踏了两条青蛇的威猛天神。也有一种传说，祂长得浑身是黑，黑色身子，又黑手黑脚，骑着两条龙[32]，能使唤海中大龟。在神话谱系上，禺彊是天帝黄帝的孙子，禺䝞的儿子，也叫做禺京，禺京也就是禺彊、禺疆。京与彊都有"大"的意思，祂是北方的巨人族的巨人。北方，在古中国人的实际经验与想象世界里，是一片充满着冰冷、幽暗的恐怖世界，这片幽深的冰天雪地，幽深阴沉，成为幽都的所在，也就是幽冥地狱。从丁令之谷到积雪之野，长达一万二千里的辽阔地区，为颛顼氏臣玄冥所统辖。玄冥就是黑暗幽冥之义，与幽都之国凡物尽黑相符合。玄冥就是禺彊，这位神的性格最为复杂，兼有黑色水神、海神、风神，以及太阴之神和大厉疫之鬼等，但都与神话中的幽冥地狱之王的性格相一致。这位天神能扇动着一对大翅膀，鼓起蓬蓬的猛烈无比的巨风，风里带着大量的疫疠与病毒，人遇着这股疠风，就会生疮害病，乃至于死亡。当祂以海神出现时，能化身为陵鱼或鲸鱼，领带着海中的黑蛇和黑龟，随时使唤它们。这位海神兼风神的禺彊，基本上是水神的分化，所以称为水神。五行属水，季节属冬，颜色属黑，这些阴湿、冰冷、黑暗的综合，成为玄冥的性格，称为孟冬之神，或幽冥地狱的神主，都是这个冰巨人的职官和祂的职司。③

东方之神为"勾芒"，祂长着人的脸，鸟的身子，脸是方敦敦的，穿一件白颜色的衣服，驾了两条龙。㉞据说，祂是西方之帝少昊金天氏的儿子，名字叫做"重"，辅佐木德之帝，死后成为木官之神。"勾芒"就是春天草木生成，一种弯弯曲曲、初发芒芽的样子，成为春天和生命的象征。因芒即萌，意为季节的开始、植物的初生，代表春之发、生之长的神。《楚辞·九歌》中有少司命，就是一位为妇女所喜爱，保护幼艾，让生命不断成长，散发青春与活力的象征。他帮助东方之帝伏羲共同管理着东方，那片自碣石东到日出榑木之野的滨海地区。东方属于木，属于春和青色，少司命是一种掌管生命成长，赐人长寿的生命之神。而灵兽形象则是等待飞腾的苍龙。

六、水灾、旱灾神话

农业社会的百姓，只有一个愿望："风调雨顺，国泰民安"，农作物能有及时、适量的雨，下种、成长，然后祈求收获季的来临，就是这样单纯的愿望。以黄河流域为活动范围，农民惧怕雨水太多造成河泛，但更怕的是旱魃。据说旱魃一来，黄土平原上就要变成千里赤地，饿殍遍野。这种痛苦就随着历史而俱来，百年以前，千年以前就有了。对于这种超自然的水灾、旱灾，古人并不是恶毒的咒诅，而是以宽容的叙述解说水、旱灾的祸首是怎样降临的，然后想利用一种超自然的法术禳祓。《山海经》中两则水、旱灾神话都与黄帝有关，原来这些灾祸与伟大的天帝也有密切关系。

（一）应龙神话

据《大荒东经》记载：大荒东北隅中有座山，名叫"凶犁土丘"，应龙就住在南端，很善于蓄水行雨。因此，黄帝与蚩尤交战时，为了抵抗蚩尤所作大雾，就特别请应龙来助阵，大家通力合作，终于杀了蚩尤和夸父族的巨人。但从此以后，应龙不能返回天上，只得长住地上。结果，天上缺少了应龙，不能兴云致雨，就常闹旱灾。应龙既不能回天上，只得跑到南方，隐居在山谷密林中，南方之地多雨水，山林之地也多雨水，传说就是因为应龙常驻在当地的缘故。[35]（见下页图）

应龙既然有积聚雨水的能力，因此，民间遭遇旱灾时，就模仿应龙的形状，做一只土龙，舞蹈行雨。据说自然受了冥冥中的感应，常会得到大雨。这是一种典型的求雨术，基于交感巫术中的模仿原则，模仿善于降雨的应龙，冥冥中发生感应，而得到求雨的效果。

（二）旱魃神话

旱魃的神话也和黄帝有关。在《大荒北经》中记载：遥远的大荒之中，有一座系昆之山，山上有共工之台，住着一个穿青色衣裙的女魃，据说是黄帝的女儿。蚩尤统领着南方部属与黄帝作战时，黄帝虽召请应龙准备在冀州的原野上猛攻，想利用应龙蓄水作雨的神通，来击破蚩尤的大雾迷阵，但没想到蚩尤棋先一着，搬请了风伯、雨师，纵放起大风暴雨。黄帝无法只好命令女魃下来，说也奇怪，女魃过处，风雨尽收，大雾之阵被破坏后，黄帝一方全力猛攻，终于把蚩尤一方杀得惨败。

　　但是天女魃在破敌之后，就不能再回到天上，只好逗留在地上。从此以后，女魃所居留的地方，滴雨不下，旱云千里，让老百姓叫苦连天，女魃被称为"旱魃"。这种苦状，后来田祖叔均向黄帝报告，黄帝才下令把女魃安顿在赤水以北的地方，不使为虐于可怜的百姓。可是旱魃却常逃出，到处漫游，因此凡是旱灾，大家都说是旱神女魃来了。要驱逐时，就先把水道开好，把沟渠挖通，然后作法术，命令说："神啊！向北走。"被除的仪式，正反映了农业社会惧怕旱灾的心理。㊱

　　后世民间就流传着"逐魃""打旱魃"的仪式。据说那种魃，高二三尺，袒身露背，从不穿衣服，两个眼睛长在头顶上，走路是健步如飞，快捷如风。如果能驱逐魃，或设法捕捉，然后扔在沼泽中，就可去掉旱魃，解除旱灾。这种逐魃仪式，为北方大地常见的现象，可见北方常有旱象，而农民也深为害怕。

　　附带要说的，还有一个"旱魃"，就是丰山的神耕父，张衡《南都赋》也提到这位怪神。《中山经》只说祂一出现"其国为败"，而李善注《文选》却明说是"旱鬼"，跟《诗经·大雅·云汉》篇注"魃"是"旱鬼"，同样是旱灾的制造者。

第三节　山岳信仰和乐园神话

一、昆仑乐园

世界上每一民族都有乐园神话，乐园的存在与对它的向往是每一民族共同的梦境，表现了集体潜意识中隐蔽的理想与愿望。因为神话是一种巧妙的文化产物，与产生文化的生存环境有密切关系，所以分析了解各个民族的乐园神话，都可了解那些符号所象征的意识——不管是语言象征的神话，或行动象征的仪式。譬如信奉回教的阿拉伯民族，在多沙漠而少雨水的游牧生活方式中，他们视有水草的绿洲或多水的花园为天堂乐土。穆罕默德所执的《古兰经》所描述的天堂：

忠实信徒将来所有之天堂为有河灌溉之地，食物永远丰富，树荫永远各地皆有，此为敬畏上帝者之赏品。唯不信上帝者，其赏品则为地狱火也。

畏上帝者将来居于花园内，有众泉环绕之。

上帝将引导信上帝者及行为合正义者，入有溪河流行之花园中。

常有流水树荫及水果，成为阿拉伯人宗教中的乐园，而地狱则为炎热、干旱的地方。而古犹太人生活于农村及游牧社会中，常有四境的沙漠部落前来劫掠，缺乏一种安全感。所以犹太作家常想象天堂为一有围墙的城市，具有珍珠门及黄金街——因为有城墙之都成为平安的避难所，为一种安定、和平的符号。至于远在美洲的印第安人因有长久的射猎生活，猎物为生活条件所必需，因此就向往这样一座天堂：风微微地吹，雨适时地落，有着丰繁禽兽的大兽场。[37] 中国人自然也有乐园的梦境，在苛政、战乱与天灾的肆虐下，向往一个个人的长寿永生与社会的和谐安乐的乐土。"适彼乐土"——乐土为人类最原始、最丰盈的象征，为古中国人集体潜意识的共同愿望，那就是昆仑乐园。

《山海经》的海外南、西、北、东四经中，都设计了各方位的圣山，其中以西方的昆仑为圣山中的圣山，这个西方乐园的中心系统与东方海岛的蓬莱仙山系统，为中国古代的神仙乐园。但昆仑神话却要复杂而疑难重重，历来学者聚讼纷纭：像真实昆仑与神话昆仑的区别？昆仑一词是否为西亚传播到中土的？昆仑在古代历史中古老到何时？是否与古代民族的迁徙有关？这些问题都使得昆仑乐园更像缥缈在云雾中，迷人而不易真切清晰。

首先要知道的，昆仑乐园的神话，与宗教仪式有关。据奥地利人类学家施密特（W.Schmidt）说，北极、北美原始文化区保留有一种"萨满信仰"（shamanism），"萨满"二字的语源源自通古斯语，像满洲、蒙古等语言中都保存了类似的发音，其实就是中国古籍中的"巫"或"觋"。高延（De Groot）曾说："在邃古，或者甚至在时间的长夜里，泛灵论的宗教就已经在中国诞生。这种宗教可能有一种教士制度，即是说，某些男女可与精灵世界发生关系，而这能力为其他人所无。由古籍研究结果，我们可以得到一个结论：不管如何，这些教士一定是巫。"[38] 巫有以药物，或降神法医疗，或者预知吉凶指示命运的超感觉，能以舞蹈媚神乐神，又能传达天意，往来于人神之间。巫的特殊见神能力，使这群神职人员成为人神之间的媒介，被称为灵媒。当然，神话中说他能上下于天，其实只是经由集中精神的训练后，进入幻觉状态，神游于幻境之中，为一种神秘的宗教体验。

巫师因他的见解能力，成为一种传达天意的神人。在古代神权极盛时代，巫的权威自然极大，有时甚至是王——或王兼有巫师集团的领袖身份，也就是神权、教权合一的情况下，为政治之王，也是宗教之王，神话中的黄帝实具有巫王的身份。后来王权逐渐超过或擅用教权之后，巫师的地位才降而为王权政治的宗教性助手，或政府里的职官。殷商是巫教文化仍在盛行的时代，古籍或甲骨中都记载了一些称为"阿衡"的巫者之长，像伊尹、巫咸等。巫师威权盛大的时期，巫王要亲自祭祀天帝，或请祖先为"宾"代达祝祷之意——称为宾祭，或由巫师帮忙举行祭天大典，这种隆重的谢天、祷天的典礼就在昆仑举行。

昆仑，就是圆，就是天，是天柱，是一支圆形的天柱。在萨满的宇宙观中位居大地的中央，往上就可通达天的中央，就是北辰——北辰信仰为北方大地的重要星辰信仰，属于天空的中央，也称为"北极"——极就是中，北极即为天的中央，对应于北极的就是昆仑。在北半球，北辰为一明亮的星座，为广大草原上的游牧民族，指示方向，因此有钩星、天柱等名称。对应于北辰的山即为圣山，为天柱、圆柱，这座世界大山成为神话中升天必经的通路，而在仪式中也成为举行郊天的典礼。

神话中的昆仑成为丰美的乐园，而乐园中的帝王就是黄帝。学者说轩辕氏的轩辕，与昆仑音同，轩辕之丘也就是昆仑之丘，轩辕为人名，也是丘名、国名，这是遵守图腾变化律的发展。[39]《山海经》的昆仑与黄帝有密切关系，为天帝在下界的帝都，也是黄帝祭天的圣山。《山经》只说昆仑之丘，是天帝下方的帝都，也是游乐的行宫，由天神陆吾负责管理，这个人脸虎身而有九尾的神也兼管天上九大部州。又有火红的鹑鸟管理天帝的宫殿中的器具、服御之物等。另外不远的槐江之山，就是天帝下方的花园，称为悬圃、平圃或元圃，为上升天堂的必经之路。由人脸马身虎文而长有翅膀的招英负责管理。但是《海内西经》的叙述就要具体而神秘：

海内的昆仑之墟是在西北方，也就是天帝在下界人间的帝都城。昆仑山的虚基，方圆八百里，高约万仞，其中有座庄严华美的九层都城。山上生长着一种长五丈、大五围的稻子。正面有九口井，四周围绕着玉石栏杆，正面又有九扇门，门前各有威风凛凛的"开明兽"守护着，这就是百神栖息的所在。位在八隅之间，赤水岸上。要不是仁德如羿，谁也无法攀登这座山上的岗岭巉岩。⑩

这座昆仑山顶的景象，都是些乐园中的灵禽异兽，又长着些神秘植物，应有尽有，神奇而美。其中的开明兽据说是这种造型：

昆仑山上的开明兽，身形高大，像老虎，共有九头，都是人的脸形，向着东方蹲踞着。⑪（见下图）

这种造型，苏雪林认为就是西亚的人面狮身像，当然，昆仑也要搬到西亚。只是远古时期，荒忽难知，也很难说《海内西经》会达到哪里？

昆仑山上以五城十二楼的宫殿为中心，四边环绕着的也都是一些神圣事物：

开明兽的西方，有凤鸟、鸾鸟，头上戴着蛇，脚下踏着蛇，胸脯上还挂着红蛇。

开明兽的北方，有视肉、珠树、出五彩玉的文玉树、树上长满珍珠般美玉的琅玕树，又有一种不死树——吃了这树上的果子，就可以长生不死。又有凤凰和鸾鸟，头上都戴着盾。又有一种清芬而甘美的水果，叫做甘水，也叫醴泉。四周长着各种奇花异木：像高大的木禾、果子吃了让人聪慧的圣木，以及柏树等。

开明兽的东方，聚集了一群神巫采不死之药在救窫窳，又有一服常树——沙棠树，和琅玕树。琅玕树上生长着珍珠般的美玉，极其珍贵。黄帝特别派了一个眼睛明亮、长着三个脑袋的离朱去看守。离朱的三个脑袋轮流睡觉，轮流醒来，不分昼夜地注视着琅玕树和琅玕子，谁也休想得个一枝半子。

开明兽的南方，有一种绛树，树木都整齐有序地列生于表池

（华池）的岸旁。附近又产有四脚蛟龙、蝮蛇、蛰、豹，和诮鸟、雕鸟等禽鸟，又有一种六头鸟。此外还有奇特的视肉。[42]

由这些神圣景物所衬托出来的昆仑景象，烘托着那座九重增城，耸峙在一万一千里以上的半空中。四周围又包围着弱水之渊，环绕着炎火之山，再加上开明兽守护着。据说那位豹尾虎齿、乱发上戴了玉胜的西王母也驻守山上，负责管理不死之药[43]，《大荒西经》就说：

> 西海之南，流沙之滨，赤水之后，黑水之前，有大山，名曰昆仑之丘。有神，人面虎身，有文有尾，皆白，处之。其下有弱水之渊，环之，其外有炎火之山，投物辄然。有人戴胜，虎齿，有豹尾，穴处，名曰西王母，此山万物尽有。(《大荒西经》)

既然昆仑仙境是这样的神秘，要通过水火的考验才能上去，确实是非常人所能办得到。大概只有仁者后羿曾通过，向西王母求过不死之药。

屈原《离骚》一篇，借用昆仑神话叙述自己的升天情境，他第二次以盛壮的仪礼，远征昆仑，一层又过一层，将要升上光明的天堂前，"奏《九歌》而舞韶兮，聊假日以婾乐。"在升天仪礼中演奏《九歌》、舞乐《九韶》，完全是模仿古帝王祭天、升天的礼节。古帝王中伏羲曾经建木登天，也就是行登天祭天仪礼时，

274

以圣木为仪式之物。黄帝自然是昆仑之丘的主祭者，而他的曾孙颛顼做了一件"绝地天通"的大事：

> 颛顼生老童，老童生重及黎，帝令重献上天，令黎卭下地。下地是生噎，处于西极，以行日月星辰之行次。(《大荒西经》)

重黎，有些学者认为是一人的分化，本为祝融图腾之一，由图腾变为天，变为司天之神，乃系图腾变化的通例。重黎的原始音应该是重格黎——意思就是天，与匈奴语谓天为撑梨，原只系一字的分化。"绝地天通"的事，指原始人的诞生由于图腾的下降自天，而人之卒也由于图腾之由地返于天上，这时人没有个性，都是图腾的分化——这就是可以自由来往天地的神话化。后来人渐趋向个性化，祖先也趋向个性化，因此图腾团团员不再都是图腾所降生，而只有始祖是图腾所生，团员顺序与始祖有关系，而间接与图腾有关，这种图腾不再降下地，团员不能再上天，就是绝地天通[44]，这是从图腾观点的解释。其实重黎绝地天通的神话，应该是象征古代宗教权的统一，颛顼氏为古巫王的重要人物，《大荒西经》说他"死即复苏"，为神通广大的巫。《国语·楚语》中，楚昭王问观射父"绝地天通"的神话，观射父的回答透露出来实情：在少皞氏时期，原有较严格分明的巫祝制度，只有巫觋等神职人员能够祭天，代传天意。但到了末年，人民都要自己作巫史，说可以与神交通，结果威胁到统治阶级无法垄断对神权的控制。

因此颛顼派了祭天祀地的专职人员重、黎，恢复严格的巫祝制度，通过巫祝，利用神权，巩固统治集团的既得地位。因为古代神权时代，王权、神权合一，行使统治政策，对于民众的思想与精神心理能有效地控制。禁绝人民的祭天之权后，颛顼拥有祭天、代传天意的绝对威权。⁴⁵《吕氏春秋·古乐》篇说他命令乐官飞龙作《承云之歌》就是为了祭天。

《山海经》另一重要天帝就是帝俊、帝喾、帝舜，原为一神的分化，也有作乐祭天的神话，《吕氏春秋》说帝喾命乐师咸黑，创作《九招》《六英》《六列》诸乐曲，祭祀天帝；并说帝舜命令乐官质修订《九招》《六英》《六列》，"以明帝德"，就是祭告天神的天乐。因此夏启才有得《九辩》与《九歌》的传说，他在夏禹死后，历经八九年的王位继承权的征战，最后拥有天下，因此特别要到西方之野去祭天。这片"西南海之外，赤水之南，流沙之西"的天穆之野，就是昆仑山汇的"高二千仞"的圣山，夏启打扮的形象是"珥两青蛇，乘两龙"，象征实行两部制，统一天下，因此"始歌《九招》"——就是《九韶》，以祭告天神。⁴⁶祭仪进行的情形，《海外西经》叙述得较详细：

大乐之野为高达一万六千尺的高原。据说夏后氏曾经在这里吩咐歌童舞女手里拿着舞具，跳着变化多姿的《九代》舞。他本人便乘坐在两条龙驾御、车盖饰着三重浮云的华丽车子上，左手持着张开的羽葆幢，右手握着白玉环，意态闲雅地欣赏。大乐之

野就在大运山的北方，也有人称为大遗之野。^㊼

《大荒西经》说是"上三嫔于天"，《天问》说："启棘宾商"，宾在甲骨文中属于祭祀天帝、天帝的祭名，就是请祖先为帝之"宾"而受祭，也就是说祭祀祖先，同时也祭祀天帝。^㊽夏启历经长久的奋战，才获得帝位，故要祭告禹王，祭告天神。这种祭天，在昆仑山附近举行，自然是因为这座山最接近天帝，这就是昆仑神话的仪式性意义。

当然，舆内名山，后来也不限于昆仑，只要境内较高的山都可升天，譬如：

流沙之东，黑水之间，有山，名不死之山。华山，青水之东，有山，名曰肇山，有人，名曰柏高，柏高上下于此，至于天。（《海内经》）

肇山也是不死之山，成为升天的圣山。而柏高大概也是神巫，后来举行的升天仪礼，也兼具祭告天帝、祈求降福、企望不死等多重意义，秦始皇、汉武帝的封禅泰山，就是昆仑祭仪的遗意。至于封禅的明堂建筑，在中国也保留了一些遗迹，与观察星象也有关系。据说"京"为殷商时代的高层建筑，据地下考古文物的挖掘，夏朝也有"京"的遗址，在长远的时代里确有这种仪式性的建筑，作为郊天之用。一些相信西亚文化传播论的学者，也曾比较中国的封禅与两河流域的昆仑文化，认为西亚的"齐古拉特"（Zikkurat）为较古的原型。只是远古文化还没有许多考古文物的发现作为进一步的证明，这只是一种推测而已。

二、蓬莱仙境

东方海上的仙山神话，为燕、齐诸滨海民族的另一系统的乐园神话，属于海洋民族的共通的、普遍的意识的反映：滨海地区的人们常常往来海上，对于瑰丽、变化的海洋充满着冥思的诱惑；又加上自然现象中所呈现的日光折射，形成海市蜃楼的幻影，于是这个地区的人们，综合了对海洋神秘性的信仰，而产生乐园的神话。

《山海经》多记昆仑仙山，而较少记录东方系统的蓬莱仙岛。有人认为后者较为后起，甚至受到昆仑神话的影响。其实，西方民族有希求乐园的愿望，东方民族何尝没有一种不死的梦境呢？只是被记录较迟，要到战国晚期才流行，而有《庄子》（应该还有更早的《列子》）的藐姑射之山的仙真神话。因为庄子为殷商后裔，又活动于滨海地域，因此，熟悉巫教文化，寓言中所使用材料也与原始的神话有密切关系。至于《史记》中的《封禅书》，描述秦皇、汉武热衷于方士口中的海上仙山，就更具体化。海岛系统的神话也有些组合的要素，首先就是归墟大壑，为一深藏神秘之美的大海；其次为仙山是三座或五座，由五座变成三座的神话性解说。⁴⁹《山海经》只简略地提到归墟大壑：

东海之外遥远的地方，有一个大壑。这个叫"归墟"的深壑，深得没有底，却是五神山的所在。金天氏少昊就在这里建国，这是一个鸟图腾的部族。据说幼小的颛顼曾一度到这个国度，受他的叔父少昊的教育，也帮着治理国政，学习作领导者的才能。少昊氏宠爱这个聪明的侄儿，制作了琴、瑟，供他娱乐。待颛顼长大回去，少昊便把琴瑟丢在大壑里。因此大壑深处，波涛涌动，就会传出一阵阵悠扬悦耳的琴瑟声音，美妙极了。国内又有一座甘山，"甘水"从这里发源，流水积聚，成为一处渊渚，就叫甘渊。⁵⁰

从这段大壑传说的叙述来考察，还是没有仙山的痕迹，只保存了有个叫大壑的传说的片段。至于仙山，只有《海内北经》的两行记载，珍贵地留下了蓬莱山的一些影子：

蓬莱山在海中。

大人之市在海中。

据《史记》说蓬莱山是东方海上的一座神山，山上有黄金打造的宫殿，白玉筑成的栏杆，飞禽走兽都是素白的颜色，到处遍生着珍珠和美玉的树，所结的果子也是珍珠、美玉似的仙果。神仙栖居在这里，穿着纯白的衣裳，饮着甘泉，吃着仙果，能自由自在地飞翔。这些缥缈的仙山浮现在缥缈的云雾中，行船的人远远地看见，就拼命地划，看看要划近了，抬头又那么遥远，只见飘忽的影子倒映在水中。倒是海上捕鱼的，偶然给风吹到仙山的近旁，殷勤地被招待一番，然后又被送回。这些美丽的神话，飘忽而又动人，它永远流传下去，满足一种隐微的不死的愿望，这本身就是一个缥缈的梦境。

三、南、北、东的圣山

《山海经》描述了一些圣山，尤其集中在《海内经》《海外经》和《荒经》中，也是整齐地分布在南、西、北、东的四个方位。圣山崇拜为典型的山岳信仰，具有浓厚的神灵性。圣山乃圣王死后英灵凭依之所，成为各部族崇拜的圣所。《海外南经》前的小序说："神灵所生，其物异形。"圣山之上成为神圣处所，古人相信会产生一些较具灵异性的动物、植物；同时，圣山成为禁忌之地，附近往往禁止砍伐，自然形成一片树林，这就是圣林，圣林中所栽植成长的树常是圣木。这种神圣性山林的存在，是原始民族普遍性宗教意识的表现。它常是族中的圣地，为宗教崇拜仪式举行的场所。《山海经》中西方的昆仑崇拜外，其他各方还有些有趣味的山林。

《海外南经》《大荒南经》都记载着同一座圣山——狄山，也叫汤山、岳山，林木蓊郁，泛滥衍布达三百里之广。帝尧埋葬在山的南麓、帝喾在北麓（帝舜也有），连较晚的文王也有当地土人在山上为他所建的纪念冢。山上出产许多灵禽异兽，兽类像熊、罴，富于纹彩的雕虎、猕猴类的蜼，以及豹子；鸟类像鹰，又叫离朱、离俞的赤鸟、鸱鵂属的鸱久。树木则是生长着一种朱木，红色树枝，青色花朵，也结红色果子。较特殊的是延维与视肉，常出现在名山胜水和帝王陵墓。延维为神性的长蛇，视肉是一种形状奇特的生物，没有四肢百骸，只是一堆肉，形状有点像牛肝，却在当中长了一对长眼睛。这种怪物却是最美妙的食品，据说它的肉总是吃不完，吃了一块，又长一块，永远是那个样子。另外还有一种叫吁咽，或虖交的奇特东西，也不知是何物。[51]

又有一座盖犹之山，山上生长一种甘柤：树枝、树干都是红色，黄色叶子、白色花朵、黑色果实。东边又有甘华：树枝、树干是红色，叶子黄色。又有青马、赤马——名叫三骓。还有神奇的视肉。附近又有南类之山，产有遗玉、青马、三骓、视肉，还有甘华，为百谷聚生的地方。这些都是大荒之南的奇山。[52]

大荒之南的另一座帝王陵墓性质的圣地，就是苍梧之山，和苍梧之野。《大荒南经》说有一座阿山，在南海之中；有一座氾天之山，赤水就流注到这里。赤水的东方，是一片苍梧之野，苍梧之山就在苍梧之野中，也叫九嶷山，为九座山形相似的山峰，所以叫做九嶷。据说帝舜巡狩到南方，中途死了。百姓感念恩德，就把舜的尸骨，用瓦棺装敛，埋葬在九嶷山的南麓，另一位叔均也葬在这里；而《海内南经》说帝丹朱就葬在山的北麓——丹朱相传为帝尧的儿子（没即位）。这里出产各种奇禽异兽，像文贝、离俞、鸱久、鹰贾、委维，还有熊、罴、老虎、豹子、野狼，和视肉等。㊳

北方有一座圣山——《大荒北经》说是附禺之山，《海外北经》说是务隅之山，《海内东经》说是鲋鱼之山，为汉水发源地，其实都同指一山。在东北海以外、河水之间，据说北方大帝颛顼就葬在山的南麓，九位嫔妃埋葬在北麓，由四条神蛇护卫着。这里生产禽鸟有鸱久、文贝、离俞、鸾鸟、凤鸟、青鸟、琅鸟、玄鸟、黄鸟等；兽类有虎、豹、熊、罴，以及黄蛇、视肉，又有璇瑰、瑶碧等美玉，全属于方圆三百里的卫丘山南的神圣事物。㊴

《海外北经》还载有一座平丘，也叫华丘，原是两座山中间夹着的一道山谷，为一座宽阔的溪谷，二座大丘陵就突出在谷中，所以叫做平丘。这里出产遗玉、青马、视肉，以及甘柤，和类似的甘华——红色枝干、黄色花朵，林中百果生长。

东方的圣山，《大荒东经》没说山名，只说在东北海外，《海外东经》说是嗟丘——这山丘产有遗玉、青马、视肉，还生长着杨树、柳树，以及甘柤、甘华等珍异树木，百果就生产于林中。在东海之中，有两座山，夹着这一座又叫嗟丘的丘陵，丘陵上就长满了这些奇特的树。也有说百果所在的地方，在帝尧所葬狄山的东方。⑤

　　圣林的记载常与圣山相关连，属于圣地崇拜，其中常有圣木。《海外南经》说狄山旁有范林，方圆三百里。《海外北经》说的范林，也方三百里，在务隅之山，因为《大荒北经》就直接记载是"丘方员三千里"。另外丘南有帝俊竹林，为高大的竹子，可剖开作船，据说竹实为凤凰所食，凤凰正是帝俊的神鸟。⑥海外北方另有一座"邓林"，据说是二树木所繁殖形成的，其实就是《中山经》所说的桃林，也是广圆三百里，现在称作秦山的夸父之山。北山为桃林寨，周初曾为放野马、牛的地方，为传说中夸父所抛弃的蛇杖化成的。类似的圣林崇拜，还有《海内东经》的"桂林八树"，由八株树所长成，也是古代树木崇拜的遗迹。⑦

第四节　动、植物变化神话

　　原始人类对于生命的观照方式，是基于循环变化的原则，形成一种庄严的生命观。循环，是初民仰观俯察于天地之间，惊诧于四季往复、昼夜交替，而动植飞潜顺应宇宙无形的周期，形成一种周而复始的"圆道循环"（cycle），它的原型结构是这样的：

出生（birth）—死亡（death）—再生（rebirth）

如果画成图形应该是一种连续不已的圆形。"植物世界"（vegetable world）的循环为人类生活所取资，引起集体的关注，而"人类世界"（human world）反关系整个群族的世命的生生不息，表现在宗教仪式中就是"神祇世界"（divine world），表演神祇的受难、复活。古中国人的年中行事有些就是象征一年循环的祭仪，这种"永劫回归"的观念，象征宇宙生命的承续不绝，为一种圆道的周期循环。

　　生命的承续又依照什么方式生长不息？古中国人有两种基

本概念，一种是生产，一种是变化。生产为生命表现的正常运作方式，指同一种类使用同一形体产生另一生命，《周礼·大宗伯》注："生其种曰产"，而《说文解字》解说"产"这个字——"从生，产省声"，就是基于同种同类赓续生命的一种生命观。变化则为生命表现的另一种变通方式，乃是不同种类相互变化的生命形态。《说文解字》说"变，更也，从攴䜌声"，而䜌字，解为"乱也，一曰治也，一曰不绝也，从言丝。"变有更改、赓续不绝的涵意；而化是"教化也，从匕人。匕，变也"。匕才是本字，《说文解字》中属于变体象形一类："从倒人，人而倒变，匕之意。"所谓"人而倒变"，就是人由少化成老，指同一形体的变化，《荀子》说是"异状而同所者"（《正名篇》）；《墨子》说："化，征易也"（《经上》），又说"化，如龟之为鹑"（《经说》）。因此，"变化"观念的形成，表现为生命的另一种型态，像龟化为鹑、雀化为蛤，腐草化为萤，为古人素朴的观物方式，属于一种错误的生物观察，这是"拟科学"（pseudo-science）时代常见的现象。又基于类似的经验，原始人产生一种对生命的信仰，生命为充满着生气的宇宙的具现，这生气附着于任何物就吹进了生命，而它又变化，生气聚聚散散，生命也变变化化，形成纷纭、森罗的万象。他们将生命视为一种不断而连续的整体，不同生命领域，不同类别的生命，并非是固定、不变的形状，在特殊的机缘中，某一事物突然变化，成为另一事物。这种机缘诸如无辜的夭亡、神通的表现以及宗教性的崇拜等，成为《山海经》中的"变化神话"。

《山海经》中动、植物的生命，不外这两类，尤其利用变化律（law of metamor phosis），属于一种解说性神话，以庄严、肃穆的态度对待宇宙间奇特的生命状态，成为原始的"变化神话"。⑱

一、禽鸟神话

（一）凤凰神话

神话世界中的灵禽，数凤凰最是神秘而美。这种神鸟似乎飞翔于整个中国人的想象的天空中，无论东西，或者南北，都流传有凤凰神话。因此，凤凰不只是一种美丽的鸟类，而是宗教信仰中所崇拜的图腾，更提升为一种神秘性的和谐、安乐与完美的象征。

古人创造灵禽灵兽，多少有取象的依据。他们表现在实物的，像砖、瓦、石刻以及铜器上的图像，另外殷商契文上较简易的文字，形体繁多，造型美观。据专家的研究，凤凰的原始造型应该是以雉类为主要依据。动物学中的雉约有十六种，但是从雉的外形，尤其依据鸟冠、尾部和身上的花纹等作分类，可分成三种类型：

孔雀型：鸟冠是一束细毛组成，直立头上，上宽下收，像一把扇子。尾部有雀屏，长长的屏，约与身体相等，由许多长短不一的翎羽合成。收合起来时拖在身后，像煞一串串的翎眼。孔雀开屏转着身子时，最为美丽。

山雉型：鸟冠是一束羽毛向后倒放，尾部也有些长屏，但较孔雀窄些；羽上没有翎眼，而有横斑纹。

鸡型：鸟冠像公鸡，短而向后倒。尾也像公鸡，有些扁形如扇。

商周器物，所画的取象于孔雀型——孔雀或火背鸟，特色在华丽的鸟冠、扇状的长尾和身上的花纹。商末西周渐转变为雉型，东汉以后成为混合型，乃是加上想象力，和灵异思想的综合图像。《山海经》所记录的凤凰群像，有些是真实禽鸟的描述，有些是依据图像的陈述，更多的是历经传闻后的神话中的灵禽形象。但大概凤凰只是总称，其实并不指同一类型，《大荒西经》说："有五彩鸟，三名：一曰皇鸟、一曰鸾鸟、一曰凤鸟。"细分有鸾、凤等不同，就好像太史令蔡衡所说像凤的有五种：多赤色羽毛的为凤，多青色的为鸾，多黄色的为鹓雏，多紫色的为鸾鷟、多白色的为鹄，古人统称为凤，其实都是雉类。⑤

《山海经》所记载的古代凤凰的形状为：

丹穴之山，有鸟焉，其状如鸡，五采而文，名曰凤皇。首文曰德、翼文曰义、背文曰礼、膺文曰仁、腹文曰信。是鸟也，饮食自然，自歌自舞，见则天下安宁。(《南山经》)

女牀之山，有鸟焉，其状如翟，而五彩文，名曰鸾鸟，见则天下安宁。(《西山经》)

南方像鸡的凤凰，应该是孔雀型，《西山经》的鸾，可能是长尾雉，同样具有华丽的羽毛，鸾鸟或者近于马来西亚的大Argusianus，会发出高鸣。而雉鸟、尤其是孔雀会张翅、开屏，转圈而舞，所以会有自歌自舞的传说。至于它们象征的美德，及所带来的征兆，应与神话中的神鸟性有关，因为《海内经》也有类似的记载，强调凤鸟身上的花纹，具有五德。另一种翳鸟，也是五彩鸟，飞翔天空时，能掩蔽一乡的天空，也是凤凰的一种。[60]

凤凰为神鸟，而且与天帝俊、舜有密切关系。东方的殷商民族本是鸟图腾区，凤凰为鸟中之王，为帝王的象征，自然为帝王祭坛的守护者。《大荒东经》说温源谷附近：有一些羽毛美丽的五彩鸟，面对面，蹁跹地婆娑起舞。帝俊常从天上下来和彩鸟为友，因为帝俊下界的两座坛，就是五彩鸟在担任守护。[61]帝俊以凤鸟为图腾，还有《大荒南经》的帝舜（也就是帝俊），在俊坛附近，有载民之国，就是帝舜的后裔，国中也有歌舞之鸟——"鸾鸟自歌，凤鸟自舞"，也保持着祭祀神鸟的信仰。

凤凰的出现为祥和的征兆，因此，肥沃的乐土自然会有这种吉祥之鸟。《山海经》有乐园神鸟的神话：

（轩辕之丘附近）此诸沃之野，鸾鸟自歌，凤鸟自舞，凤凰

卵，民食之；甘露，民饮之，所欲自从也。百兽相与群居。(《海外西经》)

有都广之野，后稷葬焉。爰有膏菽、膏稻、膏黍、膏稷，百谷自生，冬夏播琴，鸾鸟自歌，凤鸟自儛，灵寿实华，草木所聚，爰有百兽，相群爰处。(《海内经》)

诸沃之野、都广之野以及载民之国，都近于人间乐园。因此神鸟凤凰降临呈瑞，它曼妙的舞姿，愉悦的鸣声，勾画出极乐世界的祥和气象。[62]难怪古代帝王一早以凤凰为国鸟：周代帝王以紫色凤（鸾鹜）为象征，而汉代帝王则尊奉赤色凤（丹凤），希望这种神奇的神鸟能带来祥瑞，让谷物自然成长，百兽和平相处，圣人应世降生。远古时代，既有太皞的风姓，又有少皞纪于鸟氏，那么，神鸟自然可成为国家的祥瑞了。

(二) 其他禽鸟

凤凰之外，还有三种较特殊的禽鸟值得注意，一种是看守仙药的黄鸟。

有一座荣山，荣水从这里发源。黑水的南方，有一种凶猛的大黑蛇，能把极大的鹿囫囵吞下去。附近又有一座山，叫巫山，天帝的仙药据说有八剂存放在神巫之山里。一种黄颜色的小鸟住在山的西部，常在山上飞来飞去，看管这些仙药，并且兼照管荣

山的那些大黑蛇。㉝

　　黄鸟为古传说中与生命有关的神秘鸟，由它看管仙药很适合它的身份。

　　其次为传说中的比翼鸟，生产在海外的南山的东方，成为爱情的象征（《大荒西经》也提到有）：

　　这种鸟，形状像野鸭，羽毛的颜色是青中带红，只有一只翅膀一只眼睛，定要两只合起来，并翅而飞，才能够自由自在地往来天空中。㉞

后来民间传为恩爱夫妻的象征，白居易就写过一句名句："在天愿作比翼鸟"（《长恨歌》）。比翼鸟成为一种具有浪漫性格的爱情鸟，为爱情永不渝改的象征。

　　又有一种毕方鸟，就不会带来吉祥，而是预示火灾的凶鸟。除《西山经》叙述外，《海外西经》也有：

　　青水西边有种毕方鸟，形状像鹤，人的脸，白色的鸟嘴，青色身子，红色斑纹，只有一只脚，鸣叫的声音就是毕方——毕方的。㉟

　　另外《大荒西经》也有一些凶征之鸟，为亡国的征兆。㊱

(三）精卫神话

精卫鸟又叫誓鸟，或志鸟，又叫冤禽，而东海海岸附近，民间习称它为"帝女雀"——据说是炎帝女儿的亡魂所化生的一种海鸟。

原来发鸠之山上有一种鸟，形状有点像乌鸦，而花脑袋、白嘴壳、红脚爪，会发出"精卫——精卫"的鸣声，就叫做"精卫鸟"。原是炎帝的小女儿，名叫女娃，有一次到东海上游玩，忽然海上起了暴风，她就溺死了，永不能再回来。这一缕冤魂很不甘心，就化身为精卫鸟，她悲悼自己年轻的生命让不测的风暴给毁灭了，就发誓不喝这里的水，同时立志，每天用口衔了西山的小石子、小树枝投到东海里，想要把大海填平。

或许"精卫填海"的神话只是海边民族一则悲壮的神话，精卫鸟扮演的就是荒谬的角色，以海鸟的渺小、木石的细微，对比着海涛的汹涌、东海的浩瀚，这是一种极具震撼性的悲剧感。因此，神话的本身，并不在乎精卫能否填平东海的结果，其意义完全表现为一种持续不绝的意志力，将精卫鸟叫做"志鸟"的旨趣在此。精卫填海的神话，透过一只渺小的生物，显示它对命运的叛逆，对死亡的憎恶，以及对生命的热爱，使一件看似毫无成就的事情，迸射出一种庄严的意义。陶渊明《读山海经》诗说："精卫衔微木，将以填沧海"，就不是两句叙述的诗句，而是一种心灵受感动后的赞美。在人类所遭遇的情境中，死亡是一种冷酷的事实，无穷无尽的时间与空间之中，而人却被限制在一个狭小的宇宙里，因此要求超越时间、空间的呼唤，回声袅袅不绝。它使纯朴的海滨人们在传诵精卫的传说时，体会到生命从未面临过所谓不可能的窘境；也曾使身在忧患中的五柳先生深深感受到生命是永无止境的，只要仍然有一个誓愿，有一种意志，坚持下去、清醒地坚持下去，这就是生命的本质。神话的效用就是给想象力赋予生命，也许原先只是东海边上所常见的海鸟口衔树枝的景象，附丽在女娃溺海而死的传说之上，经历长远的时间后，就糅合进了海滨民族的想象力。我们可以在想象中，看见一只逆风飞翔的海鸟，衔着小树枝，投入波涛汹涌的大海中，一阵猛浪，树枝已被卷走。然而那只鸟发出"精卫——精卫"的叫声，又挣扎着飞向西山，坚决地飞着，用它弯曲而果断的翅膀。

二、动物神话

（一）龟与龙的神话

四兽为中国人传说中的灵兽，为吉瑞的象征，因为它们都是居于各种兽类中的最崇高者：凤凰为羽虫之精，龙为鳞虫之精，麒麟为毛虫之精，龟为介虫之精。汉代铜镜中有一种四兽镜，将这些灵物熔铸在一起，配合了方位，给予适合方位性格的一种美名，作为祈求吉祥的装饰物，也是避邪的巫术物。

《山海经》中，除了对凤凰特意描摹之外，其他诸灵物少有记录，像麒麟、龟，而出现极多的龙，却少有描摹形象的。龟因它的长寿，成为长生的象征，古人依据模仿巫术原理，而有龟息的养生方法，再加上它的造型，所谓"上圆法天，下方法地，背上有盘法丘山，玄文交错，以成列宿"（《尔雅·释鱼疏》），神龟之象成为大地的象征。它的灵异性使古人相信龟有巫术作用，用为预示性的龟卜，成为殷商大宗的龟甲文，也成为民间崇龟求寿的风习。[⑥] 本来海上仙山与龟的浮海性格有关，但《山海经》仅简略地记录，所以神龟没有上场。至于殷商龟卜，一定也有些神话附丽其上，但也缺乏记载。虽然如此，龟为灵物，其他古籍中广泛传述它的灵异性，而且也表现在文物上，成为一种深具巫术性的图案或装饰。

龙的形象，为中华民族的象征。《山海经》虽没有具体地描绘出神龙之象，但后世的"龙的传人"却能在想象中浮现一种造型奇特的形象。或许汉人王符《潜夫论》所描述的，可代表汉代图谶哲学中的新造型，其中龙的形象："头似驼、眼似兔、耳似牛、项似蛇、腹似蜃、鳞似鲤、爪似鹰、掌似虎……其背有八十一鳞、口旁有胡须、额下有明珠、喉下有逆鳞、头上有博山，又名尺木。"这样集多种生物之长的综合体，当然不全是汉人创造出来的，而是根据先秦流传下来的龙的神话、文物，熔铸成一种灵异之物。

龙应该是一种图腾神物，象征古老中华民族的一页民族融合的历史。闻一多曾解释龙：因原始的龙（一种蛇）图腾兼并了许多旁的图腾，而形成的一种综合式的虚构的生物。这综合式的龙图腾团族所包括的单位，大概就是古代所谓"诸夏"，和至少与他们同姓的若干夷狄。他们起初都在黄河流域的上游，即古代中原的西部，后来，一部分向北迁徙的，即后来的匈奴；一部分向南迁移的，即周初南方荆楚吴越各蛮族；留在中原的一部分，虽一度被商人征服，政治势力暂时衰落，但其文化势力还继续屹立，且发展成为中华文化的核心。[68]龙为与蛇有关的图腾神物，依据《山海经》所叙述的，是一种精辟的见解。伏羲为"人首蛇身"的神，但神话中他的母亲却是感雷神而生下他的，雷神为"龙身人头"，因此《左传》说大皞氏"以龙纪"，伏羲实在也是蛇、龙图腾的帝王，在中原地带发展着以龙为纪的图腾文化。但后来龙与云结合——云龙成为一种复合的图腾，象征着黄帝族由黄土高原向广阔的中原发展的历史。黄帝一族原生活在气候干燥的黄土高原，也就是轩辕之丘（昆仑之丘），"以云纪"——云、圆、昆仑、轩辕同为发音相似的名称，入主中原之后，结合原先龙图腾文化，而成为中华文化的主流。[69]

　　《山海经》中作为图腾神物出现的龙，就是四方之神常见的"驾两龙"。龙为御驾之物，而且数目为二，有人说是"两部制"社会的象征[70]，后来成为神话中的服驾。另外一些与龙有关系的神话人物，像"应龙"为能蓄水致雨的神，应黄帝的召请前往攻打蚩尤，应该也是龙图腾部族。另外就是西北钟山的主神"烛龙"，也是人面蛇身，为"风雨是谒，是烛九阴"的高原部族，应龙、烛龙都和水、风雨有关，所以龙成为主雨的神物，与古代畜牧社会、农业社会有密切关系。

龙与云、与水的结合，也表现在实物上，成为图案装饰，像龙旗、云旗、旌旗的斿，都是一条或多条长长游动的带子，最能具现龙的形状，所以《周礼》说"交龙为旗"。夏旗子的特征就是两条斿，龙旗大概指那种长条飘动的旗，也可能有龙的图案作装饰，与云旗同是一种原具有神话象征意义的饰物。

龙在四灵中，配列于方位为"东"，颜色属"青"，五行属"木"——成为苍龙，因为大皞就是东方之帝，这种配列也很合于五行哲学。而天象中，东方的星宿，也就称为苍龙之宿，本只是东方七宿，连房、心等东北曲十二星也属于龙，龙星十二颗，而旌旗也有十二斿，成为富于神秘性的饰物。"龙"在中国人的思想中确实有深远的影响，成为一种龙的文化，一种具泱泱之风的中华文化的表征了。

（二）其他异兽

《山海经》的《海外经》《大荒经》等记载一些神异的兽类，其中较具有神话色彩的，首先为与黄帝有关的夔和雷兽。据传说东海中，有座流波山，远远伸入海中，达七千里之长。山上有一只叫做"夔"的野兽，形状像牛，却没有角，脚也只有一只，苍灰色的身子，能够自由地进出海水之中。（见下图）每当它进出时，必定伴随着大风大雨，而且鳞甲发出一种闪耀如日月的光芒，同时大张着嘴吼叫，吼声像爆雷。这种一足怪兽，叫夔，古越人又叫做"山缲"，也有像龙的。黄帝战蚩尤时，为了振作士气，特别设计捕捉了它，剥了皮，制作成一面特别的军鼓；又抓到龙身人面的雷兽，宰杀后抽出一只最大的骨头，当作鼓槌。黄帝就拿起雷神骨头做成的鼓槌，来敲打夔皮制成的军鼓，两件雷响的东西碰在一起，发出的声音竟比打雷还响，据说响彻达五百里之远。连打九通，山鸣谷应，天地变色，黄帝的军威大盛，震吓得蚩尤族人不能飞也不能走，因此大获全胜，平定蚩尤。这真是一种威震天下的天声。[71]

夔状如牛苍身而无角一足
出入必有风雨出流波山

西南夔牛
出自江岷
體若委雲
肉盈千釣
雖有远力
难以揮輪

另外一种怪兽"窫窳"也与黄帝有关，为神物变化的类型：窫窳，有的书写作"猰貐"，是一种形状像牛，红色的身子，人

297

的脸，马的脚，嗥叫的声音像婴儿啼哭的怪兽。也有说是人的脸，蛇的身子，或龙的脑袋，老虎爪子的。原先是天上诸神之一，却给贰负神和一个叫"危"的臣子合谋杀死了，黄帝可怜它，命人送到昆仑山，由多位神巫合力用不死药救活。但窫窳活转后，跳入昆仑山下的弱水中，化身为这样奇形怪状的怪物，连本性都迷失了，居然会吃人，所以后羿将它射杀，为民除害。⑫

形状较为怪异的，有并封，是前后两个脑袋，跊踢左右也有脑袋⑬：

有一种怪兽并封，也叫鳖封，出产于巫咸国东方，形状像黑毛猪，前后都长着黑乌乌的脑袋。(《海外西经》)(见下图)

南海之外，赤水之西，流沙之东，有一种怪兽，左、右各长一个脑袋，名字叫"跊踢"，也写作"述荡"，据说肉味极美。又有三只青兽，身躯并连为一体，叫做"双双"。(《大荒南经》)(见下图)

跂踢 跂形左右有首出流沙河

雙雙 三青獸合爲歡亦出流沙之東

　　至于一些较为中原地区稀见的兽类，往往也易于夸张成为传奇性动物，这是古人博物之学较狭窄的缘故。在南方有几种，像猩猩、犀牛、旄马和巴蛇等：

　　猩猩是一种形状像猪而有着人的脸形的怪兽，发出像婴儿啼哭的怪声，它能知道人的姓名。据说猩猩在山谷中，见到张设酒和鞋屡的，就能知道张设者的先祖名字，因此呼叫那些名字而大声痛骂。它出产在舜所葬处的西方。

产猩猩处的西北方，出产一种犀牛，形状像水牛，猪般的脑袋，偏曲的短脚，长着三只角，浑身黑色皮毛。（见下图）

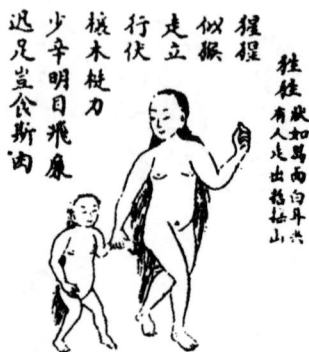

兕，出产在舜所葬处的东方，湘水的南方。形状像牛，毛色苍黑，头上只有一只角。

巴蛇，是一种青、黄、赤、黑色身子的大蟒蛇，在产犀牛区的西方。这种大蛇能囫囵吞下一只大象，消化三年之后，才把象骨吐出来。君子服食蛇肉或蛇胆，可以治好心痛和肚子病等病。也有说是黑蛇，而青色的头。

旄马，形状像马，四只脚的关节处都生长毛，出产在产巴蛇区的西北，高山的南方。[74]

《海内北经》《海外北经》也有些属于北方的兽类，原先也配合着《山海图》，它们的形状、凶猛的习性，也成为传闻中有趣的谈资。[75]

林氏国，有种珍兽，庞大如虎，身上俱备了五种文彩。尾巴比身体还长，名叫"驺吾"，也写作"驺虞"（见下图），是一种灵兽，日行千里，快速如神。（《海内北经》）

据说有一种野兽，叫蜪犬，形状像狗，浑身青色，吃人，从脑袋开始吃。又有一种野兽，叫穷奇，形状像老虎，生着一对翅膀，身上长着像刺猬般的硬毛，也是吃人，从脑袋开始——图画上所吃的人还披头散发的，偶尔也先从脚。在蜪犬的北方。（《海内北经》）

又有黑颜色的蜂儿，像茶壶那么大；红颜色的蛾子，大得像巨象。（《海内北经》）

北海中有一种野兽，形状像马，而青色，名叫"騊駼"。有种野兽，名叫"駮"，形状像白马，长着锯齿般的利牙，会吃老虎、豹子。有种白色的野兽，形状像马，名叫"蛩蛩"，也叫巨虚，能一日疾行千里。又有种青色的野兽，形状像老虎，名叫

"罗罗"。(《海外北经》)

鱼类则有出产于西方的，也有东方的，分别见于《海外西经》《海内北经》。⑦⑥

龙鱼，又叫做鳌鱼，或鰕鱼。有四条腿，长一只角，形状像鲤鱼，能居住在陆地上，是一种水陆两栖的灵鱼。因此，有神圣者乘着它，乘云驾雾，飞腾天空，在九州的原野上巡行。这种龙鱼就生长在诸沃之野的北方。(《海外西经》)

群岛围绕的大海中，出产多种珍异怪物，像有一种大蟹，一只就能装满整部车子。又有一种说法，说它大到千里，这当然是传说。有一种陵鱼，是人的脸，鱼的身子，有手有脚，和人一样，就是传说中的人鱼。(见下页图)又有一种大鲠，也就是大鲂鱼。此外，还有一种明组，为水藻的一种，或说是明组邑，那就是海中聚落的岩石。总之，大海是富藏的，有各色各样的奇珍异物，掺杂着多彩多姿的海洋传说。(《海内北经》)

最后，还有一种最能表明物类变化的神秘性的，就是偏枯鱼。这种偏枯鱼，又叫做"鱼妇"——据说颛顼死了以后，还能复活。当风从北方吹来，天就会下大雨，这时，蛇就变成为鱼，就叫做鱼妇。"颛顼死即复苏"[77]，颛顼属蛇、龙图腾，随着季节而变化复活，成为与蛇类似的鱼类，像细而长的鳝、鳗、鳅之类，偏枯鱼就属于这种类型的鱼。除了基于变化神话的思维方式，同时也混淆了古人错误的生物观察，用以解释"蛇化为鱼"的现象。[78]

三、植物神话

（一）建木神话

建木为升天神话中的"世界大树"（world tree），与"世界大山"型的昆仑山一样，同样具有天梯的性质，在北极、北美等萨满教区（shaman area）中为普遍流传的神圣大树，生长于世界的中央，是沟通天地之间的一座桥梁，人神经过它往来天地。这种原始宗教信仰中的圣木，常在仪式中出现，也表现在神话的叙述中。

巫师相信建木为升往天堂（北辰）的圣木，因此，在升天仪礼中常用"树木"象征世界之柱，普通都是矗立在广场上，柱旁为陈列牺牲及祷祝之所，这是动作象征，表现在语言象征的就是建木神话。《淮南子·地形》篇里记载说，建木生长于都广之野，就是大地的中央。因此，正午太阳当顶时，见不着影子，站在这里大呼，声音却消失于虚空之中，听不见回响。都广之野，据说是大地的中央[79]，为花草丰盈的人间乐园，而建木又生长在原野的中央，往上就直达天上中央的北极宫殿了。

古代铜镜的镜饰，就刻画着一种树木，从天到地，就是建木，至于它的形状，镜饰上只是直耸着的大树。据《山海经·海内经》的描述：它的细长树干约有百仞，直入云霄，树干光溜溜的，没有回曲，而在树顶，盘生着弯弯曲曲的树枝，活像一把华盖；底下的树根也是盘曲交错，它的叶子像芒木叶，所结的果子又像麻子。这种光溜溜的树皮，可以撕拉下来，绵长细理，像极缨带，又像黄蛇蜕皮，确是奇特的树。镜饰上还画着一些神人攀夤在树干上，他们的身份都是"众帝"——古代传说中的帝王，或者是人神媒介的灵巫，经由天梯，往来于天地之间。据《海内经》说，伏羲就曾经过建木上天，其他古帝也都有升天的神通。

"大皡爱过"的神话，象征大皡氏以巫王的身份在升天仪礼中，是个主祭者，他祷祝天帝，通达天意。神话化以后，就画成缘建木而上下的情形。在萨满教区中常在举行仪式时矗立一根直立的树木，象征神可经由它上天下地，其实就是一根"世界之柱"，对应天上的北辰。《淮南子》说天地之中的"建木"，"众帝所从上下"，就是要直上北极。《尔雅·释天》曾说："北极，天之中，以正四时，以其居天之中，故曰北极。"另外《汉书·律历志》也说"太极元气"的"极，中也"，因此，北极就是北方大地的中央。都广之野既然为天地之中，这一棵建木也自然是众帝上下天地的圣木，它是与昆仑同具天梯作用的，汉代流行的《河图括地象》说："地中央曰昆仑，昆仑者，地之中也"，也是基于同一构想。古代中国的天文学中的"盖天说"，相信天空像个伞盖笼罩着大地，中央通贯于天中央，当然，就是昆仑或建木，两者都是同一地区的神圣之物，所以《海内南经》说建木是生长于神巫治窫窳之山的西方，在弱水的岸边。它是西方昆仑区域中一种实际的圣木，也是神话中的圣木。⑧

（二）其他圣木

除建木具有天梯性质外，还有些神圣树木。与太阳神话有关的是扶桑与若木，一在东方，一在西方。扶桑，又叫扶木，生长在汤谷（或温源谷）的岸边，为一棵长有数千丈、宽约千余围的巨木，九个太阳悬居在下枝，一个太阳跃居于上枝。太阳运行到西方，也要有休息的地方，《山海经》说是"若木"：《大荒北经》说在大荒中的衡石山、九阴山、洞野之山都有生长，《海内经》则说在南海之内，黑水、青水之间，这棵若木，是一种赤树，青色叶子，红色花朵，在太阳落山之处。[81]《淮南子·地形》篇说："若木在建木西，末有十日，其华照地。"华当然是红色的华，而画成十个太阳，当然是为了配衬扶桑十日。马王堆的帛画中，东边是扶桑，西边是若木，可见汉代流行着这样对称的两棵圣木。

虽然《山海经》解说了若木的形状，其实它与扶桑一样都是桑树。"若"字的字形，象征披着长发跪在地上的女子形象。《海外北经》说欧丝之野，有个女子正跪在桑树下，而口里不停地吐丝。她就是桑神，也是蚕桑神话的象征。《山海图》上欧丝女子的东边，就画着三株桑树并排生着，高约数百丈，有干无枝。这种桑树与东方的扶桑，同属古代的桑树信仰，因为华北一带的地质、气候，适宜栽植桑树，为桑树的原产地。传说中黄帝的妃子嫘祖已发现桑能养蚕治丝的实用价值，因此，桑树应该很早就被神圣化，成为神树、圣木。东方的扶桑、西方的若木为神话中的植物，而桑树丛生的地方，也成为圣地。古代常有空桑、穷桑的地名，又有桑林请祷的故事等，都是与桑树有关的神话。东方殷商民族曾在桑林中祭祀祖先，桑林是祭祷的圣地，桑树也可作成木主，就是桑封——所谓"虞主用桑"（《公羊传·文公二年》）。因为桑树、太阳（火），都是崇拜太阳的殷商民族的祭祀中常见的神圣事物，更可以说早期帝俊神话中已注意到桑树的神圣性。

桑林也与男女相会、高禖祭祀有关，古代许多圣人，像炎帝、黄帝、颛顼等都曾居于空桑，而伊尹、孔子也有生于空桑的传说。正因为桑林为高禖求嗣的神圣场所，因此就成为爱情的象征，男女相会于祭郊高禖的地方，再加上采桑的桑中，也易成为幽会的处所，"桑中"就成为具有性爱的神秘暗示的意象了。[82]

另外神奇的树还有三株树、朱木。朱木生长在盖山之国，红色树皮，青色叶子，横出支干。而所谓三株树，在厌火国的北方，生长在赤水岸上。这株树的形状有点像柏树，树叶和结的果实都是些明亮的珍珠，从树干的两旁对称地生出两枝分支，和主干并而为三，远远望去，有点像彗星的扫帚尾巴，因此叫做"三株树"。[83]（《海外南经》）三株树确是美丽的珍珠树。古代崇奉神圣之木，只要是特别高大的，根据泛灵信仰，相信它有神性，就会给予特别重视。《海外北经》说有种寻木，在黄河西北，约"长千里"；《大荒北经》也说先民之山有千里槃木。强调百仞、千里，正是神木富于神圣性的所在。

植物具有医药功能，在中国本草学中自有一页光荣的历史。因为药树的神秘性，常有些神话附丽，就像栾木，据说大荒之中，有座"歺涂之山"——就是丑涂之山，青水到这里流尽。又有座"云雨之山"，山上生长着一种栾木。据说夏禹治水时，曾砍伐云雨山上的树木，山上有一块红色的岩石，树木被伐之后，又从石上长出这种栾木：黄色的树根、红色的树枝、青色的叶子，神奇得很，后来诸帝就采摘花果，成为一种神药。[84]

（三）䔄草神话

据说天帝（炎帝）有个女儿名叫"女尸"，居住在姑媱山口，还未出嫁就早死了，因此，化为䔄草。这种䔄草叶子郁茂，花色鲜黄，所结的果实像菟丝果。民间相传服食果子，就会变得妩媚，为人喜爱。（《中山经》）姑媱山区的䔄草神话外，又有另一种瑶姬传说，应该是同一神话的分化。瑶姬为炎帝的女儿，也是早死，被封于巫山之阳，称为巫山之女，一缕冤魂化为草，就是灵芝，据说也是一种食后养生驻颜的仙草。这位怀春年龄的少女，还没嫁就死了，后来传说能幻化出没人间，楚怀王就曾在高唐梦游时惊艳，还替她置观，号曰朝云，其后襄王还想再去梦见这位绝色佳人。大概帝女之死，总会有祠庙，易于为民间增添美丽的传说，女尸、瑶姬的年轻生命，借化生而得到延续，让人类目睹䔄草或观望行云时，增加一份遐思。

（四）枫木神话

植物神话中具有变化神话的色彩，有枫木、邓林和寻竹等，都是精彩的解说性神话，发挥了原始民族通过神话思考的方式，突破了物类的局限，将一股蓬勃而有生气的想象力，创造成为富于原创性的作品。

有一座宋山，山上有一条红蛇，名叫"育蛇"。又生成一种树，名叫"枫木"——据说蚩尤被黄帝生擒活捉后，加上重重的一副枷铐，黄帝派应龙去杀掉袙。因为蚩尤太勇猛可怕，杀他时还不敢解掉脚镣手铐。等到在涿鹿处决了以后，激喷的鲜血染红了枷铐，然后再把它除掉，抛掷在宋山附近。说也奇怪，那枷铐登时化作了一片枫林，每片树叶的颜色都是鲜红的。红色的枫木，含着蚩尤无限的冤恨，所以同是伤心人的屈原，基于楚地民族的深厚情感，目睹着江边烂漫的红叶树，追想这位不屈服不畏威的南方之强者，又想起自己满怀着抑郁情怀，终于在《招魂》中写下了："湛湛江水兮上有枫，目极千里兮伤春心。"魂啊！归来吧！哀凄的江南！⑧⑤

（五）邓林神话

在北方大荒之中，有一座山叫做"成都载天"，山上居住着夸父族的巨人，他们是幽都之王后土的子孙。后土是幽都的统治者，也就是掌管幽冥地狱的冥王。幽都之山位于北海内，山上的禽兽都是黑色的：有玄鸟、玄蛇、玄豹、玄虎，以及长着毛蓬蓬的尾巴的玄狐。又有一座大玄之山，山上的人也是黑色的，叫做"玄丘之民"。这位威严的冥王，有个儿子叫做信，夸父就是信的儿子。所以夸父具有神的血统，属于人神之间的族类。⑧⑥

成都载天山属于北方蛇图腾区域，所以《山海图》上的夸父图像，耳朵上挂两条黄蛇作耳饰，手里也握着两条粗大的黄蛇，配上高大健壮的身材，确是一幅人间英雄的形象。

夸父每天看着太阳从东边升起，光彩亮丽地横越天空，然后向西方在崦嵫山落下。为什么天地间就只这么一个太阳，升起又落下，落下又升起，这样规律而又稳健？为什么冬夏之间，太阳的光热，时而温暖，时而亢热？这样慈祥而又暴虐？夸父终于动了一个好奇而有趣的念头，他"自不量力"地想要追逐太阳。

夸父这一天看见太阳升起后，就迈开大步在太阳后面追赶。北方的原野上，闪烁着光热的太阳在天空中运行，夸父就飞快地追逐，太阳晒得越热，他也追得更有劲。奔驰了千里，眼看就要追到崦嵫山中的禺谷——也叫虞渊，那团红色的火球就在禺谷的上空，夸父喘息地浴身于血红的霞光中，高高举起手中的蛇杖，正要赶上太阳。可是一瞬间，太阳已经沉落到禺谷中。这时夸父忽地觉得口渴难耐，一天的追逐，加上太阳的炙晒，而太阳又已消失不见了，他要喝水，痛痛快快地喝水。

他先到黄河、渭水，伏下身子，一口气就咕噜咕噜地把黄河、渭水里的流水喝光了。但还是口渴，喉咙像烧焦似的，他左顾右盼，蓦地想起了北方的大泽，那大泽，又叫"翰海"，在雁门山的北边，纵横千里，是鸟群更换羽毛、孳生雏鸟的大湖泽。夸父欣喜地准备向北方跑，可是他实在太累了，就在中途，他倒下了。冥冥中，夸父感觉到那水泽的芳美，那清凉的雪水汩汩流过喉咙的快慰，他躺卧在路上，想起自己未酬的壮志，以及那些继续追逐日影跋涉、劳动的人类……于是他愉悦地丢出了手中的蛇杖，阖上了双眼。㊱

说也奇怪，那杖竟然变化成一片桃树林，树上垂挂着累累的鲜果。据说这林子就叫"邓林",范围约有三百里之广,附近的山就叫做"夸父之山",有人说就在湖南省沅陵县东北,东边临接桃源县界;也有说在河南灵宝市东南,和陕西太华山相连。总之,后世的人们在大太阳底下赶路奔波,他们也在追逐着"日子",烦渴之时,有这么一片遍生嘉桃的林子,那是夸父弥留时浮现的芳草鲜美的大泽,激励着他们举起疲惫的双脚,继续走下去,追逐下去……

第五节　神尸变化神话

古人对于凶死、或无辜而死的人或神，常有一种特殊的情绪：又敬又畏。尤其对于一些具有神格身份的神，人们常想象他们能够复活——大多是经过变化形体，而成为一种奇形怪状的形象。像被贰负之臣"危"所谋杀的窫窳，就因为巫彭等神巫操不死之药加以救治，才使得"窫窳之尸"这个蛇身人面的怪神复活。类似的神"尸"在《山海经》中搜集了好几条，这些人兽合形的神尸，应该也与图腾神物有或多或少的关系。

一、奢比之尸及其他

最著名的为"奢比之尸"，周策纵怀疑"奢比尸"是否就是希腊医神"阿斯克勒庇俄斯"（Asclepius），尤其是他的埃及化身"赛拉匹斯"（Sarapis 或 Serapis）的译名。他是医药之神，以蛇的形状出现。⑱这是有趣的比较，《山海经》的"尸"为复活的神，不一定就是"赛拉匹斯"，但可信是个神异之物，奢比尸也与蛇有关：

奢比之尸，又说是肝榆之尸，在大人国的北方。他们的形状是野兽身子，人的脸形，而长一对犬般的长耳朵，耳上穿孔中挂着两条青蛇。(《海外东经》)

东方荒野中，有位神：人的脸、狗的耳朵、野兽的身子，耳朵上悬挂着两条青蛇，名叫"奢比之尸"。(《大荒东经》)

两条记载都是强调悬挂着两条青蛇，而且为人面兽身，这种半人半兽造型，应该是图腾神物。称为"尸"，就是神尸，为祭拜时替代祖先神，或天上之神受飨的神主，所以是个怪神。[89]（见下图）

神尸为图腾神物，也基于变化形体的原则。东方还有人面兽身的犁䰮之尸；南方有方齿虎尾的相状之尸；西方有女丑之尸、黄巨之尸及夏耕之尸；北方犬戎国有赤兽，马的形状，却无首级，称为戎宣王尸。[90]无首为其特征之一。《海内北经》有个据比之尸，则是形体残缺——"折颈、披发，无一手"。

二、王子夜之尸

尸体化生神话中最有名的，为王子夜之尸。根据小川琢治的说法，王子夜就是王亥[91]，《山海经》说王子夜之尸的形象：

> 王子夜之尸，两手、两股、匈、首、齿，皆断异处。(《海内北经》)

郭璞解释为"形解而神运"，但如果依据《楚辞》中《天问》的疑问，为什么王该(亥)会毙于有扈？这幅断手断脚、身首离异的惨状，实在像是因为某些重大事情被肢解了一样。《山海经》还另有一段记载，应该也与《山海图》的图形有关。

据图上所画，有个叫王亥的大汉，两只手各抓着硕大的野鸟，正张口吃着鸟头。据说王亥是殷民族的先王，那时殷民还在东方草原上过着迁徙无定的游牧生活，王亥善于饲养牛羊，使牛羊长得又肥又壮，而且繁殖得很快。因此他就想要到邻近的有易去作一番交易，到了黄河时，亏得河伯的帮忙，将大批牛羊渡到对岸有易国去。有易的国王绵臣，看见东方的贵宾带着牛羊前来，也就以贵宾之礼相待，每天准备曼妙的歌舞、丰盛的饮食，王亥也开怀痛饮大吃。那幅王亥进餐图不但是他日常生活的写照，也是他作贵宾时的豪吃相。但饱暖生淫欲，他终于与有易国王绵臣的妻子有了私情。等到消息走漏之后，绵臣就和他的部下"牧竖"共谋，把王亥杀死于床上，并将他的兄弟王恒驱逐出境。因此，殷族的新王上甲微就正式出兵，托请河伯渡过军队攻伐有易，将这个小国消灭了，绵臣也被杀死了。后来河伯顾念有易的无辜百姓，就偷偷地将有易族的孑遗迁徙，变化为另一种民族，搬到"兽方"去居住，就是"摇民"——也有说帝舜生了戏，戏的后代就是摇民。海内又有两人——一为摇民，一为女丑，大概也是有易族人所变化的。[92]

三、女丑之尸

这里所说的女丑，也是《山海经》"女丑之尸"——曝死之例：女丑在丈夫国的北方，出产一种庞大的巨蟹。住在这里的女丑，是一些具有巫师身份的女巫，会显神通，其中一种为求雨术。天下大旱时，女巫穿一身青颜色的衣服，高高地站在山顶上，面对着头上十个酷烈的太阳作起法事。她举眼望天，口中念念有词，在一阵阵的敲锣打鼓声中，宽大的袍子不停地飞舞着。但十个大太阳炽烈的光热狠狠地曝晒着，一点雨意也没有，最后，女丑终于活生生地被太阳晒死了。她的死状凄惨，临死前，还用她那青色袍袖遮住了自己的脸。这个曝巫求雨的事件，帝尧知悉之后，对此非常同情，就命令神射手后羿射下了其中九个太阳，人民才得安居乐业。[93]

四、形天之尸

《山海经》中最为奇诡的神尸，应该是形天——《海外西经》列于奇肱国与女祭、女戚之间；而《大荒西经》的女祭、女蔑稍后，与吴回奇左之间，列着夏耕之尸，应该指着同一神尸。形天据说是个与"帝"争夺神位的叛逆性英雄，至于是跟哪个帝王，一般都因为他被砍断的头是埋在轩辕丘附近的"常羊之山"（《大荒西经》为日月所入的常阳之山），因此，猜想能够斩他的首级的，一定就是轩辕之丘的统治者——黄帝。黄帝为铸剑高手，又身经百战，对前来争夺宝座的形天，自然要给予教训，因此，挥剑取其首级，而且埋诸山中，不让怪神有复活的机会。但形天仍然用胸前的双乳作眼睛、肚脐当嘴巴，仍然向着空中舞动着盾牌与巨斧，他的后裔成为"无首之民"。[94]但如果比照夏耕之尸——

也是个没有首级、操动巨戈与盾牌而屹立不倒，那么，斩他的首级的该是成汤，原来他是夏桀之臣，成汤讨伐夏桀时，夏耕为了护卫夏王朝，而被斩首了，但依然站着，虽没首级，却支撑着降于巫山，也获得神巫的不死之药救治，因此能够保有神尸[95]，二者情境近似。其实，不管是形天，抑是夏耕之尸，都是不屈的灵魂，断了头颅，还不倒下，只凭着一股昂然的气魄，为中国人强调的武者的高境。所以，陶渊明翻阅《山海图》时，题了两句诗："形天舞干戚，猛志固常在。"（见下图）

大概神尸化生，也是变化神话的表现，能以人兽合体出现，近于图腾神。部分与巫山有关，为经救治而复活。至于无首，或身首异处，更是"尸"的形象，介于半神半人间的一种生命形态。

第六节　文化英雄神话

　　古代中国神话中的英雄，原先应该是各族所保存的"圣史"，叙述该族的英雄俊杰如何历险犯难，创造功业的伟大事迹。原先流传在族人的传诵中，保存在古老的记忆里，成为一个部族的启蒙英雄。后来古史经过长久的融合，组织成系统化的中华民族的历史后，又成为属于整个民族的共同敬仰的英雄形象。古人通过这种半神半人的英雄神话的传诵，不但记录了古初祖先创业的丰功伟绩，近于伟大人物的开国史实，同时神话人物的半神性格，使得他们变成一个不可闻见的巨人，在他们的照顾下，年轻的心灵走向成长；在他们的标帜下，族人能给自己的生命与挣扎一项意义。如果依照马林诺夫斯基功能观点的解释，神话为原始社会施行一种功能。那么，这些活跃在古代中国人心目中的英雄，都是"道德观念的保护和加强者"（科学、宗教与巫术），成为后世族嗣生活行动的准则。

　　在《古帝王世系之篇》，叙述各族祖先诞生和开疆拓土的神话中，多具备了英雄形象的特质，甚至那些具有叛逆性的，也显现出来一种浑沌初辟之后莽莽苍苍的气魄，像黄帝与蚩尤的大战，固然是中华民族的圣史；而帝鲧窃息壤的事迹，何尝不是一种爱护人民的英雄行径。因此，神话中的英雄表现自己独特的个性或已有之，但主要的还在他们是集体潜意识的一种愿望或理想的化身，在人类和自然关系中显示出一种不屈的意志、反抗的精神。而在人类逐渐成形的社会中，他们是技术发明的祖师，始创农业、制定工具、创作音乐等，兼顾了物质文明和精神生活；他们又是人间正义的维护者与执行者：凡族与族间的争衅可得排难解纷，人与人间的是非可得公正的裁判。所以具有创作智慧与维护正义的英雄，是物质文明的推动者，同时也是带领着走向精神领域的先驱者。

《山海经》中，英雄事迹的传诵，应该是各族保留下来的共同的记忆，分别从各地域单位搜集而来。其中有些只存留片鳞半爪，丧失了原先作为启蒙神话的丰盈情节，这可能是《山海图》中只有图绘和少数的文字记录的原因；有些还有事件，较可以勾勒出来，加上想象，活现出英雄的形象和种族的历史，一直到现在还能传诵未绝，继续让年轻的心灵走向成长。

一、除害英雄

（一）后羿除害

首先后羿神话为普遍流传的英雄事迹，但附丽在传说中的，也最复杂而迷惑。关于后羿的名称，原先应该是东方夷族中能以智慧与魄力，创制弓矢，善于射箭的部落酋长，《海内经》说："帝俊赐羿彤弓素矰，以扶下国，羿是始去下国之百艰。"羿的名字，《说文》中出现在羽部的为"羿"——羽之羿风，亦有诸侯也，一曰躲师，从羽开声；在弓部的为"羿"——帝喾躲官，夏少康灭之，从弓开声。首先从羽、从弓的造字初谊是相通的，弓与箭为不可分离之物，弓为射箭的工具，羽则是箭杆上的羽翎，因此用羽借代箭。"羿"字本义就是善射，因此，善射的人称为羿，射官也称为羿。这是由通名变成私名之例，古代东方夷族以创制弓矢著称，"后羿"应该就是东夷的酋长，为帝俊（帝喾、帝舜）的后裔，因此，才得到帝俊所赐传国的武器，也就是神器。但是后羿除去百艰的时间，传说中曾有帝尧时"上射十日"的后羿；到了夏朝，却又有有穷国诸侯后羿篡夏自立而终被杀害，中间相隔二三百年，这是古人以神名为名的习惯。[96]后来因时代久远，传说日久，后羿神话就更纷纭复杂。

帝尧时获赐神弓的后羿，降临人间，或说上秉天意，实践天帝所交付的职责，将为害天下的十个太阳，射下九个。孙作云说，后羿以东夷强族的身份除去以日为图腾的九个部族，成为东夷的后长。

后羿除害，《淮南子》所举的大害凡有猰㺄、凿齿、九婴、大风、封豨和修蛇等，确是历尽百艰，终能完成神圣任务的英雄。《山海经》中只提到杀猰㺄、除凿齿二件：猰㺄就是蛇身人面的天神，被贰负之臣谋杀后经神巫力救，却变成龙头的怪物，居住在弱水中，丧失原本性情，而会吃人。据说猰㺄的形状，像貙而长着虎爪，后羿伸张神力就将它射杀。可怜的窫窳，被谋杀又成为蠢兽，死了二次。另外一个叫凿齿的，齿像利凿般，约有五尺长，贯穿到颔下，手里拿着戈和盾牌，到处吃人，为人民的大害。尧就命令后羿去射杀他，羿于是带着弓箭，凭他优越的射箭神技，与凿齿大战于寿华之野，终于运用机智，在昆仑墟的东方把凿齿射杀了。⑰

孙作云解说射猰㺄、射九婴、射修蛇指着同一件事的分化：猰㺄为蛇、龙之类，修蛇为隐没于洞庭湖的长蛇，九婴为九个脑袋的水火之怪，能够喷水也能够吐火，也是一种九头虺。九婴、修蛇属夏人的图腾，因此射杀九婴与怪蛇等，乃指后羿与夏朝太康、少康等相互构兵之事。至于射封狐、封豨与凿齿，封狐就是封豨，都指大野猪，长着长牙、利爪，会为害人类的禾稼，其实就是以猪为图腾的河伯。传说中有后羿射伤河伯，应该是与射大猪为同一事。至于《山海经》所说的凿齿，虽是兽名，但又能持盾，所以也是图腾部落的名字，也就是《淮南子》海外三十六国中的凿齿民，是以猪齿獠牙的野猪为图腾的部落。后羿在南方水泽"寿华之野"诛杀猪图腾部落之长，而在圣地桑林擒杀封豨图腾的酋长——桑林为圣林，后羿居然闯入，可能犯了禁忌，所以《离骚》说为帝所不喜欢。《淮南子》又说后羿"缴大风于青邱之泽"，大风就是大凤，青邱山在东方，正是鸟图腾区，他打败了大凤族。

当然，后羿为东夷族长，曾在势力强大时，凭他的善射本领，率领善射的族人四处讨伐，将邻近的几个部落打败。先是平和同一部族，其次再与蛇、猪等部落争雄，为古代夷、夏之间势力消长的一段古史。神话化以后，就成为除了为害人民的七大害。不管这样的解说是否为历史真相，后羿是被塑造成神射手的形象，以超人的智慧、勇猛的武艺，成为传诵中的英雄人物。

（二）禹除相柳

共工有一个臣子，名叫相柳氏，人脸蛇身，浑身青色，长着九个脑袋，各自吃掉九座山上的食物，性情残酷贪婪。（见下页图）只要他经过的地方，都被挖掘成一个个水泽、溪谷，泽中的水，又辣又苦，飞禽走兽没有不纷纷走避的。夏禹王平了洪水以后，就运用神力，杀死相柳，为民除害。从这九头怪物喷流出来腥臭的血液，气味难闻极了。血液流经的地方，没法种植五谷。禹就把这些地方掘土陻塞住，可是陻塞了三次，三次都给血膏浸润坏了。禹没法，就将它辟做一个深池，所挖的土积成一堆高台，就在这里筑起一个众帝台观。这个台观就在昆仑山的北边，柔利国的东方，是一个四方形的台，各角都有一条老虎花纹的巨蛇，蛇头向着南方。凡射箭的人都不敢向北方射箭,因为敬畏这座"共工之台"。[98]

相柳 九首人面蛇

共工之臣號曰相柳
稟此奇衣蛇身九首
恃力漁暴
終為夏后

九头蛇身的相柳,为共工之臣。共工为水神,应该是黄河流域的部族,"人面蛇身"的共工与颛顼争帝(或祝融),不胜之后,怒触不周之山,使山形缺陷了一个角落。相柳也是蛇族,也会造成源泽,都是恶水的来源,所以善于治水的夏禹就加以铲除,才能埋塞,平治水患。

二、正义之神

人类如果有了冤曲,希望有公正的裁判者主持公道,这就是民间流传包公公案的心理。通过一位威武不能屈,但求公平裁判的判官、法曹的形象,表露了潜藏在内心深处的不平情绪,借此遂愿、弥平实际生活经验中的激愤或冤仇。这种潜意识心理的反映，并不是道德沦丧的末世才有的，早在人类文明发展的黎明期就已存在，他们塑造了类似包公类型的人物，要求裁判者"青天在上，替小的伸冤"。当然，其中充满了更神奇、不可思议的色彩。这些"神道设教"的判例，是一种神判，只有超自然的神才真正具有公正、公平的判案能力。

（一）黄帝判案

中央之帝黄帝是神界的裁判者、公理的维护者。因为据说"黄帝四面"，能兼顾东、西、南、北四方，任何歹事逃不过他锐利的法眼。凡是不合情理的谋杀、意气的争斗，他都能以果断的能力判别是非。

钟山山神烛龙的儿子，叫做鼓，也是人脸龙身。（见下页图）有一次和另一个叫钦䲹的天神合谋，把一个叫葆江（又叫祖江）的天神谋杀于昆仑山的东南。黄帝知道之后，大为震怒，就下令将他们在钟山东面的瑶崖处决，替可怜的葆江主持公道。后来这两个凶徒，戾气不散，钦䲹化作一只大鹗，形状像大雕而满身黑色斑纹，白脑袋，红嘴壳，又长着老虎爪子，发出像晨鹄的鸣叫声，一出现就带来大兵灾。而鼓也变化作骏鸟，形状像猫头鹰，红脚爪、白脑袋、黄背纹，和一副直嘴壳，鸣声也像大鹄，它一出现就会发生大旱灾。（《西次三经》）

贰负人面蛇身
居属猫山
饮鸩及贰是
披祖江帝乃
戮之筼峦之
东二子时化
烯臭亦同
邯然行僭

开题国的西北方，有一座山。据说蛇身人脸的贰负有个名叫危的臣子，坏心术的危说动主人合谋杀死另一个也是蛇身人脸的天神窫窳。黄帝知道后，将主谋者危捉拿，判他捆绑在西方的疏属之山上，枷了他的右脚，反绑了他的两只手和头发，紧紧缚系在山上的大树下，用以惩罚谋杀的罪刑，维护天地间的祥和正气。后来，汉宣帝时，派人在上郡发掘盘石，石室中看见这幅裸身被发反缚，还械铐一只脚的图像。博学的刘向依据他读《山海经·海内西经》的知识，说明这就是刑犯"贰负之臣"。（见下页图）另外《海内经》说北海之内，也有个反绑的"常倍之佐"，戴着刑械、身上带戈，叫做"相顾之尸"，大概也是贰负之臣一类的。[99]

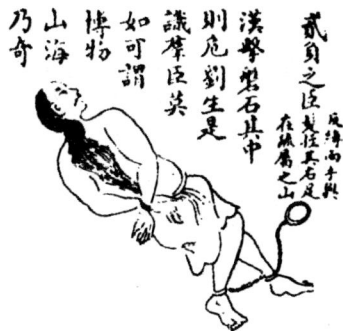

贰负之臣 反缚两手斜 在疏属之山

汉繁絷右其中
则危刘生是
谏挈臣英
如可谓
博物
山海
乃奇

（二）神羊判案

古代的法官，称为大理。帝尧的大理就是皋陶，为办案方法极为特殊的法官。这个皋陶长相奇特：脸色青中带绿，像削皮的瓜，与后世传说中黑脸的包公可谓双奇。他嘴巴是突出的，像乌鸦嘴，或马嘴巴。为人讲信，铁面无私；办案时，细察人情，决狱明白。据传说他得到一只解荐的帮助——解荐，又叫獬豸，为独角神羊，长得青色长毛，四只脚，像熊一般高大，性格忠信。《神异经》说这是东北荒中的灵兽，如果看见人有争斗，就用独角去触那不直的；听到人有争论，就用大嘴去咬那不正的。汉王充《论衡·是应》篇说皋陶就是得到一角神羊（也叫觟䚦），它能知道哪方是有罪的。皋陶审问案件，发现有疑惑不明的情况，就命令神羊出庭，它出现后有罪就用角去触，无罪则不去触碰，因此决不会有冤狱。皋陶很敬神羊，常不忘去看望他的好助手。

皋陶为什么能用神羊治狱，据森安太郎的研究，皋陶与岳瀆有关，是姜姓的祖神羊能辨别是非曲直。皋陶为法官，和刑罚有关系，曾制作刑法，因此獬豸来帮他判案，獬豸也是判决、判正的意思。《墨子·明鬼》篇说齐庄公时，两个臣子久讼不决，就命令他们到神社前下盟约，然后各自申诉于神前，由神羊表达神意，其中一个理曲的被羊撞得折断一脚。神羊具有办案能力的传说流传久远，所以《续汉书·舆服志》载：法官所戴的法冠，叫做獬豸冠，象征能判明曲直，有如得神羊之助。[20]

（三）孟涂神判

　　《山海经·海内南经》记载另一位好判官，可与皋陶比美，同样也得到老百姓由衷的敬意，他的神判方法也是异曲同工。据说夏后启有一位臣子叫"孟涂"的，是个半神半人的奇特人物。帝启派他到巴（如今川东一带）去做官，他很公正严明。百姓到孟涂的衙门打官司，只要他显露神通，往讼者身上一看，凡理不直的，衣服上必现出血迹，就下令捉住定罪。这种神判，乃依据神的指示判案，因老天自有好生之德，而恶人也不能心存侥幸。这位好父母官曾居住在丹阳郡南边丹山的西方，一座叫做巫山的山上，死后也埋葬在那里，当地百姓为了纪念他，就在巫山下建了一座庙，叫做孟涂祠。[21]

三、医药之神

古中国的医术和巫师有密切关系，因为巫者的重要神能之一就是医疗，这种职业是使他们成为最神圣、最有势力的集团的原因之一。原始时代人类所最关心的莫过于生命的健康、种族的延续，而医药卫生当然是延续个体与种族生命的一种技术，专门主持医药技术的团体就是巫，所以古代"医"写作"毉"，从巫，表示巫的身份之一是医病的人（medicine man）。《山海经》提到许多巫，其中的巫彭、巫咸，古书中称为"初作医"的人，也就是创制了医术的祖师。

"巫医"两个字常常连用，孔老夫子就曾引用南人之言说："人而无恒，不可以作巫医。"（《论语·子路》篇）巫师集团秘传着一种医疗技术，成为世袭的职业团体。最早的明文记载应该是《逸周书·大聚解》所说的。周武王克服殷商之后，要周公综述殷政的得失，建议政治设施。周公提到文王说的殷商政治设施之一，就是"乡立巫医，具百药，以备疾灾，畜百草，以备百味"。巫医就是由巫师组成的医疗团体，他们具有辨别草药的能力，有调制百药的技术，在乡国之内进行医疗行为，这是药草的医疗方法。他们又能敬事鬼神，以宗教的形式，透过集中精神的训练，进入恍惚状态，与所谓的神明交通。他们进行一种巫术性医疗法，将病患催眠，使用咒语治病，属于精神治疗法，古称为"祝由"——

即由于祷祝解除病状，尤其对精神性的病症最为有效。巫医能采集草药作成各种酒类——药酒，加上音乐舞蹈的催眠性动作，自己能进入兴奋的状态治病，也能使患者饮用药酒提醒精神，或增进药力，所以"医"字从酒也是合乎原始医疗的方法。现实社会中的巫医集团集合科学、巫术于一身，成为原始社会中颇受尊敬、颇有势力的团体，而神话世界中，巫医的形象又如何？

《山海经》保留了神话世界中的巫医形象，他们居住在神巫之山：

　　大荒之中，有山，名曰丰沮玉门，日月所入。有灵山，巫咸、巫即、巫盼、巫彭、巫姑、巫真、巫礼、巫抵、巫谢、巫罗，十巫从此升降，百药爰在。(《大荒西经》)

　　巫咸国在女丑北，右手操青蛇，左手操赤蛇，在登葆山。群巫所从上下出。(《海外西经》)

　　有巫山者，西有黄鸟，帝药八斋。黄鸟于巫山司此玄蛇。(《大荒南经》)

　　有灵山，有赤蛇，在木上，名曰蝡蛇，木食。(《海内经》)

　　灵山就是巫山——灵、巫二字相通，为灵巫所聚的圣山，登葆山的登就是升。葆就是草木盛茂(《说文》：艸盛貌。《史记集解》引如淳说：关中俗谓桑榆孽生为葆)，有生长、保养的意义，登升葆山，也是有象征采药的原意。与"上下""升降"有关的，郭璞解释为上下此山，乃是就采药的医疗性解说——如果了解神巫能经由巫山上天下地的神话，那么，巫山就是升天的圣山。"百药爱在"指各种不同的药草，帝药百斋，斋就是齐，就是剂，天地之药有八剂降在巫山，因此，巫山能上下天地的天柱，也是神药的所在。黄鸟在古代常是死丧和婚媾的象征，而蛇，象征生育与不死，因为蛇能蜕皮，蛇蜕成为不死的象征；蛇又是图腾神物，具有灵威的神秘能力；而现实界中的蛇也是一种药物，"操蛇"的巫咸恰是神医的造型，所以《海内北经》描述一幅图像：

> 蛇巫之山，上有人，操杯而东向立。一曰龟山。

杯，就是桅，就是棒，或大杖，手里操持着木棒，是用树木象征成长和生命。另外枚也是棓，枚和祓除祓、祀社稷的蔽（爱）舞也有关联，这个操杯而立的动作站在蛇巫之山上，就是巫者的形象，实在有些像西洋医学界用蛇缠着棒的职业标志。

神巫是手里操持着草药的医师，《山海经》有两条他们以灵力抗拒死亡的神话，神异得很：

> 开明东有巫彭、巫抵、巫阳、巫履、巫凡、巫相，夹窫窳之尸，皆操不死之药以距之。窫窳者，蛇身人面，贰负臣所杀也。（《海内西经》）

有人无首，操戈盾立，名曰夏耕之尸。故成汤伐夏桀，于章山克之，斩耕厥前，耕既立，无首，委厥咎，乃降于巫山。(《大荒西经》)

夏耕之尸的无首形象，实在与《海外西经》的形天相像，形天是与"帝"争神位而被断首，夏耕之尸则是成汤所斩掉首级的，莫非这两个原为一个神话的分化？形残之尸，能活下去，是因为避降于巫山，神巫利用不死之药医治，就像医治窫窳一样。"拒"，郭璞说是："为距却死气求更生"。不过窫窳之死，却是无辜的，被危和天神贰负谋杀死以后，黄帝命令送来医治。窫窳的两个字就有狂犬病、癫痫病之意，治好以后，变化成龙首的怪物，居住在弱水中。可见这些神医确有起死回生的神通。

他们的名号，加一个"巫"字，表示他的职业、官名，周策纵先生分析神巫的职能，除了医药以外，还各有专长。其中特别与医药有关的：巫咸善用针药，巫抵也用针刺，或咒语；与性和生殖有关的：巫郎使用即履之礼求生殖，巫姑掌洗浴、祓除，巫履也是行践履求子，巫礼也是求生殖的神巫；与卜筮天象有关的：巫易以卜筮见长，巫其为具有变化能力的神通者，巫谢也是有却拒化谢的意思，巫罗也属于这种巫；至于与乐舞有关的：巫盼、巫彭、巫凡、巫相都是，是一种能利用服饰、服食装饰自己，然后以舞蹈的方式媚神降神的神巫，在原始宗教中扮演着重要的角色。[⑩]

【注释】

① 较近期的神话研究专著，像乐蘅军《先秦神话研究》（国科会论文，1974 年）、段芝《中国神话》（地球出版社，1977 年 3 月）、王孝廉《花与花神》（洪范书店，1980 年 10 月）。

② 采用日本平凡社出版。

③ "下有汤谷，汤谷在黑齿北，上有扶桑，十日所浴。居水中，有大木。九日居下枝，一日居上枝。"（《海外东经》）

"大荒之中，有山，名曰孽摇頵羝，上有扶木，柱三百里，其叶如芥，有谷曰温源谷，汤谷上有扶木，一日方至，一日方出，皆载于乌。"（《大荒东经》）

"东南海之外，甘水之间，有羲和之国，有女子名曰羲和，方浴日于甘渊。羲和者，帝俊之妻，生十日。"（《大荒南经》）

④ 管东贵《中国古代十日神话之研究》（《中研院史语所集刊》二十三，1962 年 2 月）。

⑤ 孙作云《后羿传说丛考》（《中国上古史论文选集》，1979 年 11 月）。

⑥ 管东贵，前引文；袁珂，前引书；及林衡立《台湾土著民族射日神话之分析》（《中研院民族所集刊》十三，1962 年 3 月）。

⑦ 王孝廉，前引书《月亮神话》三则。

⑧ "有女子方浴月。帝俊妻常羲，生月十有二，此始浴之。"

（《大荒西经》）

⑨《大荒东经》有七条：

"东海之外，大荒之中，有山，名曰大言，日月所出。"

"大荒之中，有山，名曰合虚，日月所出。"

"大荒中有山，名曰明星，日月所出。"（《大荒东经》）

"大荒之中，有山，名曰鞠陵于天、东极、离瞀，日月所出。"

"大荒之中，有山，名曰孽摇頵羝，上有扶木……一日方至，一日方出。"

"东荒之中，有山，名曰壑明俊疾，日月所出。"

"大荒之中，有山，名曰猗天苏门，日月所生。"

⑩《大荒西经》也有七条：

"西海之外，大荒之中，有方山者，上有青树，名曰柜格之松，日月所出入也。"（出为衍文）

"大荒之中，有山，名曰丰沮玉门，日月所入。"

"大荒之中，有龙山，日月所入。"

"大荒之中，有山，名曰日月山，天枢也。吴姬天门，日月所入。"

"大荒之中，有山，名曰常阳之山，日月所入。"

"大荒之中，有山，名曰大荒之山，日月所入。"

⑪ 蒙文通，前引文。引用吕子方之说。

⑫ 森鹿三《东洋学研究·历史地理篇》中《日月出入诸山》。

⑬ 森安太郎《凤与风》（见前引书）。

334

"南海渚中，有神，人面，珥两青蛇，践两赤蛇，曰不廷胡余。有神，名曰因因乎，南方曰因乎夸风，曰乎民，处南极，以出入风。"(《大荒南经》)

"有人名曰石夷，来风，曰韦，处西北隅，以司日月之长短。"

"有女和月母之国，有人名曰鹓，北方曰鹓，来之风曰狄，是处东极隅以止日月，使无相间出没，司其短长。"(《大荒东经》)

"大荒之中，有山，名曰鞠陵于天、东极、离瞀，日月所出，名曰折丹，东方曰折，来风曰俊，处东极以出入风。"(《大荒东经》)

⑭ 森安太郎有考证，雨师为屏翳，和翳鸟有关。(《凤与风》)

⑮ 孙作云，前引文。

⑯ "雷泽中有雷神，龙身而人头，鼓其腹，在吴西。"(《海内东经》)

⑰ "虫虫在其北，各有两首，一曰，在君子国北。"(《海外东经》)

⑱ 王孝廉《灵蛇与长桥》。(同前引书)

⑲ "钟山之神，名曰烛阴，视为昼，瞑为夜，吹为冬，呼为夏，不饮，不食，不息。息为风，身长千里，在无晵之东，其为物，人面蛇身，赤色，居钟山下。"(《海外北经》)

"西北海之外，赤水之北，有章尾山。有神，人面蛇身，而赤身长千里，直目正乘，其瞑乃晦，其视乃明，不食不寝，不息，风雨是谒，是烛九阴，是谓烛龙。"(《大荒北经》)

"有神人二八，连臂为帝司夜于此野。在羽民东，其为人小颊，赤肩，尽十六人。"（《海外南经》）

⑳ 河伯冯夷的传说，森安太郎《河伯冯夷》认为是殷代先公时已有的河伯信仰，屏翳与冯夷、冰夷为同音，可能与一种长蛇形的鱼叫"蒲夷之鱼"有关，为祭祀黄河河神。由鳝鱼、鳅鱼的神格化，成为水之主宰蒲夷，又变成黄河之神冯夷。（《中国古代神话研究》）雨师妾可能即东方滨海祭祀屏翳的部落。

"从极之渊，深三百仞，维冰夷恒都焉。冰夷，人面，乘两龙。曰忠极之渊。阳纡之山，河出其中，凌门之山，河出其中。"（《海外北经》）

㉑ "朝阳之谷，神曰天吴，是为水伯，在𧞺𧞺北，两水间，其为兽也，八首，人面，八足，八尾，背青黄。"（《海外东经》）

"有夏州之国，有盖余之国，有神人，八首，人面，虎身，十尾，名曰天吴。"（《大荒东经》）

㉒ "北海之渚中，有神，人面鸟身，珥两青蛇，践两赤蛇，名曰禺彊。"（《大荒北经》）

"东海之渚中，有神，人面鸟身，珥两黄蛇，践两黄蛇，名曰禺䝞。黄帝生禺䝞，禺䝞生禺京，禺京处北海，禺䝞处东海，是惟海神。"（《大荒东经》）

㉓ "舜妻登比氏，生宵明、烛光，处河大泽，女之灵能照此所方百里。一曰，登北氏。"（《海内北经》）

㉔ "有神焉，人首，蛇身，长如辕，左右有首，衣紫衣，冠

旗冠，名曰延维。人主得而飨食之，伯天下。"

㉕ 范仲淹《岳阳楼记》。

㉖ 《史记·秦始皇本纪》二十八年。

㉗ 王梦鸥先生《邹衍遗说考》。

㉘ 段芝，前引书。

㉙ "南方祝融，兽身人面，乘两龙。"（《海外南经》）

㉚ 森安太郎《祝融考》。（前引书）

㉛ "西方蓐收，左耳有蛇，乘两龙。"（《海外西经》）

㉜ "北方禺彊，人面鸟身，珥两青蛇，践两青蛇。"（《海外北经》）

㉝ 王孝廉认为禺彊、玄冥与巨人、夸父为同一神的分化，凡有五证：神容相似、神名字义相同、所处之地相同、儋耳相同、同为地狱神话性格相似。因此论定玄冥以及一切与玄冥有关的记载，是由中国古代原有的幽晦地狱神话分化而来。参见《夸父的神话》（1971 年）。

㉞ "东方勾芒，鸟身人面，乘两龙。"（《海外东经》）

㉟ "大荒东北隅，中有山名曰凶犁土丘，应龙处南极，杀蚩尤与夸父，不得复上，故下数旱，旱而为应龙之状，乃得大雨。"（《大荒东经》）

㊱ "大荒之中，有山，名曰不苟，海水入焉。有系昆之山者，有共工之台，射者不敢北向，有人，衣青衣，名曰黄帝女魃，蚩尤作兵伐黄帝，黄帝乃令应龙攻之冀州之野，应龙畜水，蚩尤请

337

风伯、雨师，纵大风雨。黄帝乃下天女曰魃，雨止，遂杀蚩尤，魃不得复上，所居不雨，叔均言之帝，后置之赤水之北，叔均乃为田祖。魃时亡之，所欲逐之者，令曰，神北行。先除水道，决通沟渎。"(《大荒北经》)

㊲ 张星烺《道家仙境之演变及其所受地理之影响》(《中国学报》一卷三期，1946 年 5 月)。

㊳ 高延（De Groot）《中国的宗教系统》(*The Religious System of China*)。

㊴ 李宗侗《炎帝与黄帝的新解释》。

㊵ "海内昆仑之墟，在西北。帝之下都，昆仑之墟，方八百里，高万仞，增城九重，上有木禾，长五寻，大五围，面有九井，以玉为槛，面有九门，门有开明兽守之，百神之所在，在八隅之岩，赤水之际，非仁羿莫能上冈之岩。"

㊶ "昆仑南渊，深三百仞，开明兽身大类虎，而九首，皆人面，东向，立昆仑上。"

㊷ "开明西有凤凰鸾鸟，皆戴蛇，践蛇，膺有赤蛇。

开明北，有视肉珠树、文玉树、玗琪树、不死树、凤凰鸾鸟，皆戴瞂，又有禾柏树、甘水、圣木、曼兑。一曰，挺木牙交。

开明东，有巫彭、巫抵、巫阳、巫履、巫相。夹窫窳之尸，皆操不死之药以距之。窫窳者，蛇身人面，贰负臣所杀也。

服常树，其上有三头人离朱，伺琅玗树。

开明南有树，鸟六首，蛟、蝮蛇、蜼、豹、鸟秩树，于表池树木，诵鸟、鹑、视肉。"

㊸"西王母，梯几而戴胜。其南有三青鸟，为西王母取食，在昆仑墟北。"(《海内北经》)

㊹李宗侗，前引文。

㊺周策纵《中国古代的巫医与祭祀、历史、乐舞及诗的关系》。

㊻"西南海之外，赤水之南，流沙之西，有人珥两青蛇，乘两龙，名曰夏后开，开上三嫔于天，得《九辩》与《九歌》以下。此天穆之野，高二千仞焉，开始歌《九招》。"(《大荒西经》)

㊼"大乐之野，夏后启于此儛九代，乘两龙，云盖三层，左手操翳，右手操环，佩玉璜。在大运山北。一曰，大遗之野。"(《海外西经》)

㊽张秉权《殷代的祭祀与巫术》。

㊾御手洗胜与杉木直治郎合写《神山传说与归墟传说》(《东方学论集》第二期，1954 年)。

㊿"东海之外有大壑，少昊之国，少昊孺帝颛顼于此，弃其琴瑟。有甘山者，甘水出焉，生甘渊。大荒东南隅有山，名皮母地丘。"(《大荒东经》)

51"狄山，帝尧葬于阳，帝喾葬于阴。爰有熊、罴、文虎、蜼、豹、离朱、视肉、吁咽。文王皆葬其所。一曰，汤山。一曰，爰有熊、罴、文虎、蜼、豹、离朱、鸱久、视肉、虖交。其范林方三百里。南方祝融，兽身人面，乘两龙。"(《海外南经》)

“帝尧、帝喾、帝舜，葬于岳山。爰有文贝、离俞、鴟久、鹰贾、延维、视肉、熊、罴、虎、豹、朱木，赤枝，青华，玄实，有申山者。”(《大荒南经》)

(52)“有盖犹之山者，其上有甘柤，枝干皆赤，黄叶，白华，黑实，东又有甘华，枝干皆赤，黄叶，有青马，有赤马，名曰三骓。有视肉，有小人，名曰菌人。有南类之山，爰有遗玉、青马、三骓、视肉、甘华、百谷所在。”(《大荒南经》)

(53)“有阿山者，南海之中，有氾天之山，赤水穷焉，赤水之东，有苍梧之野，舜而叔均之所葬也。爰有文贝、离俞、鴟久、鹰贾、委维、熊、罴、象、虎、豹、狼、视肉。”(《大荒南经》)

“南方苍梧之山，苍梧之渊，其中有九疑山，舜之所葬，在长沙零陵界中。”(《海内经》)

“苍梧之山，帝舜葬于阳，帝丹朱葬于阴。氾林方三百里，在狌狌东。”(《海内南经》)

(54)“务隅之山，帝颛顼葬于阳，九嫔葬于阴，一曰，爰有熊、罴、文虎、离朱、鴟久、视肉。平丘，在三桑东，爰有遗玉、青马、视肉、杨、柳、甘樝、甘华。百果所生，有两山夹上谷，二大丘居中，名曰平丘。”(《海外北经》)

“东北海之外，大荒之中，河水之间，附禺之山，帝颛顼与九嫔葬焉。爰有鴟久、文贝、离俞、鸾鸟、凤鸟、大物、小物，有青鸟、琅鸟、玄鸟、黄鸟、虎、豹、熊、罴、黄蛇、视肉、璇瑰、瑶碧，皆出卫丘山南。丘方员三百里，丘南帝俊竹林在焉，

大可为舟，竹南有赤泽水，名曰封渊、有三桑，无枝。丘西有沉渊，颛顼所浴。"(《大荒北经》)

(55) "蹉丘，爰有遗玉、青马、视肉、杨、柳。甘樝、甘华、甘果所生，在东海，两山夹丘，上有树木，一曰嗟丘，一曰百果所在，在尧葬东。"(《海外东经》)

"东北海外，又有三青马、三骓、甘华，爰有遗玉、三青马、三骓、视肉、甘华、甘樝、百谷所在。"(《大荒东经》)

(56) "范林方三百里，在三桑东，洲环其下。"(《海外北经》)

"昆仑墟南所有，氾林方三百里。"(《海内北经》)

(57) 邓林神话，为真实性圣林崇拜，乃见于山经中。变化情形参阅下节。

(58) 乐蘅军有《中国原始变形神话试探》(《古典小说散论》，纯文学，1976 年 10 月)。

(59) 周自强《古凤凰与今南洋风鸟的研究》(《中研院民族所集刊》二十四，1967 年秋)、丁绣《凤凰与风鸟》(《民族所集刊》二十五，1967 年春)。

㊐ "有鸾鸟自歌，凤鸟自舞，凤鸟首文曰德，翼文曰顺，膺文曰仁，背文曰义，见则天下和。"(《海内经》)

㊑ "有五彩之鸟，飞蔽一乡，名曰翳鸟。"(《海内经》)

"有五彩之鸟，相乡弃沙，惟帝俊下友，帝下两坛，彩鸟是司。"(《大荒东经》)

《大荒东经》的德山也有"五彩之鸟"也是凤凰一类。

(62) 其他又有凤凰之迹的：

“有弇州之山，五彩之鸟仰天，名曰鸣鸟，爰有百乐，歌儛之风。有轩辕之国。江山之南栖为吉，不寿者，乃八百岁。”

“有五彩之鸟，有冠，名曰狂鸟。”(《大荒西经》)

(63) “有荣山，荣水出焉，黑水之南有玄蛇，食尘。有巫山者，西有黄鸟，帝药八斋，黄鸟于巫山，司此玄蛇。”(《大荒南经》)

(64) “南山在其东南，自此山来。虫为蛇，蛇号为鱼。一曰，南山在结匈东南，比翼鸟在其东，其为鸟青赤，两鸟比翼。一曰在南山东。”(《海外南经》)

(65) “毕方鸟，在其东，青水西。其为鸟，人面，一脚。一曰，在二八神东。”(《海外南经》)

(66) “有玄丹之山，有五色之鸟，人面有发，爰有青鴍、黄鷔、青鸟、黄鸟，其所集者，其国亡。”

(67) 何联奎《龟的文化地位》(《中研院民族所集刊》十六，1963 年秋)。

(68) 闻一多《伏羲考》(收于《神话与诗》蓝灯版)。

(69) 李玄伯，前引文。康培初《说龙》(上)(下),《大陆杂志》二十五卷八、九期，1962 年 10 月、11 月。

(70) 卫惠林《中国古代图腾制度范畴》。

(71) “东海中，有流波山，入海七千里，其上有兽，状如牛，苍身而无角，一足，出入水，则必风雨，其光如日月，其声如雷，其名曰夔，黄帝得之，以其皮为鼓，橛以雷兽之骨，声闻五百里，

以威天下。”（《大荒东经》）

(72)“窫窳，龙首。居弱水中。在狌狌之西。其状如貙，龙首，食人。”（《海内南经》）

“黄帝所为，有窫窳，龙首，是食人。”（《海内经》）

(73)“并封，在巫咸东，其状如彘，前后皆有首，黑。”（《海外西经》）

“南海之外，赤水之西，流沙之东，有兽，左右有首，名曰跊踢。有三青兽相并，名曰双双。”（《大荒南经》）

(74)“有青兽，人面，名曰猩猩。”（《海内经》）

“狌狌知人名，其为兽如豕，而人面，在舜葬西。”（《海内南经》）

“狌狌西北有犀牛，其状如牛而黑。”（《海内南经》）

“兕，在舜葬东，湘水南，其状如牛，苍黑，一角。”（《海内南经》）

“巴蛇食象，三岁而出其骨。君子服之，无心腹之疾。其为蛇，青黄赤黑。一曰，黑蛇青首，在犀牛西。”

“旄马，其状如马，四节有毛，在巴蛇西北，高山南。”（《海内南经》）

(75)“林氏国，有珍兽，大若虎，五采。毕具，尾长于身，名曰驺吾。乘之日行千里。”（《海内北经》）

“蜪犬，如犬，青。食人，从首始。”（《海内北经》）

“穷奇，状如虎，有翼，食人，从首始。所食被发，在蜪犬

北。一曰，从足。"(《海内北经》)

"大蜂其状如螽，朱蛾其状如蛾。"(《海内北经》)

"北海内有兽，其状如马，名曰䮚駼。有兽焉，其名曰驳，状如白马，锯牙，食虎、豹。有素兽者，状如马，名曰蛩蛩。有青兽焉，状如虎，名曰罗罗。"(《海外北经》)

⑦⑥"龙鱼，陵居，在其北，状如狸。一曰，鰕。即有神圣乘此以行九野，一曰，鳖鱼。在天野北，其为鱼也如鲤。"(《海外西经》)

"陵鱼，人面，人手，鱼身，见则风涛起，在海中。大鲠居海中。明组邑居海中。"

⑦⑦"有鱼偏枯，名曰鱼妇，颛顼死即复苏，风道北来，天乃大水泉，蛇乃化为鱼。是谓鱼妇，颛顼死即复苏。"(《大荒西经》)

⑦⑧森安太郎《鲧禹原始》(《中国古代神话研究》)。

⑦⑨"建木在都广，众帝所从上下，日中无影，呼而无响。盖天地之中也。"

⑧⓪"有木，其状如牛，引之有皮，若缨黑蛇。其叶如罗，其实如栾，其木若蓲，其名曰建木。在窦窳西，弱水上。"(《海内南经》)

"有木，青叶，紫茎，玄华，黄实，名曰建木，百仞无枝，上有九枸，下有九枸，其实如麻，其叶如芒，大皞爰过。"(《海内经》)

⑧①"大荒之中，有衡石山、九阴山、洞野之山，上有赤树，

344

青叶赤华，名曰若木，日所入处。”（《大荒北经》）

“南海之内，黑水、青水之间，有木，名曰若木，若水出焉。”（《海内经》）

(82)“欧丝之野，在大踵东，一女子方跪，树而欧丝。”（《海外北经》）

“三桑无枝，在欧丝东，其木长百仞，无枝。”（《海外北经》）

又郑清茂《中国桑树神话传说研究》（台大论文，1959 年）、王孝廉《桑树下》（《花与花神》）、陈炳良《中国古代神话新释两则》（《清华学报》七卷二期，1969 年 8 月）。

(83)“有盖山之国，有树，赤皮、支干，青叶，名曰朱木。”（《大荒西经》）

“三珠树，在厌火北，生赤水上，其为树如柏，叶实皆为珠，一曰，其为树若彗。”（《海内南经》）

(84)“大荒之中，有山，名死涂之山。青水穷焉，有云雨之山，有木名曰栾，禹攻云雨，有赤石焉生栾，黄本，赤枝、青叶，群帝焉取药。”（《大荒南经》）

(85)“有宋山者，有赤蛇，名曰育蛇，有木生山上，名曰枫木，蚩尤所弃其桎梏，是谓枫木。”（《大荒南经》）

(86)“北海之内，有山，名曰幽都之山，黑水出焉，其上有玄鸟、玄蛇、玄豹、玄虎、玄狐蓬尾。有大玄之山，有玄丘之民，有大幽之国，有赤胫之民。”（《海内经》）

(87)“夸父与日逐走，入日，渴，欲得饮，饮于河渭，河渭不

足，北饮大泽，未至，道渴而死，弃其杖，化为邓林。”(《海外北经》)

“大荒之中有山，名曰成都载天。有人珥两黄蛇，把两黄蛇，名曰夸父。后土生信，信生夸父，夸父不量力，欲追日景，逮之于禺谷，将饮河而不足也，将走大泽，未至死于此。”

(88) 周策纵，前引文。

(89) “奢比之尸，在其北，兽身人面，大耳，珥两青蛇。一曰，肝榆之尸，在大人北。”(《海外东经》)

(90) “有神，人面，犬耳，兽身，珥两青蛇，名曰奢比尸。”(《大荒东经》)

“有神，人面兽身，名曰犁䰠之尸。”(《大荒东经》)

“有人方齿虎尾，名曰祖状之尸。”(《大荒南经》)

“有巫山者，有壑山，有金门之山，有人名曰黄姖之尸。”(《大荒西经》)

“有赤兽，马状，无首，名曰戎宣王尸。”(《大荒北经》)

(91) 小川琢治《穆天子传地名考》。

(92) “有人曰王亥，两手操鸟，方食其头，王亥托于有易河伯仆牛，有易杀王亥，取仆牛。河伯念有易，有易潜出为国于兽方，食之，名曰摇民。帝舜生戏，戏生摇民。海内有两人，名曰女丑，女丑有大蟹。”(《大荒东经》)

(93) “女丑之尸，生而十日炙杀之，在丈夫北，以右手鄣其面，十日居上，女丑居山之上。”(《海外西经》)

“有人，衣青，以袂蔽面，名曰女丑之尸，有女子之国。”(《大荒西经》)

(94) 袁珂，前引书。王孝廉《花与花神》。

(95) “形天与帝争神，帝断其首，葬之常羊之山，乃以乳为目，以脐为口，操干戚以舞。是为无首之民。”(《海外西经》)

“有人无首，操戈盾立，名曰夏耕之尸。故成汤伐夏桀，于章山克之，斩耕厥前，耕既立，无首，走厥咎，乃降于巫山。”(《大荒西经》)

(96) 孙作云《后羿传说丛考》(前引上古史论文集)、苏雪林《古人以神为之名的习惯》(《成大学报》六期，1971 年)。

(97) “昆仑墟，在其东，墟四方。一曰，在歧舌东，为墟四方，羿与凿齿战于寿华之野，羿射杀之，羿持弓矢，凿齿持戟盾。一曰，在昆仑墟东。”(《海外南经》)

“大荒之中，有山，名曰融天，海水南入焉，有人曰凿齿，羿杀之。”(《大荒南经》)

(98) “共工之臣，曰相柳氏，九首，以食于九山。相柳之所抵，厥为泽溪。禹杀相柳，其血腥，不可以树五谷种，禹厥之，三仞三沮，乃以为众帝之台。在昆仑之北。柔利之东。相柳者九首人面，蛇身而青。不敢北射，畏共工之台，台在其东，台四方，隅有一蛇，虎色，首冲南方。”(《海外北经》)

“共工臣名曰相繇，九首，蛇身，自环，食于九土，其所歍所尼，即为源泽，不辛乃苦，百兽莫能处，禹湮洪水，杀相繇，其血腥臭，不可生五谷，其地多水，不可居也，禹湮之三仞三沮，乃以为池，群帝是因以为台，在昆仑之北，有岳之山，寻竹生焉。"（《大荒北经》）

《大荒北经》"有岳之山"以下，段芝等与相柳神话连续，而有寻竹神话；但也可独立为一段记载。这里以禹杀相柳的英雄事迹为主，故从后者。

⑨⑨"贰负之臣曰危危，与贰负杀窫窳，帝乃梏之疏属之山，桎其右足，反缚两手与发，系之山上，磐石之下。在开题西北。"（《海内西经》）

"北海之内，有反缚盗械带戈，常倍之佐，名曰相顾之尸。"（《海内经》）

⑩⑩ 森安太郎《岳神考》（前引书）。

⑩①"夏后启之臣，曰孟涂。是司神于巴人，请讼于孟涂之所，其衣有血者，乃执之，是请生，居山上。在丹山西，丹山在丹阳南，丹阳居属也。"（《海内南经》）

⑩② 周策纵，前引文。

《中国历代经典宝库》总目